SV

Sonderdruck
edition suhrkamp

César Rendueles

Gegen Chancengleichheit

Ein egalitaristisches Pamphlet

Aus dem Spanischen von Raul Zelik

Suhrkamp

Die spanische Originalausgabe dieses Buches erschien 2020 unter dem Titel
Contra la igualdad de oportunidades. Un panfleto igualitarista
im Verlag Seix Barral (Barcelona).

Die Übersetzung dieses Buches wurde unterstützt durch
Acción Cultural Española, AC/E.

Erste Auflage 2022
edition suhrkamp
Sonderdruck
Deutsche Erstausgabe
© Suhrkamp Verlag AG, Berlin, 2022
Alle Rechte vorbehalten. Wir behalten uns auch eine Nutzung des Werks
für Text und Data Mining im Sinne von § 44b UrhG vor.
Umschlaggestaltung: Nach einem Konzept von Willy Fleckhaus:
Rolf Staudt
Umschlagillustration: Marie Schwab
Satz: Satz-Offizin Hümmer GmbH, Waldbüttelbrunn
Druck: CPI books GmbH, Leck
Printed in Germany
ISBN 978-3-518-02980-0

www.suhrkamp.de

Inhalt

Einleitung: Das Trauma der Ungleichheit 7

1. Das Ende der Gleichheit 15

2. Echte und komplexe Gleichheit 42

3. Die Verpflichtung der Gleichheit 68

4. Gleich wie die anderen und gleich mit den anderen 91

5. Materielle Gleichheit organisieren 117

6. Frauen, Männer und alle anderen 149

7. Gleichheit mit allen 174

8. Politische Gleichheit und Partizipation 202

9. Bürokratische Gleichheit und Gewalt 231

10. Die Bildungsideologie und die Niederlage der Gleichheit 256

11. Die Kultur der Gleichheit 277

12. *How to be good?* Ein Ende der gemeinsamen Welt 298

Epilog 323

Einleitung: Das Trauma der Ungleichheit

Verglichen mit anderen Gesellschaften, verbringen Eltern im Westen viel Zeit damit, mit ihren Babys zu sprechen. Sie fördern das Brabbeln der Kinder, indem sie ihre Laute wiederholen, sie reden Babysprache und imitieren dabei den Tonfall der Kleinen. Diese Praxis ist so verbreitet, dass sie Eingang in die Untersuchungen der Kinderärzte gefunden hat, die von den Eltern wissen wollen, ob diese auch genug mit ihrem Nachwuchs sprechen, und die Ergebnisse danach beurteilen, wie viele Wörter die Kinder kennen und wiederholen können. Diese kommunikative Anstrengung war insofern erfolgreich, als die Kinder im Westen früher sprechen lernen als anderswo in der Welt. Aber insofern auch absolut überflüssig, als die Angehörigen anderer Gesellschaften genauso gut sprechen lernen wie wir.

Ganz allgemein illustriert die Obsession mit der frühkindlichen Förderung das Verständnis von Sozialisationsprozessen, wie es sich in den letzten Jahrzehnten in westlichen Ländern durchgesetzt hat. Wir sind fast alle davon überzeugt, dass die Erfahrungen, die wir in der frühen Kindheit sammeln und für die fast ausschließlich die Eltern der Kernfamilie verantwortlich sind, unauslöschliche Spuren in unserer Persönlichkeit hinterlassen – auch wenn wir uns später nicht an diese Erfahrungen erinnern. Eine Flut an wissenschaftlich nicht besonders rigoroser Literatur flößt uns Angst vor Fehlentwicklungen ein, zu denen es kommen kann, wenn wir nicht genug Energie in die Förderung der geistigen und emotionalen Fähigkeiten von unseren Kindern investieren, die noch nicht stehen können und ohne jeden Einwand akzeptieren, dass ein magisches Nagetier nachts unter ihr Kissen kriecht, um Geschenke gegen ausgefallene Milchzähne zu tauschen.[1] Hingegen waren viele Gesellschaften früher möglicherweise ganz zu Recht der Ansicht, dass die Kindheit eine eher unwichtige Phase in der Persönlichkeitsentwicklung darstellt. Die Entscheidungen, die uns als Menschen prägen, finden in der Pubertät statt, im Übergang zum Erwachsenenalter. Es gibt ein ganzes und sehr interessantes Subgenre der Literatur, das sich mit diesem Thema beschäftigt: den *Bildungsroman*.[2] In solchen Werken wird beschrieben, wie ein Jugendlicher Lernprozesse durchläuft und Erfahrungen sammelt, die seinen Charakter formen, sein Schicksal beeinflussen und durch die er die Kindheit wie bei einer Häutung abstreift. Eventuell ist es symptomatisch für unsere Epoche, dass dieser Prozess in der Literatur, im Kino und in Fernsehserien auf die Schilderung erwachender Sexualität reduziert wird.

Im selben Maße, wie wir davon überzeugt sind, dass Eltern durch ihr Verhalten die Zukunft ihres Nachwuchses formen, unterschätzen wir systematisch, welche Folgen die Sozialisation unter Gleichaltrigen für Kinder hat.

---

[1] Als Äquivalent der vor allem in Großbritannien und den USA verbreiteten Zahnfee sind in vielen romanischen Ländern Mäuse für diese Aufgabe zuständig (Anmerkung des Übersetzers).
[2] Im Original deutsch (Anm. d. Ü.).

Wahrscheinlich ist der Einfluss, den die Eltern auf die Persönlichkeit ihrer Sprösslinge nehmen, viel geringer, als wir meinen. Erstens aus dem Grund, dass genetische Vererbung – auch wenn uns das als fortschrittliche Menschen skandalös erscheinen mag – sehr wohl von Bedeutung ist. Möglicherweise sind aggressive Kinder nicht allein deshalb aggressiv, weil sie in einer konfliktreichen sozialen Umgebung aufgewachsen sind, sondern einfach auch deshalb, weil sie als Kinder aggressiver Menschen geboren wurden. Zweitens gibt es in Beziehungen wechselseitige Einflüsse: Die Kinder erziehen auch uns. Wir Erwachsenen sehen uns selbst gerne als vollendete Stücke einer Art individueller Goldschmiedekunst. Tatsächlich jedoch übt die soziale Interaktion das ganze Leben lang eine Wirkung auf uns aus, und der Kontakt mit den Kindern verändert uns genauso wie sie. Der Sozialtheoretiker Jon Elster erzählt dazu folgenden Witz: »›Mit Dani muss man Geduld haben, er kommt aus einer kaputten Familie‹, sagt ein Lehrer zu seinen Kollegen. ›Das glaube ich gerne‹, antwortet ein anderer, ›Dani kann alles kaputt machen.‹«

Drittens gibt es Peergroups, und Kinder beeinflussen sich auch untereinander. Eltern und Lehrer können das Verhalten der Kinder in ihrer Anwesenheit formen, aber mehr auch nicht. Eltern können vor allem einige Merkmale jener Kinder auswählen, mit denen ihr Nachwuchs zu tun hat: die Nachbarschaft, die Schule, das soziale Umfeld etc. Darüber hinaus sind Kinder aber sehr aktive Akteure ihrer eigenen Sozialisation. Sie nehmen nicht nur Inputs von außen auf, sondern bringen sie energisch, mit gelegentlich beunruhigenden Resultaten und trotz gegenteiliger Anstrengungen von Angehörigen und Lehrern selbst hervor. Deshalb reproduzieren sie in ihren Spielen bestimmte Normen und Konventionen, obwohl sie in ihrem unmittelbaren Umfeld über Gegenbeispiele verfügen. Die Psychologin Judith Rich Harris schildert den Fall eines Mädchens, das beim Puppenspielen zu ihrer Freundin sagt: »Mädchen können keine Ärzte werden, nur Krankenschwestern.« Dabei arbeitete ihre eigene Mutter als Ärztin in einem Krankenhaus.[3]

Im Allgemeinen tendieren wir dazu, den Einfluss unserer Mitmenschen auf unser Verhalten zu unterschätzen. Doch die Beziehung zu Peergroups hat sehr starke Auswirkungen auf uns. Harris erwähnt eine Untersuchung der Soziologin Anne-Marie Ambert, die ihre Studierenden aufforderte, sich an ihr voruniversitäres Leben zu erinnern. Eine ihrer Fragen lautete: »Was macht dich ganz besonders unglücklich?« Im Gegensatz zur Hollywood-Mythologie, laut der beispielsweise die Abwesenheit von Vätern bei Baseballspielen ihrer Söhne schlimme Folgen haben soll, nannten nur 9 Prozent der Befragten Ablehnung oder Vernachlässigung durch ihre Eltern. 37 Prozent hingegen verwiesen auf negative Erfahrungen mit Gleichaltrigen, die sie dauerhaft verunsichert hätten.

Möglicherweise sind Kränkungen unter Gleichen deshalb besonders verletzend, weil die Ungleichheit selbst er-

---

3 Judith Rich Harris, *Ist Erziehung sinnlos? Die Ohnmacht der Eltern*, aus dem Englischen von Wiebke Schmaltz, Reinbek: Rowohlt 1998, S. 120.

niedrigend ist. Nur ein gewaltiger Fetischismus erlaubt es uns, diese tief in unseren Körpern verankerte Realität zu ignorieren. Die Ungleichheit ist für eine erschütternde Zahl beschädigter Lebensläufe und kollektiver Dilemmata verantwortlich. Gleichheit ist nicht in erster Linie die Voraussetzung für irgendetwas anderes – für persönlichen Erfolg, Rechtsstaatlichkeit etc. –, sondern ein Ziel an sich, weil sie eine der Grundlagen unseres gemeinsamen Lebens darstellt. Die Gleichheit gehört zu den biologischen und kulturellen Fundamenten der menschlichen Soziabilität, unseres Vermögens und Bedürfnisses, zusammen zu leben. Die Ablehnung der Ungleichheit und die kollektive Missbilligung mächtiger Individuen sind tief in unserer Evolutionsgeschichte verwurzelt: Wir sind sehr viel weniger hierarchische Tiere als andere Primaten. Zudem zeigt die historische Erfahrung, dass wachsende Ungleichheit mit gesellschaftlichem Zerfall, einem Verlust an Solidarität und der Zunahme kollektiven Misstrauens verknüpft ist. Die Ungleichheit zerstört die sozialen Bindungen, die für jedes Projekt eines guten Lebens unverzichtbar sind.

Dieses Buch will diese These – der zentralen sozialen, kulturellen und ethischen Bedeutung der Gleichheit – aus der Perspektive aktueller emanzipatorischer Bewegungen vertiefen. Gleichheit ist gleichermaßen eine Voraussetzung für die soziale Organisation der menschlichen Spezies als auch für unsere individuelle persönliche Entwicklung und Autonomie. Der Psychoanalytiker Donald Winnicott definiert das Trauma – ein trotz seiner häufigen Verwendung recht schwammiger Begriff – als »Riss in der Kontinuität des Seins«. Die allgemeine Ungleichheit unserer Gesellschaften ist ein kollektives Trauma, ein gesellschaftlicher Riss, der sich auf unsere Fähigkeit auswirkt, Beziehungen zu anderen zu knüpfen, und der erschreckende politische und persönliche Folgen hat. Trotzdem nimmt die materielle Gleichheit in politischen Projekten der Gegenwart lediglich eine marginale oder zumindest nicht besonders zentrale Stellung ein. Nur zwei Aspekte des egalitären Projekts sind gesellschaftlich mehr oder weniger akzeptiert: die Chancengleichheit sowie die moralische Empörung über extreme Ungleichheit und Armut. Bei der Chancengleichheit handelt es sich meiner Ansicht nach jedoch um eine meritokratische Perversion des Egalitarismus; die Empörung ist folgenlos oder führt zumindest nicht sonderlich weit. In den ersten drei Kapiteln werde ich versuchen, die Grundzüge eines konsequenten Egalitarismus zu skizzieren, um dann im weiteren Verlauf einige Elemente eines realistischen egalitären Projekts für die Bereiche Ökonomie, Arbeit, Geschlechterbeziehungen, Bildungswesen, Kultur, Ökologie und politische Partizipation zu präsentieren. Letztlich beschreibe ich Gleichheit als einen steinigen, von Uneindeutigkeiten und Ungewissheiten geprägten Weg, den wir dennoch dringend einschlagen müssen.

Auch wenn manche Linke dies unterstellen, ist materielle Gleichheit keineswegs die Lösung aller Probleme. Tatsächlich ergeben sich aus der Gleichheit eine Reihe ganz eigener Probleme, was Gruppendruck, die Anerkennung von Leistung, persönliche Selbstbestimmung und die Natur sozialer Bindungen in komplexen Gesellschaften angeht. Richtig ist aber auch, dass die Überwindung der materiellen Ungleichheit – im Unterschied zu anderen existenziellen Problemen, die uns bisweilen in Ratlosigkeit und Verzweiflung stürzen – vergleichsweise einfach ist; wir wissen in etwa, wie sie zu bewerkstelligen wäre, und sind kognitiv, kulturell und ethisch darauf vorbereitet.

Dieses Buch ist das Ergebnis einer mehr als zehn Jahre andauernden Beschäftigung mit sozialer Gleichheit und Ungleichheit. Ich habe mich mit eher technischen Studien zu unterschiedlichen Aspekten der Ungleichheit und ihrer Messung befasst und mit der Geschichte egalitärer Politik in verschiedenen gesellschaftlichen und historischen Kontexten; mit der Entwicklung der Gleichheit zwischen Frauen und Männern, aber auch mit Gleichheit in der Arbeitswelt, in der Kultur, in Familien oder im Bildungswesen. Ich begann im Mai 2011 während der Demonstrationen der 15-M-Bewegung, als die *Indignados* auf zahlreichen spanischen Plätzen gegen ökonomische und politische Missstände protestierten, über diesen Essay nachzudenken und beendete die Niederschrift schließlich ein knappes Jahrzehnt später im April 2020 während des Corona-Lockdowns. Diese Daten markieren zwei Momente unserer jüngsten Geschichte, in denen die kollektiven Dilemmata der Ungleichheit – beispielsweise hinsichtlich des universellen Rechts auf Gesundheit und Wohnraum – in öffentlichen Debatten, aber auch in unserem Alltag und in unseren persönlichen Beziehungen besonders sichtbar wurden. Tatsächlich gibt es wenige Dinge, die mein Gewissen so belasten wie meine träge

Teilhabe an Systemen der sozialen Stratifikation und mein fehlender Mut, diesen Systemen so entschieden die Stirn zu bieten, wie ich es eigentlich sollte. Ich bin ein europäischer, heterosexueller Mann mittleren Alters mit einem sicheren Arbeitsplatz in einem gesellschaftlich relativ anerkannten Beruf – die mit meiner Lebenssituation verbundenen Privilegien bieten also genug Anlass, über bestimmte moralische Fragen nachzudenken. Im Verlauf des letzten Jahrzehnts hat diese Unruhe in ganz unterschiedlichen Publikationen – von wissenschaftlichen Artikeln bis hin zu politischen Texten – Ausdruck gefunden. Einige der dort entwickelten Ideen greife ich in diesem Essay auf, um sie versuchsweise in eine umfassendere, genauere und (zum Guten wie zum Schlechten) leidenschaftlichere Argumentation einzubauen. Letzteres hat (von meinem eigenen Charakter einmal abgesehen) damit zu tun, dass ich immer wieder der Agitation bezichtigt wurde, wenn ich öffentlich die zentrale Bedeutung egalitärer Politik in einer demokratischen Gesellschaft verteidigt habe, die sich dieses Attributs als würdig erweisen soll. Ich habe daher beschlossen, mich auf Augenhöhe der Anschuldigungen zu begeben und ein Pamphlet im eigentlichen Sinne des Wortes zu verfassen.

1. Das Ende der Gleichheit

Der Disney-Film *Zoomania* kam 2016 in die Kinos. Er spielt in einem gleichnamigen Land, das von Säugetieren mit anthropomorphen Persönlichkeiten bewohnt wird. Große Raubtiere leben mit Pflanzenfressern und kleinen Nagern zusammen. In Zoomania gibt es wie in der menschlichen Gesellschaft Verbrechen und Gewalt, es handelt sich dabei jedoch um soziale Phänomene, nicht um einen darwinschen Überlebenskampf (die Drehbuchautoren haben geflissentlich jeden Hinweis vermieden, von was zur Hölle sich die Fleischfresser ernähren; möglicherweise sind sie Veganer geworden).

Nichtsdestotrotz spielen biologische Eigenschaften eine wichtige Rolle. So sind alle Polizisten von Zoomania große Säugetiere. Die Hauptperson des Films ist Judy, ein kleines Kaninchen, das seit seiner Kindheit davon träumt, Polizistin zu werden. Sie schafft es auf die Polizeischule, und dank ihrer Intelligenz und Opferbereitschaft besteht sie alle körperlichen Tests, die eigentlich für viel stärkere, größere und schnellere Tiere gedacht sind. Leider sind ihre Schwierigkeiten damit noch nicht zu Ende: Als sie ihren Abschluss in der Tasche hat, beginnt die Diskriminierung im Beruf. Ihre Vorgesetzten und Kollegen auf der Polizeiwache, der sie zugeteilt wird, erkennen ihre Leistungen nicht an und kommandieren sie ab, den Verkehr zu regeln. Aber Judy lässt sich nicht entmutigen, und obwohl ihre Vorgesetzten ihr alle möglichen Steine in den

Weg legen, schafft sie es, eine Reihe von Morden aufzuklären.

Zunächst denken alle, die Raubtiere von Zoomania seien in ihren natürlichen Zustand zurückgefallen und würden deshalb andere Bürger angreifen – als wäre die animalische Natur unter einer dünnen zivilisatorischen Schicht hervorgebrochen. Judy entdeckt jedoch, dass die Fleischfresser die Kontrolle über sich verlieren, weil ihnen jemand eine psychotrope Substanz einflößt, die sie aggressiv macht. Sie findet heraus, dass alles Teil einer Verschwörung von Pflanzenfressern ist, die sich über ihre untergeordnete soziale Stellung empören. Die Herbivoren wollen Macht gewinnen, indem sie die Bewohner von Zoomania glauben lassen, die Raubtiere seien von Natur aus gefährlich. Anführerin des Komplotts ist die stellvertretende Bürgermeisterin, ein Schaf, das allein repräsentative Aufgaben hat und vom Bürgermeister, einem Löwen, wie eine Sekretärin behandelt wird.

Der Film wurde von der Kritik als ein Plädoyer für Chancengleichheit und gegen die Naturalisierung der Ungleichheit verstanden. Das ist allerdings nur die halbe Wahrheit: Zwar wird die vermeintliche biologische Determiniertheit als Täuschungsversuch einiger Pflanzenfresser entlarvt, die sich gegen die Karnivoren verschworen haben; die Herbivoren sind jedoch ihrerseits struktureller Diskriminierung ausgesetzt. Die Raubtiere stellen die politische und gesellschaftliche Elite und besetzen die Posten, die Privilegien und Macht garantieren. Die stellvertretende Bürgermeisterin hat gute Gründe, aufzubegehren. Sie wird vom Bürgermeister erniedrigt, einem Alphamännchen, das dem Amt des Schafs den Respekt verweigert.

Zoomania verwirft die These der biologischen Determiniertheit unseres Verhaltens, um unmittelbar darauf zu behaupten, wir seien als Individuen unseres eigenen Glückes Schmied. Die Moral des Films – oder zumindest *eine* Moral – lautet, dass kollektives Handeln zur Überwindung der ererbten Privilegien der Eliten genauso absurd und ungerecht wäre wie ihre Darstellung als wilde Tiere, deren Verhalten im Wesentlichen von ihren biologischen Eigenschaften bestimmt ist. Deswegen kann die Antwort auf die Ungleichheit nur darin bestehen, es Judy nachzutun und sich gegenüber den oberen Klassen auf ihrem eigenen Terrain zu beweisen: akademisch, ökonomisch und kulturell erfolgreich zu sein. In gewisser Hinsicht handelt es sich also um eine vehemente Rechtfertigung der vererbten Unterordnung.

Man kann *Zoomania* als eine hervorragende Parabel für eine dramatische politische Veränderung lesen, die in den letzten drei oder vier Jahrzehnten fast alle Länder der Welt erfasst hat: Der gemeinsame Kampf für materielle Gleichheit wurde an den Rand der Debatte verdrängt, und diese Verschiebung wurde als der Preis dargestellt, den wir für die Wahrung oder Erweiterung der individuellen Freiheit entrichten müssen.

Die Ungleichheit hat seit den späten siebziger Jahren stetig zugenommen. Damals durchliefen die westlichen Gesellschaften eine umfassende Transformation ihrer ökonomischen, gesellschaftlichen, politischen und kulturellen Struktur. Die Jahre 1978 bis 1980 markieren den Anfang dieser Entwicklung: Der chinesische Präsident Deng Xiaoping begann, die Wirtschaft seines Landes zu liberalisieren, Paul Volcker übernahm die Leitung der US-Notenbank, und Margaret Thatcher sowie Ronald Reagan gewannen Wahlen mit dem Versprechen, die Gewerkschaften zu brechen und den Wohlfahrtsstaat zu demontieren. In der Folge wurden die westlichen Demokratien einer beschleunigten Vermarktlichung unterworfen, die man in Staaten wie Argentinien oder Chile zuvor mithilfe von Diktaturen und Staatsterrorismus erprobt hatte.[1] Innerhalb kürzester Zeit vollzogen praktisch alle Länder der Welt diese turbulente Kehrtwende, die unter dem etwas irreführenden und überstrapazierten Begriff der *neoliberalen Globalisierung* berühmt wurde.

In diesen Jahren implodierte der gesellschaftliche Pakt, der nach dem Zweiten Weltkrieg den Horizont für demokratische politische Interventionen abgesteckt und in den meisten marktwirtschaftlich geprägten Ländern eine breit geteilte staatsbürgerliche Kultur hervorgebracht hatte. Einer der einschneidendsten Effekte des darauf folgenden politischen und ökonomischen Regimes bestand darin, dass eine kleine Elite enorme Vermögen anhäufen konnte – eine Tendenz, die von der globalen Krise der Jahre 2008 ff. weiter beschleunigt wurde. 2015 besaßen die 62 reichsten Bewohner des Planeten so viel persönliches Nettovermögen wie die ärmere Hälfte der Weltbevölke-

---

1 Vgl. David Harvey, *Kleine Geschichte des Neoliberalismus*, aus dem Englischen von Niels Kadritzke, Rotpunkt-Verlag, Zürich 2007.

rung. 60 Plutokraten hatten mehr Reichtum angehäuft als 3,5 Milliarden Menschen.[2] In Spanien besaßen 20 Personen mehr als die ärmeren 30 Prozent der Bevölkerung.

Wir stellen uns diese gigantischen Vermögen gewöhnlich als das Produkt natürlicher Zufälle vor. Als exzentrische Ausnahmen, die nur wenige betreffen und die mit unseren Sorgen nichts zu tun haben. Ein wenig wie bei Lottogewinnern: Es mag dumm und ungerecht sein, eine Handvoll Menschen durch ein Glücksspiel derart zu begünstigen, aber insgesamt ist das Ganze harmlos. In Wirklichkeit haben wir es jedoch mit etwas kategorial anderem zu tun: Die ökonomischen und politischen Prozesse, die die Vermögen der Superreichen ermöglichen, beruhen auf katastrophalen Veränderungen in der politischen Architektur vieler Gesellschaften. Wenn wir dies nicht sehen, dann weil wir Schwierigkeiten haben, uns das astronomische Ausmaß des Reichtums der Multimilliardäre vorzustellen.

Eine Million Euro ist für die meisten Menschen in westlichen Ländern eine enorme Menge Geld. Genug, um nie wieder arbeiten zu müssen. Angenommen, jemand würde einen Euro pro Sekunde verdienen – wie lange müsste er oder sie arbeiten, um eine solche Summe anzusparen? Ein Euro pro Sekunde macht 60 Euro pro Minute,

---

2 Deborah Hardoon/Sophia Ayele/Ricardo Fuentes-Nieva, »An economy for the 1 %« (18. Januar 2016), Oxford: Oxfam, online verfügbar unter: {https://oi-files-d8-prod.s3.eu-west-2.amazonaws.com/s3fs-public/file_attachments/bp210-economy-one-percent-tax-havens-180116-en_0.pdf} (alle URL Stand Mai 2022), S. 2.

3600 Euro pro Stunde und eine Million in 12 Tagen ... Doch um Milliardär zu werden, würde diese Person 30 Jahre benötigen. 2018 besaß Jeff Bezos, der reichste Mensch der Welt, gut 100 Milliarden Dollar. Würde er rund um die Uhr arbeiten, bräuchte er bei einem Verdienst von einem Dollar pro Sekunde mehr als 3000 Jahre, um sein Vermögen anzuhäufen. Eine Person, die ihr Gehalt in Höhe von 1200 Euro monatlich – 2017 das mittlere Einkommen in Spanien, mit Sonderzahlungen etwa 17000 Euro im Jahr – vollständig sparen würde, hätte in fünf Millionen Jahren so viel Geld wie Bezos.

Dieses Ausmaß an Reichtumskonzentration ist nur dank einer erbarmungslosen gesellschaftlichen Orthopädie möglich. Es ist ein grundlegender Bestandteil der Morphologie des zeitgenössischen Kapitalismus. Diese historische Wirklichkeit sticht auch deshalb ins Auge, weil die Welt vor dieser Explosion der Ungleichheit einen entgegengesetzten Prozess durchlaufen hatte. Diese Phase war kurz, aber sehr intensiv und stellt eine unersetzliche Quelle politischer Lehren dar.

Die große Kompression

Nach dem Ende des Zweiten Weltkriegs begannen oder vertieften die meisten Gesellschaften, die sich nicht für den sowjetischen Weg entschieden hatten, umfassende ökonomische Reformen. Diese zielten darauf ab, die Freiheit des Marktes zu begrenzen und die materielle Ungleichheit drastisch zu verringern. Das entsprechende Projekt läuft unter verschiedenen Namen (Wohlfahrtsstaat, Keynesianismus, Sozialstaat), es fand seinen Ausdruck in unterschiedlichen rechtlichen sowie institutionellen Mechanismen und hatte ambivalente politische Folgen, die bis zur Erschöpfung diskutiert worden sind. Nichtsdestotrotz hatte es in all seinen Varianten eine spektakuläre Verringerung der Ungleichheit und vor allem den Einbau egalitärer Mechanismen in die Strukturen entwickelter Demokratien zur Folge. Der republikanische US-Präsident Dwight D. Eisenhower brachte es 1954 folgendermaßen auf den Punkt:

> Sollte irgendeine politische Partei versuchen, die Sozialversicherung oder die Arbeitslosenversicherung abzuschaffen und Arbeitsgesetze und Agrarprogramme zu eliminieren, würde man von dieser Partei nie wieder hören. Es gibt selbstverständlich eine winzige Gruppe von Dissidenten, die glauben, diese Dinge seien möglich [...]. Ihre Zahl ist zu vernachlässigen, und sie sind dumm.[3]

Politische Maßnahmen, die heute als bolschewistische Experimente betrachtet würden, waren damals nicht nur allgemein akzeptiert, sie galten sogar als alternativlos. In den fünfziger Jahren waren Spitzensteuersätze – beispielsweise ab einem Jahresgehalt von 100 000 US-Dollar – in Höhe von 70 Prozent, ja sogar von bis zu 90 Prozent in den meisten westlichen Staaten nicht ungewöhnlich (in

---

3 Dwight D. Eisenhower, »Letter to Edgar Newton Eisenhower« (8. November 1954), online verfügbar unter: {https://teachingamericanhistory.org/library/document/letter-to-edgar-newton-eisenhower/}.

Großbritannien lagen sie in den vierziger und dann noch einmal in den siebziger Jahren bei 98 Prozent). Ab einer bestimmten Summe behielt das Finanzamt also neun der zehn zusätzlich verdienten Pfund Sterling, D-Mark oder Peseten ein. Interessant daran ist erstens, dass die damit erzielten Steuereinnahmen zunächst relativ unbedeutend waren, da es nicht besonders viele Menschen gab, die mehr als 100 000 Dollar verdienten. De facto handelte es sich nämlich um einen kaschierten Einkommensdeckel. Das Ziel von Steuersätzen über 80 Prozent bestand darin, als obszön und gesellschaftlich schädlich geltenden Einkommen ein Ende zu bereiten. Außerdem handelte es sich zweitens nicht um eine spezifisch linke Steuerpolitik. Einige der höchsten Einkommens- und Vermögenssteuern wurden in Staaten mit konservativen Regierungen erhoben, unter anderem in den entschieden antikommunistischen USA.

In einigen Fällen kam es sogar zu Maßnahmen zur Enteignung und Umverteilung von Großvermögen. All dies in kapitalistischen Ländern, die sich in einem andauernden Konflikt mit dem sozialistischen Lager befanden, inklusive eines selbstmörderischen nuklearen Wettrüstens. Während der Besatzung Japans implementierte die US-Armee ein extrem aggressives Programm zur Demokratisierung der Arbeit und gegen die Konzentration der Produktionsmittel. Teil dieses aufsehenerregend erfolgreichen Plans war ein ganzes Arsenal von Steuern, die konfiskatorischen Charakter hatten und innerhalb kürzester Zeit für die Umverteilung von 70 Prozent des Vermögens der 5000 reichsten Familien und von 30 Prozent der ökonomischen Aktiva sorgten. Gleichzeitig führten die Maßnahmen dazu, dass nur vier Jahre nach Ende des Kriegs 60 Prozent der japanischen Arbeiter gewerkschaftlich organisiert waren.⁴ Als die britische Labour-Regierung Anfang der fünfziger Jahre die Rationierung von Lebensmitteln und Benzin aufzuheben begann – eine Bedingung der USA für die Gewährung von Hilfen aus dem Marshall-Plan –, sah sie sich mit einer Welle der Empörung konfrontiert. Wie die Historikerin Selina Todd schreibt, verlangten viele Menschen nicht weniger, sondern mehr Eingriffe sowie Preiskontrollen und hatten »gute Gründe, sich Sorgen zu machen. Nach 1951 begannen die Unterschiede im Kalorienkonsum zwischen den Ärmsten und Reichsten wieder zu wachsen.«⁵

Gelegentlich lasse ich meine um die Jahrtausendwende geborenen Studierenden im Einführungskurs in die Soziologie eine Liste der ihnen bekannten öffentlichen Unternehmen erstellen. Gewöhnlich kennen sie kein einziges. Höchstens die spanische Post. Sie sind bass erstaunt, wenn sie erfahren, dass öffentliche Unternehmen in der spanischen Wirtschaft noch bis in die achtziger Jahre eine enorme Rolle spielten. Während meiner Kindheit war der öffentliche Sektor unter anderem für Telekommunikation, das Gasnetz, den Tabakvertrieb, die Stromversorgung, das Fernsehen, die meisten Tankstellen und einen beträchtli-

---

4 Walter Scheidel, *Nach dem Krieg sind alle gleich*, aus dem Englischen von Stephan Gebauer, Darmstadt: Theiss 2018, S. 165-167.
5 Selina Todd, *The People. The Rise and Fall of the Working Class, 1910-2010*, London: John Murray 2014, S. 195.

chen Teil der Automobilindustrie zuständig. Die Banken, bei denen die meisten Lohnabhängigen ihr Girokonto hatten, waren öffentliche Sparkassen, deren Stiftungen einen Großteil der kulturellen und sozialen Aktivitäten finanzierten. Es gab mit Iberia eine staatliche Fluglinie und mit Grupo Marsans eine öffentliche Reiseagentur, die nach ihrer Privatisierung von Gerardo Díaz Ferrán erworben wurde, der ab 2007 auch Vorsitzender des spanischen Unternehmerverbandes CEOE war und schließlich wegen Veruntreuung, Geldwäsche und Steuerbetrug im Gefängnis landete.

Der Fall Marsans steht in gleichsam parodistisch verdichteter Form für die Privatisierungen, die den öffentlichen Unternehmen ab Ende der achtziger Jahre systematisch den Garaus machten. Allgemein lief das Vorgehen darauf hinaus, öffentliche Gewinne zu privatisieren und private Verluste zu vergesellschaften. Einer der erschütterndsten Fälle ist der von Endesa, einem 1944 gegründeten staatlichen Konzern, der noch in den neunziger Jahren das größte Unternehmen des spanischen Energiesektors war. Nach seiner Privatisierung wurde es 2003 von Enel aufgekauft, einem italienischen Staatsunternehmen. Seither hat Enel in Form von Gewinnausschüttungen dreißig Milliarden Euro aus Endesa herausgezogen. Mit anderen Worten: Erst finanzierten spanische Steuerzahler über Jahrzehnte den Aufbau gewaltiger Infrastrukturen – ein Unterfangen, das keine Privatfirma hätte tragen können –, anschließend wurden mehrere Milliarden aus einem spanischen Unternehmen an den italienischen Staat transferiert. Es gab Zeiten, nicht unbedingt unzivilisierter als unsere, in denen sehr viel weniger nötig war, um wegen Hochverrats füsiliert zu werden.

Es geht aber nicht nur um die schiere Anzahl der öffentlichen Unternehmen, ihre Bedeutung in strategischen Bereichen oder den mit ihrer Privatisierung verbundenen Betrug an der Gesellschaft. Diese Unternehmen waren zudem ein – zugegebenermaßen bisweilen schwerfälliger und dysfunktionaler – Bestandteil eines umfassenden und sehr komplexen gesellschaftlichen Projekts zur Dekommodifizierung zentraler Bereiche des gesellschaftlichen Lebens, wo wichtige Bedürfnisse nicht länger wie Waren behandelt werden sollten. Vor einigen Monaten sah ich bei YouTube ein Video, in dem eine Mutter ihre jugendlichen Töchter auffordert, ein analoges Telefon mit Drehscheibe zu bedienen. Nach einigen Minuten der Ratlosigkeit begreifen die Töchter endlich, wie sie die Scheibe drehen müssen. Dann verwählen sie sich und fragen verzweifelt: »Wie kann man die letzte Zahl löschen?« Doch es gelingt ihnen immer noch nicht, eine Verbindung herzustellen: Sie wissen nicht, dass man zuerst den Hörer abheben muss. So ähnlich geht es uns heute mit der gesellschaftlichen Mechanik, die die Ungleichheit nach dem Zweiten Weltkrieg radikal reduzierte: Wir meinen sie zu verstehen, weil wir sie als eine mit unserer Gegenwart zusammenhängende Vergangenheit interpretieren, in Wirklichkeit hat jedoch ein dramatischer historischer Bruch stattgefunden. Dieses Gefühl der Kontinuität, diese Naturalisierung des Bestehenden lässt Veränderungen unmöglich erscheinen.

Es gibt keine Alternativen

Manchmal spiele ich mit dem Gedanken, mich der fiktionalen Literatur zu widmen. Ich habe sogar schon einige Notizen für das erste Kapitel eines Romans, der teilweise auf einer realen Geschichte beruht. Meine Erzählung beginnt in Bad Homburg, einem vornehmen Vorort von Frankfurt am Main. An einem Morgen Ende November 1989, also nur wenige Wochen nach dem Fall der Berliner Mauer, verlässt ein 59-jähriger Mann seine stark gesicherte Villa in einem gepanzerten Mercedes. Sein Name ist Alfred Herrhausen. Ihn begleiten zwei Fahrzeuge, in denen Leibwächter sitzen. Nach nur einigen hundert Metern Fahrt kommt es zu einer heftigen Explosion. Eine auf einem Fahrrad am Straßenrand deponierte Bombe tötet Herrhausen. Die Leibwächter hingegen bleiben unverletzt, auch der Fahrer überlebt.

Herrhausen war Vorstandssprecher der Deutschen Bank und damit einer der wichtigsten Akteure der Wirtschafts- und Finanzwelt der Bundesrepublik Deutschland. Die Presseerklärung, die die Polizei am selben Tag abgibt, ist sehr kurz. Sie hält fest, die Fahrradbombe sei im Eigenbau hergestellt worden, und ordnet den Anschlag der Roten Armee Fraktion (RAF) zu. Einige Journalisten zweifeln die Version der Polizei vorsichtig an. Die Wucht und Präzision des Sprengsatzes, der die Panzerung des Fahrzeugs durchbrach, seien nicht mit einer selbstgebauten Bombe vereinbar. Außerdem stützt sich die Version der Polizei zunächst nur auf ein in der Nähe des Tatorts gefundenes Blatt mit einem RAF-Logo. Tatsächlich hatte die Rote

Armee Fraktion seit einigen Jahren keinen Anschlag in Deutschland mehr durchgeführt, und Experten waren der Ansicht, es mangele ihr an operativen Fähigkeiten.

Einige Tage später bekommt ein Mitarbeiter der Finanzredaktion einer großen deutschen Tageszeitung einen anonymen Umschlag, der zwei mit dem Tod Herrhausens in Verbindung stehende Dokumente enthält. Das Thema gehört eigentlich nicht in seinen Zuständigkeitsbereich, und der Redakteur ist kurz davor, den Umschlag an einen Kollegen aus der Inlandsredaktion weiterzugeben, als er doch einen Blick auf die Unterlagen wirft. Das erste Dokument ist ein Polizeibericht, der feststellt, dass es sich bei der Bombe um einen hoch präzisen, durch eine Lichtschranke ausgelösten Sprengkörper handelte, der vermutlich von einem Profi gebaut und deponiert wurde. Das zweite Dokument ist das Manuskript einer Rede, die Herrhausen nur wenige Tage nach seinem Tod in New York hätte halten sollen. Es ist ein eher technischer Bericht, in dem Eckpunkte für die Gründung einer Entwicklungsbank in Polen definiert werden und der sich an der Kreditanstalt für Wiederaufbau orientiert, die beim sogenannten deutschen Wirtschaftswunder nach 1945 eine Schlüsselrolle spielte. Die von westlichen Fonds finanzierte Bank sollte es Polen ermöglichen, sich schrittweise in eine Marktwirtschaft zu verwandeln und einen tragfähigen Wohlfahrtsstaat aufzubauen. Der Journalist merkt, dass er eine Nachricht enormer politischer Tragweite in den Händen hält, und beginnt zu recherchieren …

Das ist in etwa die Handlung des ersten Kapitels meines zukünftigen Romans. Was mich an der Geschichte interessiert, sind nicht die Verschwörungstheorien, die sich um diesen Fall ranken, sondern die hypothetische Frage, ob durch den Anschlag eine Restrukturierung der Weltwirtschaft verhindert wurde, die das neoliberale Globalisierungsprojekt infrage gestellt hätte. In jenen Jahren, während des Zusammenbruchs des sozialistischen Lagers, wurde nämlich in verschiedenen politischen und ökonomischen Gremien in Europa erörtert, ob die Europäische Union unter Führung Frankreichs und Deutschlands einen mit der Sowjetunion koordinierten Marshall-Plan für Osteuropa auflegen solle, der die marktwirtschaftliche Transformation dieser Länder unter Bedingungen des Wirtschaftswachstums und nicht der Depression erlaubt hätte. Ein solches Projekt hätte das Modell der Europäischen Union, wie wir sie kennen, komplett verändert und den Einfluss der USA in der Welt beschränkt. In Wirklichkeit passierte genau das Gegenteil: Die deutsche Wiedervereinigung war der Startschuss für eine Schocktherapie, die auf Austerität setzte, die Macht der USA stärkte, sich wie eine Walze über die osteuropäische Peripherie bewegte und schließlich ab 2008 die Mittelmeerländer und insbesondere Griechenland erreichte.

Interessant am Mord an Herrhausen ist der Umstand, dass er uns hilft, die Kontingenz unserer Gegenwart zu verstehen, und die Alternativen aufzeigt, die in der Vergangenheit erörtert wurden und die uns auf ganz andere historische Pfade hätten führen können. Realistische, auf gesellschaftlicher Kooperation beruhende Alternativen, die von staatstragenden Personen, ja sogar von Bankern unterstützt wurden, erscheinen uns heute freilich nicht einfach als unwahrscheinlich, sondern als unvorstellbar. Sie sind wie politischer Ultraschall. Wir hören sie nicht, weil sich das Wertesystem seit den siebziger Jahren des vergangenen Jahrhunderts grundlegend verändert hat. Die Ungleichheit ist uns in die Knochen gekrochen und hat unsere Wahrnehmung der Welt transformiert. Nicht nur in den Theorien von Professorinnen, Essayisten und Politiker:innen stößt sie auf allgemeine Akzeptanz. Die Billigung der Ungleichheit ist auch Teil der Alltagswahrnehmung, unserer Überlebensstrategien und persönlichen Ziele geworden; der Form, wie wir Beziehungen zu anderen knüpfen.

In der Politik bedeutet dies, dass praktisch keine mehrheitsfähige politische Kraft sich materielle Gleichheit heute noch als eine Hauptforderung auf ihre Fahnen schreibt. Wie groß diese Leerstelle ist, wird deutlich, wenn man ihr Schicksal mit dem gleichzeitigen Aufstieg der Freiheitswerte vergleicht, zumindest in ihrer individualistischsten Form. Der Verweis auf die Wahlfreiheit ist ein allgegenwärtiges Argument, sobald Debatten über entfremdende oder zumindest moralisch fragwürdige Praktiken – von Prostitution bis Leihmutterschaft – unterbunden werden sollen. Die verantwortungslose, egoistische oder auch einfach nur lächerliche Anrufung einer radikalen persönlichen Freiheit ist zum Normalfall geworden. 2007 hielt der konservative spanische Ex-Regierungschef José María Aznar in Valladolid eine legendäre Rede, bei der er, offensichtlich betrunken, das Recht der Autofahrer einforderte, über Geschwindigkeit und Alkoholpegel nach Gutdünken selbst zu entscheiden. So absurd diese Idee sein mag, kommt sie uns doch vertraut und halbwegs plausibel vor, was man von einem egalitaristischen Äquivalent – nehmen wir einmal an, ein Kandidat träte bei einer Bürgermeisterwahl in den USA mit dem Vorschlag an, Bankerinnen und Manager sollten von nun an in Clownskostümen zur Arbeit erscheinen – nicht behaupten kann. Dabei wurde diese Forderung in einer anderen Zeit tatsächlich erhoben: von Jello Biafra, dem Sänger der Punkband Dead Kennedys, der 1979 als Kandidat einer gegenkulturellen Bewegung bei den Kommunalwahlen in San Francisco antrat.

Aus einer anderen Perspektive kann man diese antiegalitäre Wende freilich auch als Rückkehr zu einem Zustand sehen, der über einen relativ langen historischen Zeitraum als normal galt. »What happens in Vegas, stays in Vegas«, lautet ein Marketingslogan für die Kasinometropole in Nevada, und etwas Vergleichbares scheint auch für den Wohlfahrtsstaat zu gelten. Die Theoretiker der Ungleichheit bezeichnen die Jahrzehnte in der Mitte des 20. Jahrhunderts bisweilen als Große Kompression, weil es den Sozialstaaten damals gelang, eine hartnäckige gesellschaftliche Fehlentwicklung umzukehren: die Verbindung von Wirtschaftswachstum, technologischer Innovation und zunehmender materieller Ungleichheit. Doch kaum war diese kurze Epoche vorüber, war die Erinnerung daran auch schon wieder verblasst.

Seit der neolithischen Revolution vor etwa 12 000 Jahren gingen Produktivitätssteigerungen und der Aufbau des staatlichen Gewaltmonopols – mit stehendem Heer, Zentralregierung, Bürokratie etc. – über Jahrtausende mit einer Zunahme der Ungleichheit einher. Diese elitäre Wende wiederum bedeutete einen Bruch mit dem für unsere Spezies über Zehntausende von Jahren charakteristischen Zustand weitgehender Egalität. Bei dieser Entwicklung handelte es sich keineswegs um einen zwangsläufigen Prozess, er beruhte nicht auf einer freiwilligen Übereinkunft und brachte nicht allen Beteiligten Vorteile. Die Zunahme der Ungleichheit war auch nicht, wie oft unterstellt wird, das fast unvermeidbare Resultat des Umstands, dass einige wenige eben erfindungsreicher sind und größere technische Fähigkeiten haben. Vielmehr handelte es sich um den kumulierten Effekt der Strategien von Eliten, die sich dank verschiedener Herrschaftsinstrumente eine privilegierte Stellung eroberten und erfolgreich behaupteten.

Obgleich die Elitenherrschaft kurzfristig immer mit Widerstand und Krisen konfrontiert war, erwies sie sich langfristig als überraschend stabil. Nur einige heftige historische Schocks konnten sie erschüttern und manchmal sogar reduzieren. Mitte des 14. Jahrhunderts wütete die Pest in Europa und raffte viele Millionen Menschen, ein Viertel der europäischen Bevölkerung, dahin. In den am heftigsten betroffenen Ländern wie England starb sogar die Hälfte der Einwohner. Als die apokalyptische Plage im 15. Jahrhundert abebbte, war die Arbeitskraft in ganz Europa knapp, und die Plebejer stellten fest, dass ihre Verhandlungsposition gegenüber den Eliten sich deutlich verbessert hatte, was sich günstig auf ihre materielle Lage und ihre politische Macht ausübte. Die historische Bedeutung dieser demografischen Krise, die eine entscheidende Rolle beim Übergang von der Feudalgesellschaft zur Moderne spielte, ist kaum zu überschätzen. In gewisser Hinsicht kann der Aufstieg des Kapitalismus als eine Reaktion der Eliten auf die Bedrohung durch immer unzufriedener werdende subalterne Klassen verstanden werden.

Fünf Jahrhunderte später, Anfang des 20. Jahrhunderts, kam es zu einer Katastrophe, die noch heftiger war als die Pest, die ihren Ursprung aber in den gesellschaftlichen Verhältnissen hatte und einen Großteil der Welt erfasste. Die Spannungen, die sich im Lauf des 19. Jahrhunderts herausgebildet und verschärft hatten, eskalierten in Form einer Weltwirtschaftskrise und bis dahin nicht da gewesenen militärischen Konfrontationen: Mindestens 100 Millionen Menschen starben in den beiden Weltkriegen, und die Zerstörung der ökonomischen Infrastruktur erreichte fürchterliche Ausmaße. Allein in der Schlacht von Verdun starben mehr als eine Million Menschen. Noch heute liegen in der Region Hunderttausende nicht explodierte Geschosse, und in einigen Gegenden ist die Arsenkonzentration 35 000-mal höher als normal. Zwischen 1914 und 1945, zwischen der Beschießung Belgrads durch österreichische Truppen und dem Atombombenabwurf über Nagasaki, verwandelte sich die Welt in ein großes Verdun: mit der Hyperinflation in Deutschland, der Weltwirtschaftskrise, den stalinischen Säuberungen, dem japanischen Imperialterror und Auschwitz als zentralen Akten. Wie bei der Pest bestand allerdings eine der Nebenwirkungen darin, dass sich die Tendenz steigender Ungleichheit umkehrte.

Führt man sich diese Entwicklung vor Augen, die dann ja immerhin drei, vier Jahrzehnte anhielt, ist weniger überraschend, wie schnell viele Apologeten der gnadenlosen Marktkonkurrenz ihre Meinung nach Ausbruch der Covid-19-Pandemie änderten und angesichts der Bedrohung durch das Virus plötzlich staatliche Eingriffe verlangten, die sie wenige Wochen zuvor noch als bolschewistisch abgetan hätten. In einer Meinungskolumne der *Financial Times*, die sich las, als hätten ihre Verfasser einen Trip eingeworfen, hieß es am 3. April 2020:

> Radikale Reformen – die der vorherrschenden Richtung der Politik der letzten vier Jahrzehnte entgegenwirken – müssen auf die Tagesordnung gesetzt werden. Regierungen werden eine aktivere Rolle in der Wirtschaft zu übernehmen haben. Sie müssen die öffentliche Infrastrukturen eher als Investitionen denn als Belastungen sehen und nach Möglichkeiten suchen, die Arbeitsmärkte weniger unsicher zu machen. Umverteilung wird wieder auf der Agenda stehen; die Privilegien der Älteren und Wohlhabenden müssen hinterfragt werden. Politische Maßnahmen, die noch vor Kurzem als exzentrisch galten – beispielsweise ein Grundeinkommen und Vermögenssteuern –, werden Teil des Programms sein müssen.[6]

Eine Restauration verlorener Gleichheit?

Nicht nur Rechte, sondern auch (und vor allem) Linke haben das politische System, das die Große Kompression ermöglichte, vielfach kritisiert. Einer verbreiteten Interpre-

---

6 The Editorial Board, »Virus lays bare the frailty of the social contract«, in: *The Financial Times* (3. April 2020), online verfügbar unter: {https://www.ft.com/content/7eff769a-74dd-11ea-95fe-fcd274e920ca}.

tation zufolge beruhte das System – das sich durchgesetzt habe, um die sowjetische Versuchung im Westen einzuhegen – vor allem auf der Fähigkeit des Staates, die Konflikte zwischen Unternehmern und Arbeitern einzudämmen. Der Staat habe den »Klassenkampf internalisiert«, wie es im akademischen Diskurs heißt, und eine Vermittlerrolle eingenommen. Auf diese Weise habe sich eine Art Klassenkompromiss zwischen Kapital und Arbeit eingestellt, bei dem die Staaten vor allem die Aufgabe hatten, den arbeitenden Klassen durch politische Regulierung oder direkte wirtschaftliche Interventionen Wohlstand und Beschäftigung zu garantieren.

Voraussetzung dieses Sozialpakts war erstens die Wiederherstellung der wirtschaftlichen Souveränität der jeweiligen Regierungen durch ein internationales Finanzsystem, das die USA enorm begünstigte, aber auch die ökonomische Instabilität begrenzte, indem Spekulanten daran gehindert wurden, ihre Vermögen frei über alle Grenzen hinweg zu transferieren. Zweitens lebte dieser Pakt von den gewaltigen Wachstumsraten, die in weiten Teilen der Welt nach dem Zweiten Weltkrieg zu verzeichnen waren. Die oberen Klassen gaben sich mit einem kleineren Teil des Kuchens zufrieden, weil der Kuchen insgesamt immer größer wurde.

Es ist wenig überraschend, dass dieser politische Konsens in den siebziger Jahren just in dem Moment endete, als auch das ihn stützende Produktionsmodell zusammenbrach. Als sich das Wirtschaftswachstum aus diversen Gründen abschwächte, sahen die USA ihre Vormachtstellung gefährdet und zögerten nicht, die internationalen Vereinbarungen aufzukündigen, die die Finanzspekulation beschränkt hatten. Die Reichen gaben sich nicht mehr mit dem ihnen zugestandenen Anteil eines Kuchens zufrieden, der nicht länger wuchs. Gleichzeitig richtete die politische Linke, von Alternativkulturen und der in den Sechzigern vorherrschenden Ablehnung der Institutionen geprägt, ihre Angriffe vor allem auf den entfremdenden Charakter des Nachkriegskonsenses, der den Arbeitern im Austausch für relative ökonomische Sicherheit Konformismus und ein Sich-Abfinden mit der Lohnarbeit abverlangte. Viele Aktivisten und Intellektuelle haben mit Recht darauf hingewiesen, dass der soziale Friede das Ergebnis einer Erpressung war, die die Lohnabhängigen der Kontrolle einer staatlichen und privatwirtschaftlichen Bürokratie unterwarf und ihnen dafür Konsumgüter bot, die sie nicht unbedingt gefordert hatten, ja bisweilen nicht einmal benötigten.

Daher müssen sich die Anhänger einer sozialdemokratischen Restauration des Sozialstaats, der die kapitalistische Tendenz wachsender Ungleichheit stoppt und umkehrt, mit drei großen Problemen auseinandersetzen. Erstens ist der internationale Konsens, auf dem die scharfen Einschränkungen für das Finanzwesen nach dem Zweiten Weltkrieg beruhte, heute nur extrem schwer herzustellen. Viele Experten, die eine stärkere Besteuerung hoher Gewinne, Einkommen und Vermögen eigentlich befürworten – wer mehr hat, soll auch mehr zahlen –, halten es für ausgemacht, dass große Unternehmen bei Steuererhöhungen das Land verlassen würden, und suchen deshalb nach Alternativen zu solchen Steuern. Es lässt sich jedoch darüber streiten, welcher Prozentsatz der Unternehmen tatsächlich diese Option hat. So kann ein transnationales Unternehmen, das Taxidienstleistungen in Barcelona anbietet, sein Franchise schließen, wenn Gemeindesteuern erhöht werden, aber es kann das notwendigerweise lokale Geschäft nicht an einen anderen Ort transferieren. Nichtsdestotrotz ist die Furcht vor der Kapitalflucht verständlich, zumal einige Länder beeindruckende Steuervorteile anbieten. Der Europäischen Kommission zufolge hat Apple 2014 in Irland auf seine Gewinne gerade einmal 0,005 Prozent Steuern gezahlt. Ein Bericht der Steuerbehörden in Madrid besagt, dass die effektive Steuerlast der im Aktienindex Ibex-35 gelisteten spanischen Unternehmen 2016 effektiv bei 6,14 Prozent des Bilanzergebnisses lag. Die Wirtschaftskrise hat die Tendenz zur Steuerminimierung seitens großer Konzerne noch weiter beschleunigt. Laut dem Ökonomen Nacho Álvarez nahm Spanien 2019 über Unternehmenssteuern nur noch gut halb so viel ein wie 2007 – und das, obwohl die Gewinne um 28 Milliarden Euro gewachsen waren.

Zweitens hat sich die Bürokratiekritik der antiinstitutionellen Linken nicht zuletzt deshalb gesellschaftlich durchgesetzt, weil sie von der politischen Rechten gekapert wurde. Nimmt man eine beliebige Aussage über den repressiven und ineffizienten Charakter der Bürokratie, ist es extrem schwer zu sagen, ob sie von einem Armani tragenden Studenten einer Business School stammt oder von einem Anarchisten in einem Ökodorf. An der Seite jedes radikalen Schülers, der – mit guten Gründen – die Abschaffung des Erziehungswesens verlangt, weil dieses

Konformisten produziert, steht ein imaginärer Neoliberaler, der hinzufügt: »Ich sehe, wir verstehen uns. Lass uns zuerst die öffentlichen Schulen schließen ...« Das ist keine Übertreibung: Peter Thiel, Gründer von Paypal und bekennender Anarcholiberaler, stiftete 2011 ein Stipendium, das Studenten, die die Universität abbrechen, um ein Unternehmen zu gründen, mit 100 000 Dollar unterstützt.

Es war eine globale Pandemie notwendig, um umfangreiche Staatsinterventionen wieder als eine akzeptable Maßnahme erscheinen zu lassen, und das auch nur, weil die Alternative hierzu eine apokalyptische Dystopie war. In Spanien hat die Covid-19-Krise nicht nur die Defizite der materiellen Infrastruktur nach einer jahrzehntelangen Kürzungspolitik offenbart – die Region Madrid mit ihren 6,5 Millionen Menschen verfügte nur noch über 500 Intensivbetten –, sondern auch die Probleme aufgezeigt, die aus dem Abbau einer effizienten Verwaltung folgen: Das – und nicht die inexistenten Bedrohungen der öffentlichen Ordnung – war der Grund, warum die Armee während der Pandemie in so vielen Bereichen eingesetzt wurde.

Heute stößt jedes Projekt, das die Herrschaft der Märkte begrenzen und zurückdrängen will, auf große gesellschaftliche Skepsis hinsichtlich der Ziele, aber auch der Effizienz staatlicher Interventionen, die intuitiv als fremdbestimmt und korruptionsanfällig wahrgenommen werden. Beamte und die Bürokratie ganz allgemein stehen nach wie vor nicht sehr hoch im Kurs. Das sieht man gut daran, wie schnell sich zu Beginn der Krise 2008 das absurde Gerücht verbreitete, in Spanien gebe es 450 000 Politikerinnen und Politiker. Zugleich hat sich seit den achtziger Jahren auch unsere Wahrnehmung davon extrem verschoben, welche öffentlichen Ausgaben wir für vertretbar halten. So wurden in Spanien beispielsweise 50 Milliarden Euro in Hochgeschwindigkeitszugtrassen investiert, von denen keine einzige rentabel ist und die nur von 4 Prozent der Bahnpassagiere benutzt werden. Dem Europäischen Rechnungshof zufolge lagen die Baukosten pro Kilometer bei 25 Millionen Euro; in manchen Abschnitten verschlang jede Minute, die man gegenüber konventionellen Zügen einspart, 69 Millionen. Außerdem verfügt Spanien mit 16 000 Kilometern nach China und den USA über das drittlängste Autobahnnetz der Welt, wobei der Bau im Schnitt mehr als sechs Millionen pro Kilometer gekostet hat. Der Militärhaushalt verschlingt Jahr für Jahr 30 Milliarden Euro. Astronomische Zahlen, die wir mit großer Selbstverständlichkeit hinnehmen. Hingegen hat es keine Partei mit realistischen Aussichten auf eine Regierungsbeteiligung gewagt, ähnliche Summen für den Wohnungsbau, öffentliche Banken, die Versorgung von Pflegebedürftigen, den Kampf gegen die Armut oder den ökologischen Umbau zu fordern. Inmitten der Covid-19-Krise, als das Land die schlimmste Rezession seit dem Bürgerkrieg erlebte, widersetzten sich die rechten Parteien vehement der Einführung einer sehr bescheidenen Grundsicherung, die Familien in einer verzweifelten wirtschaftlichen Lage zugutekommen und gerade einmal 5,5 Milliarden Euro kosten sollte. Zum Vergleich: Als in Spanien Steuererleichterungen für den Immobilienerwerb gewährt wurden – von denen die Ärmsten wenig oder gar nicht profitierten –, büßte der Staat jährlich 4,4 Milliarden Euro ein.

Das dritte und noch größere Problem, mit dem Befürworter egalitärer Interventionen konfrontiert sind, ist der Umstand, dass die ökologischen Grenzen der Erde Wachstumsraten wie nach dem Zweiten Weltkrieg nicht länger zulassen. Der keynesianische Sozialpakt wäre nicht möglich gewesen ohne ein exponentielles Wachstum des Energie- und Rohstoffkonsums sowie des ökologischen Fußabdrucks. Deswegen bezeichnen Ökologen diese Jahre heute als Große Beschleunigung des ökologischen Raubbaus, der seitdem weiter verschärft wurde. Die Zahlen, die die beschleunigte Erschöpfung der natürlichen Ressourcen und die Zerstörung der für das menschliche Leben notwendigen Ökosysteme dokumentieren, sind schwindelerregend: Die Hälfte aller bislang verbrauchten fossilen Brennstoffe wurde in den letzten vierzig Jahren konsumiert, die Hälfte des produzierten Plastiks in den vergangenen fünfzehn Jahren hergestellt. Dieser Prozess stößt nun an harte materielle Grenzen. Wenn wir etwas über die Zukunft unserer Zivilisation im weiteren Verlauf des 21. Jahrhunderts wissen, dann, dass sie nicht von steigendem Massenkonsum gekennzeichnet sein wird.

Das Misstrauen gegenüber der Bürokratie, die ökologischen Grenzen des ökonomischen Wachstums und das Fehlen eines internationalen, die Macht der großen Unternehmen beschränkenden Regelsystems sind reale Probleme, mit denen eine sozialdemokratische Restauration heute konfrontiert wäre. Doch die Kritik am historischen Keynesianismus und an der Möglichkeit, dieses Projekt wieder aufzugreifen, lässt einige sehr wichtige politische Aspekte außer Acht. Unabhängig von der Frage, wie weit der historische Sozialstaat reichte und wie konsolidiert seine Fundamente waren, beruhte er auf einem gesellschaftlichen Konsens, der sich vom heutigen stark unterscheidet. Dass sich der keynesianische Egalitarismus durchsetzen konnte, lag nicht an veränderten Moralvorstellungen der gesellschaftlichen Eliten oder einer Machtübernahme der unteren Klassen, sondern an der Notwendigkeit, in Zeiten totaler militärischer Mobilisierung für innere Kohäsion zu sorgen. Und die Demokratisierungspolitik der US-Armee in Japan diente ganz eindeutig dem Zweck, die imperiale Oligarchie zu demontieren.

Doch bis zu einem gewissen Punkt ist das alles nicht weiter wichtig. Unabhängig von den Gründen verbreitete sich in diesen Jahren die Idee, dass – vage definierte, aber profunde – egalitäre Werte die notwendige Voraussetzung sind, wenn die Politik die Welt nicht an den Rand des zivilisatorischen Zusammenbruchs führen soll. In einem Interview erinnerte Noam Chomsky einmal daran, dass 1976 anlässlich des 200. Jahrestags der US-amerikanischen Unabhängigkeitserklärung eine Umfrage durchgeführt wurde, bei der die Teilnehmer beantworten sollten, welche der ihnen vorgelegten Aussagen in der Verfassung ihres Landes enthalten seien. Einer der Sätze, die am häufigsten genannt wurden, lautete: »Jeder nach seinen Fähigkeiten, jedem nach seinen Bedürfnissen.« Tatsächlich handelt es sich dabei um ein Zitat aus Marx' *Kritik des Gothaer Programms*.

Eine Rückkehr zum Wohlfahrtsstaat ist überdies vor allem für Länder wie Spanien kaum möglich, die in Wirklichkeit nie einen Wohlfahrtsstaat besaßen oder ihn nur in einer sehr eingeschränkten Variante kennengelernt haben. Doch wenn wir aus der elitären Dystopie ausbrechen wollen, die wir heute erleben, müssen wir uns zumindest ein Element dieses Szenarios wieder aneignen: echte Gleichheit als ein kollektives Ziel, das fest zur Anatomie der Demokratie gehört.

2. Echte und komplexe Gleichheit

Bei verheerenden Waldbränden in Galicien 2006 brannten in einem Dorf der Costa da Morte fast alle Felder ab. Als das Feuer erlosch, stellte man fest, dass eine Parzelle durch Zufall verschont geblieben war. In der folgenden Nacht sollen einige Anwohner zusammengekommen sein, um sie anzuzünden. Es heißt, sie hätten »Gleichheit für alle!« gerufen.

Ich weiß nicht, ob diese Anekdote stimmt, aber dass sie geglaubt und weiterverbreitet wurde, veranschaulicht die Furcht vor dem Egalitarismus. Von dem isophobischen Standpunkt aus (die griechische Vorsilbe *iso* bedeutet so viel wie gleich), den die Eliten über Jahrtausende kultiviert haben, entsteht Egalitarismus aus Verbitterung, Neid und Verachtung der Diversität. »Ich habe keine Zeit für eine Politik des Sozialneids«, sagte Tony Blair während des Wahlkampfs 1997. Flaubert drückte es ein Jahrhundert zuvor aufrichtiger und unverhohlener aus:

> Ich glaube, dass die Masse, der Haufe stets hassenswert sein wird. Es gibt nichts Wichtiges außer einer kleinen Gruppe von geistvollen Köpfen, die immer die gleichen sind. [...] Das erste Heilmittel wäre, mit dem allgemeinen Wahlrecht ein Ende zu machen, dieser Schande des menschlichen Geistes.[1]

Die elitären Horrorgeschichten haben immer etwas von einer Neuauflage des antiken Mythos vom Bett des Pro-

---

1 Gustave Flaubert, *Briefe an George Sand*, aus dem Französischen von Else von Hollander, Potsdam: Gustav Kiepenheuer 1919, S. 128 ff.

krustes. Der Unhold Prokrustes lebt auf dem Land und bietet Reisenden Obdach an. Seine Gäste müssen in einem Eisenbett schlafen. Sind sie größer als das Bett, sägt er die überstehenden Körperteile ab: die Füße, die Hände oder den Kopf. Sind sie jedoch kleiner, hämmert er so lange auf ihren Körper ein, bis er das Bett füllt. Egalitarismus als monströse, gewalttätige Intervention, die die gesellschaftliche Ergonomie verändert.

Ehrlicherweise muss man zugeben, dass diese Form des Egalitarismus aus Sozialneid tatsächlich existiert hat. Vermutlich ist das gar keine schlechte Beschreibung des Stalinismus und anderer sozialistischer Diktaturen. Karl Marx warnte vor den Gefahren einer solchen Gleichmacherei von unten. In einem schwerfälligen, aber lesenswerten Text schreibt er:

> Dieser Kommunismus [aus Neid, C. R.] – indem er die *Persönlichkeit* des Menschen überall negiert – ist eben nur der konsequente Ausdruck des Privateigentums […]. Der allgemeine und als Macht sich konstituierende *Neid* ist die versteckte Form, in welcher die *Habsucht* sich herstellt und nur auf eine *andre* Weise sich befriedigt. […] Der rohe Kommunist ist nur die Vollendung dieses Neides und dieser Nivellierung von dem *vorgestellten* Minimum aus. […] Wie wenig diese Aufhebung des Privateigentums eine wirkliche Aneignung ist, beweist eben die abstrakte Negation der ganzen Welt der Bildung und der Zivilisation, die Rückkehr zur *unnatürlichen* Einfachheit des *armen*, rohen und bedürfnislosen Menschen.[2]

---

2 Karl Marx, *Ökonomisch-philosophische Manuskripte* (1844), *Marx-Engels-Werke*, Band 40, Berlin: Dietz 1968, S. 465-588, S. 534f.

Die Gleichheit des Elitismus

Wie gesagt: Ganz ist das Ideal der Gleichheit aus unserem kulturellen Horizont nicht verschwunden. Von »Chancengleichheit« ist durchaus häufig die Rede, vielleicht weil dem Begriff die finsteren Konnotationen fehlen, die anderen, auf Ergebnisgleichheit abzielenden Formen des Egalitarismus innewohnen. Vom heute vorherrschenden Standpunkt aus ist Gleichheit als Projekt dann akzeptabel, wenn entsprechende Maßnahmen sich darauf beschränken, Zugangshürden aus dem Weg zu räumen, die den Mechanismus zur gerechten Belohnung individueller Leistungen verzerren könnten. Sozusagen eine gesellschaftliche Dopingkontrolle, bei der überwacht wird, dass beim gesellschaftsweiten Wettbewerb niemand betrügt. In dieser Sichtweise kommt es darauf an, dass jede die Belohnung erhält, die ihren Fähigkeiten, Mühen und Leistungen entspricht. Anders ausgedrückt: Chancengleichheit ist ein meritokratisches Projekt.

Doch die Gleichsetzung von Egalität und Meritokratie ist ein gewaltiges Missverständnis. Tatsächlich ist eine raffiniertere Formulierung des elitären Programms kaum denkbar. In der Klassengesellschaft werden Ungleichheiten selten offen verteidigt, sondern man erklärt die Privilegien der Eliten mit deren größeren intellektuellen oder moralischen Leistungen. Das war bereits das klassische Argument von Reaktionären wie Burke, de Bonald oder de Maistre und wurde später auch von elitären Theoretikern des 20. Jahrhunderts vertreten. In den Worten des französischen Historikers und Orientalisten Ernest Renan:

Das Wesentliche besteht weniger darin, aufgeklärte Massen zu schaffen, als vielmehr darin, große Geister hervorzubringen und ein Publikum, das fähig ist, sie zu verstehen. Wenn hierzu die Unwissenheit eine notwendige Bedingung ist, nun umso schlimmer. Die Natur hält sich bei solchen Bedenken nicht auf; sie opfert ganze Gattungen, damit andere die notwendigen Lebensbedingungen fänden.[3]

Der US-amerikanische Historiker Christopher Lasch erklärt das mit dieser Position verbundene Problem in *Die blinde Elite* genauer:

Die »Meritokratie« ist eine Parodie der Demokratie. Sie bietet jedem Aufstiegsmöglichkeiten, theoretisch zumindest, der das Talent hat, seine Chance zu ergreifen. Aber [...] soziale Mobilität untergräbt den Einfluss der Eliten nicht, im Gegenteil, sie trägt dazu bei, den Einfluss der Eliten zu stabilisieren, indem sie der Illusion Nahrung gibt, Erfolg und hoher Status beruhten ausschließlich auf Leistung und persönlichen Meriten. Es wird nur wahrscheinlicher, dass Eliten ihre Macht in unverantwortlicher Weise ausüben, eben weil sie so wenig geneigt sind, Verpflichtungen anzuerkennen, ihren Vorgängern oder den Gemeinschaften gegenüber, die sie zu leiten vorgeben.[4]

Das meritokratische Prinzip legitimiert die Stellung der oberen Klassen als gerechten Preis für ihr Talent. Privilegien werden nicht nur nicht infrage gestellt, sondern man kommt nicht einmal auf die Idee, dass mit einer privile-

---

3 Ernest Renan, *Philosophische Dialoge und Fragmente*, aus dem Französischen von Konrad von Bdekauer, Verlag Erich Koschny, Leipzig 1877, S. 77.
4 Christopher Lasch, *Die blinde Elite. Macht ohne Verantwortung*, aus dem Englischen von Olga Rinne, Hamburg: Hoffmann und Campe 1995, S. 52.

gierten Position auch Pflichten und Verantwortlichkeiten verbunden sein könnten. Aus diesem Grund stellt das Leistungsprinzip in gewisser Hinsicht einen Rückschritt gegenüber archaischeren Formen der Ungleichheit dar, die gewisse Verpflichtungen der Eliten gegenüber den ihnen Unterworfenen beinhalteten, selbst wenn diese Pflichten meist rein formalen Charakter besaßen und es keine Mechanismen zu ihrer Durchsetzung gab. Deshalb richteten sich Bauernaufstände oft gegen Machthaber vor Ort – den schlechten Grafen oder korrupten Bischof –, die aus Sicht der Bevölkerung den Vertrag zwischen Herren und Vasallen gebrochen hatten. Diese Rebellionen wandten sich aber nicht gegen den König, den Papst, den Kaiser oder eine andere oberste Instanz, die weiterhin als ehrlich und unersetzlich galt, auch wenn die lokalen Autoritäten ihr schlecht gedient hatten. Ein altes russisches Sprichwort lautet: »Gut ist der Zar, böse sind die Bojaren.«[5] Ein spätes Echo solcher Versuche, Herrschaft durch gegenseitige Pflichten und lokale Verbundenheit zu legitimieren, finden wir sogar noch in der Frühphase des Kapitalismus. Viele alteingesessene spanische Geldinstitute tragen den Ort ihrer Gründung im Namen: Banco Santander, Banco Sabadell, Banco Bilbao Vizcaya Argentaria (BBVA). Das klingt nach Bodenständigkeit, nach Kooperation, als gehörte die Bank irgendwie allen gemeinsam. Heute wirbt die Bank N26, sie sei »die erste paneuropäische Internet-Bank«, eine Bank der »Digital Natives«. Die globalen

---

[5] Ian Morris, *Foragers, Farmers, and Fossil Fuels. How Human Values Evolve*, Princeton: Princeton University Press 2017, S. 76.

Eliten der Gegenwart haben sich von örtlichen Kontexten emanzipiert, ihr Vaterland ist das nächstgelegene Steuerparadies. Das ist nicht einfach nur Rhetorik: Man schätzt, dass 8 Prozent des globalen Privatvermögens in Steuerparadiesen versteckt sind; 30 Prozent im Fall der afrikanischen Privatvermögen und bis zu 50 Prozent der russischen.

Die Reichen und Mächtigen meinen, sie seien niemandem etwas schuldig, da sie ihr Vermögen schließlich selbst aufgebaut hätten. Das ist natürlich ein Märchen. Gerade Software- oder IT-Unternehmer pflegen von sich gerne das Bild, sie hätten in einer Garage klein angefangen und ihre Imperien aus dem Nichts aufgebaut. Die Ökonomin Mariana Mazzucato wurde vor einigen Jahren bekannt, indem sie diese Mythen zerpflückte und zeigte, dass eine der Ikonen von Unternehmergeist und technologischer Innovation – das Iphone – ohne gigantische öffentliche Investitionen nie entstanden wäre. In der offiziellen Steve-Jobs-Biografie, einem weltweiten Bestseller, werden diese Subventionen freilich kein einziges Mal erwähnt. Elon Musk, der milliardenschwere und mit futuristischen Projekten wie dem Hyperloop bekannt gewordene Tesla-Gründer, hat etwa fünf Milliarden Dollar an staatlichen Hilfen erhalten. Es gibt nur wenige Fälle, bei denen sich privater Reichtum nicht zu einem hohen Prozentsatz aus kollektiven Anstrengungen speist.

Aus der Perspektive eines konsequenten Egalitarismus ist die Meritokratie eine besonders abstoßende Form der Ungleichheit. In gewisser Hinsicht sind legitime – also mit realen Leistungen verbundene – Privilegien noch schlimmer als falsche oder willkürliche, da sie die Tugenden korrumpieren, mit denen sie gerechtfertigt werden. Der Evolutionspsychologe Michael Tomasello hat ein berühmtes Experiment über die Wirkung verschiedener Belohnungsvarianten auf zwanzig Monate alte Kleinkinder durchgeführt. Die Wissenschaftler boten den Kindern verschiedene Möglichkeiten an, einem Erwachsenen zu helfen. Einige erhielten jedes Mal, wenn sie Hilfe leisteten, eine konkrete Belohnung (ein kleines Spielzeug, das ihnen gefiel). Andere bekamen keine Belohnung – nicht einmal ein Lächeln oder ein Dankeschön:

> Die meisten Probanden halfen in fünf Fällen. Diese Kinder nahmen dann an einer zweiten Phase teil, in der sie wieder mehrmals die Gelegenheit hatten zu helfen. Dieses Mal zeigte der Erwachsene jedoch in keiner der Situationen eine Reaktion. Die Ergebnisse waren bemerkenswert. Die Kinder, die in der ersten Phase fünfmal belohnt worden waren, halfen im zweiten Teil *seltener* als diejenigen, die zuvor keine Belohnung bekommen hatten.[6]

Die empirische Psychologie scheint also belegen zu können, dass wir im Alltag alle Kantianer sind. Bei Tätigkeiten, die als intrinsisch befriedigend empfunden werden, unterminieren materielle Belohnungen die innere Motivation.

Niemand bezweifelt, dass soziale Kreativität und Innovationskraft wertvolle Eigenschaften sind, aber ihre Wirkung wird beeinträchtigt, wenn sie an eine Art soziale Er-

---

6 Michael Tomasello, *Warum wir kooperieren*, aus dem Englischen von Henriette Zeidler, Berlin: Suhrkamp 2010, S. 23.

pressung gekoppelt und wenn als Gegenleistung exorbitante Privilegien für einige wenige gewährt werden. Das Betriebssystem Windows soll für die Menschheit so nützlich sein, dass sein Erfinder Bill Gates unter anderem mit einer Villa im Wert von 120 Millionen Dollar belohnt wird? Ernsthaft? Ist das nicht eher das Verhalten von schlecht erzogenen Kindern, die andauernd bestochen werden müssen, damit sie brav sind?

Soziale Ungleichheit ist per se entwürdigend – und zwar sowohl für diejenigen, die von ihr profitieren, als auch für diejenigen, die darunter leiden. Es spielt keine Rolle, ob sie auf Leistung zurückgeht oder in welcher absoluten Situation sich diejenigen befinden, denen es am schlechtesten geht. Die Ungleichheit hindert uns alle, ein im eigentlichen Wortsinn gutes Leben zu führen. Wir wissen zum Beispiel, dass Reiche weniger großzügig sind als Arme; dies allerdings nur in einer von Ungleichheit bestimmten Umgebung. Wenn uns die hilfsbedürftige Person (hinsichtlich Einkommen, Kultur usw.) ähnelt, steigt die Wahrscheinlichkeit, dass wir sie unterstützen. Ebenso tendieren die Besitzer teurer Autos viel eher dazu, Verkehrsregeln zu brechen und insbesondere keine Rücksicht auf Fußgänger zu nehmen. Reiche neigen eher als Arme dazu, bei Spielen oder der Arbeit zu schummeln oder in Geschäften etwas mitgehen zu lassen, wenn sich die Gelegenheit dazu bietet. Während der Covid-19-Pandemie lobten rechte Politikerinnen wie die Präsidentin der Region Madrid öffentlich die philanthropische Großzügigkeit einiger Multimillionäre, die für den Kampf gegen die Pandemie Geld spendeten. Linke antworteten darauf, die Spenden machten nur einen Bruchteil dessen aus, was diese Personen durch Steuervermeidung gespart hatten. Doch es ist noch weitaus schlimmer: Untersuchungen zeigen, dass Reiche selbst im Bereich klassischer Wohltätigkeit proportional deutlich weniger Geld für gemeinnützige Organisationen spenden als Arme.[7]

Die meisten von uns würden schockiert die Privilegien zurückweisen, die noch vor einiger Zeit als gerechte Belohnung für gesellschaftliche Verdienste galten. Kaum jemand würde bestreiten, dass es für alle Beteiligten demütigend ist, wenn ein Diener einem den Nachttopf leert oder die Fußnägel schneidet, obwohl man selbst dazu in der Lage ist, und doch galten solche Dienstbotentätigkeiten einst als unverzichtbares Statussymbol. Die Befürworter des Leistungsprinzips glauben heute, die von ihnen angestrebten Privilegien seien völlig legitim, verdient, vernünftig und eine Quelle der Distinktion. Alle Menschen sollen die gleiche Chance haben, sich in einen Idioten zu verwandeln, der andere herumkommandieren, viel Geld besitzen und dekadenten Luxus genießen will. Eines Tages, so verspricht man uns, wird die entfernte Möglichkeit, ein Nummernkonto in der Schweiz zu besitzen, Untergebene zu schikanieren und lächerlich gekleidet am Steuer eines von einem deutschen Konzern produzierten Monuments der Blödheit zu sitzen, demokratisch verteilt sein.

---

7 Siehe für diese Beispiele und Angaben Christopher Ryan, *Civilized to Death. The Price of Progress*, New York/London/Delhi: Avid Reader Press 2019, S. 147.

Gleichheit als komplexes Resultat

Für einen konsequenten Egalitarismus ist Gleichheit nicht Ausgangspunkt, sondern Ergebnis, ein Endziel. Gleichheit als Ausgangspunkt – »Alle Menschen sind gleich« – ist entweder zu kurz gegriffen oder schlichtweg falsch. Das Postulat entstand historisch im Zuge des Kampfes gegen absolutistische Regime und die vererbten Privilegien des Adels. In diesem Sinne muss man die Aussage verstehen, alle Menschen seien gleich geboren – gleich vor dem Gesetz. In Wirklichkeit sind wir Menschen jedoch nicht gleich. Wir sind recht unterschiedlich, was unsere Fähigkeiten, Talente und Qualifikationen angeht.

Der die Sozialwissenschaften heute dominierende Antinaturalismus – also die Negation jedes Einflusses der Biologie auf das menschliche Verhalten – veranlasst viele Menschen dazu, diese »Ausgangs«-Ungleichheiten zu leugnen oder zu unterschätzen, obgleich sie ziemlich offensichtlich sind: Jeder Grundschullehrer wird sich über die Idee kaputtlachen, alle Kinder brächten die gleiche Begabung für Musik, Rechnen, soziale Beziehungen oder Sport mit. Es gibt Kinder, die unfähig sind, eine einfache Melodie anzustimmen, und es ihr ganzes Leben lang bleiben werden. Andere sind Sportskanonen, und manche haben das Talent, soziale Konflikte mit verblüffender Leichtigkeit zu entschärfen. Die These, wir würden in materieller Hinsicht gleich geboren und alle real beobachtbaren Ungleichheiten seien das Resultat im Zuge von Sozialisationsprozessen tradierter Privilegien – bessere Bildung, besserer Zugang zu ökonomischen Ressourcen –, ist falsch, doch in gewisser Hinsicht kommt es darauf gar nicht an. Denn die meisten und entscheidenden Ungleichheiten werden in unserer Gesellschaft tatsächlich im Sozialisationsprozess weitergegeben. Meine Frau begegnete einmal einem ehemaligen Klassenkameraden auf der Straße. Als sie ihn fragte, was er beruflich mache, und er »Ingenieur« antwortete, war sie sehr überrascht, denn er war ein schlechter Schüler gewesen. Mit seltener Klarheit und Ehrlichkeit antwortete er: »Die Wahrheit ist, dass du jedes Fach studieren kannst, wenn deine Familie Geld hat.« Damit ist nicht gemeint, dass reiche Leute Lehrer oder Professorinnen bestechen, um bei Prüfungen zu bestehen; sie können sich während ihrer Ausbildung schlicht mehr Probleme leisten. So setzen zum Beispiel in Spanien 56 Prozent der Kinder aus der oberen Mittelschicht ihre Ausbildung auch dann über die Pflichtschuljahre hinaus fort, wenn sie schlechte oder mittelmäßige Noten haben. Bei den Kindern unqualifizierter Arbeiterinnen liegt der Anteil bei nur 20 Prozent.[8]

Das Problem an der These, bei ihrer Geburt seien alle Menschen gleich, besteht darin, dass sie eine simple und beruhigende Vorstellung von Gerechtigkeit vermittelt. Aus dieser Perspektive braucht der Egalitarismus dann nur ganz einfache Strategien zur Verteidigung eines von der

---

8 Fabrizio Bernardi/Héctor Cebolla, »Clase social de origen y rendimiento escolar como predictores de las trayectorias educativas«, in: *Revista Española de Investigaciones Sociológicas* (REIS) 146 (April-Juni 2014), online verfügbar unter: {http://www.reis.cis.es/REIS/PDF/REIS_146_011397045219900.pdf}.

Gesellschaft korrumpierten Naturzustands. Die Freiheit haben Philosophinnen und Politikwissenschaftler immer als sehr verletzliches politisches Gut betrachtet, das es mit einem ausgefeilten, auf konstitutionellen Gegengewichten beruhenden Mechanismus zu bewahren gilt. Die Gleichheit hingegen wurde eher als Naturzustand begriffen, den man höchstens ab und an zurechtschneiden muss. Die historische Erfahrung zeigt jedoch, dass erfolgreiche egalitäre Dynamiken kontinuierliche und anspruchsvolle Eingriffe benötigen. Echte Gleichheit kann nur durch politische Einmischung hergestellt werden, sie ist das Produkt gesellschaftlichen Handelns und einer systematisch gepflegten Demokratie. Egalität ist kein Rohzustand, sondern das Ergebnis komplexer sozialer Anstrengungen.

In den achtziger Jahren verbreiteten Ideologen aus dem Umfeld von Margaret Thatcher die Geschichte, einige öffentliche Schulen in Großbritannien hätten den Mitgliedern ihrer Sportteams verboten, mehr als einen Wettbewerb im Jahr zu gewinnen, um so Gleichheit zu fördern und zu vermeiden, dass sich ein Kind zurückgesetzt fühle. Ich vermute, dass die Geschichte nicht stimmt, aber sie kommt mir kurioserweise bekannt vor. Als Kind war ich in einem Leichtathletikteam. Wir wurden von Rufino Carpena trainiert, in seiner Jugend ein großer Sportler. Er stammte aus dem Fischerviertel von Gijón, begann mit elf Jahren zu arbeiten, und der Legende zufolge bestand sein Training in den fünfziger Jahren darin, dass er jeden Tag zu dem Stahlwerk lief, in dem er angestellt war, und wieder zurück. Wie nicht anders zu erwarten, gewannen bei offiziellen Wettbewerben immer dieselben Kinder aus unserem Team, nämlich diejenigen, die schlicht am schnellsten laufen konnten. Daher organisierte Carpena am Ende der Saison eine besondere Siegerehrung: Da kein Kind ohne Medaille bleiben und die Unterschiede nivelliert werden sollten, vergab er Preise in frei erfundenen Kategorien – zum Beispiel für im ersten Halbjahr geborene Mädchen aus dem ersten Juniorenjahrgang, die bei keinem Querfeldeinrennen gefehlt hatten.

Ich glaube, dass diese ziemlich witzige Zeremonie nicht nur ein Mittel war, um Trostpreise an Verlierer zu vergeben, sondern auch dazu diente, den Gewinnern zu zeigen, dass der Wettkampf selbst in einer Individualsportart wie der Leichtathletik nur einen Teil der sportlichen Praxis ausmacht. Wenn es allein darum gegangen wäre herauszufinden, welches Kind am schnellsten laufen konnte, wären die ganzen Anstrengungen tatsächlich absurd: Training, Reisen, Wettbewerbe mit mehreren hundert Kindern … Schon zum Auftakt der Saison wussten alle, wer die Besten waren. Daher diente die Vergabe der Trostpreise in unserem Team auch dazu, den Schnelleren zu sagen, dass die ganze Sache in Wirklichkeit nicht so bedeutend war und sie sich selbst nicht zu wichtig nehmen sollten. Die anderen Sportlerinnen sind nicht einfach nur Komparsen der Besten, ein pittoresker Schmuck, damit Letztere ihre Überlegenheit unter Beweis stellen können. Und wenn wir Sportereignisse verfolgen, dann nicht nur, weil wir wissen wollen, wie sie ausgehen. Niemand würde eine Liga sehen wollen, in der jedes Wochenende Madrid gegen Barcelona spielt. Ein Hundertmeterfinale, in dem Usain Bolt gegen die Stoppuhr läuft, um seinen eigenen

Rekord zu brechen, wäre nicht nur langweilig, sondern schlichtweg lächerlich.

Ich habe mich oft an diese Zeremonie erinnert, wenn ich kulturanthropologische Untersuchungen las, denn die Begrenzung oder sogar Aufhebung der sozialen Folgen von Leistungsunterschieden ist in vielen traditionellen Gemeinschaften ein weitverbreiteter Mechanismus. Der Anthropologe Richard B. Lee veröffentlichte schon vor Jahrzehnten einen berühmt gewordenen Bericht, der paradigmatisch zeigt, was in vielen archaischen Gesellschaften geschieht.[9] Lee erlebte eines Tages, wie die Mitglieder einer Gemeinschaft in Botswana einen Jugendlichen auslachten, der von seinem Jagdausflug mit einer besonders reichen Beute zurückgekehrt war und diese nun mit dem Rest der Gemeinschaft teilen wollte. Verwundert fragte der Anthropologe einen älteren Mann, warum sie sich ihm gegenüber so verhielten:

»Arroganz«, lautete seine kryptische Antwort.
»Arroganz?«
»Ja, wenn ein junger Mann viel erbeutet, hält er sich am Ende für den Chef und glaubt, wir anderen sind seine Diener oder Untergebenen. Das können wir nicht akzeptieren. Wir lehnen denjenigen ab, der prahlt, denn eines Tages wird sein Stolz jemanden töten. Deshalb sagen wir immer, dass sein Fleisch nichts wert ist. Auf diese Weise besänftigen wir sein Herz und beruhigen ihn.«

---

9 Richard Borshay Lee, »Eating Christmas in the Kalahari«, in: *Natural History* (Dezember 1969), online verfügbar unter: {http://people.morrisville.edu/~reymers/readings/ANTH101/EatingChristmas-Lee.pdf}.

Selbstverständlich gibt es auf der Hand liegende materielle Ursachen dafür, dass archaische Gesellschaften ein so geringes Maß an materieller Ungleichheit kannten. Wenn die Produktivität gering ist, stellt Akkumulation seitens einiger weniger eine Gefahr für das Überleben des Kollektivs dar. Die zukünftigen Multimillionäre des Stammes könnten schon bald niemanden mehr ausbeuten, weil ihre Untergebenen an Hunger sterben würden. Kurioserweise sorgten viele Gemeinschaften vor dem Neolithikum – selbstverständlich in unterschiedlichem Ausmaß – allerdings auch für eine Begrenzung der Ungleichheit hinsichtlich Ansehen und Macht, zumindest der erwachsenen Männer. Sie verstanden, dass Ungleichheit an sich zutiefst negative Konsequenzen für eine Gemeinschaft besitzt.

In einem Interview erinnerte der Moderator und ehemalige Fußballprofi Michael Robinson daran, wie Robbie Fowler, Star des FC Liverpool, einmal einen gelben Ferrari kaufte: »Der Klub zwang ihn, den Wagen zurückzugeben. Sie sagten ihm, er sei eine Provokation und stehe für einen Mangel an Respekt gegenüber den Leuten: Ein Spieler von Liverpool konnte nicht mit einem Ferrari herumfahren.« Dies ist eine ehrwürdige Tradition, die auch der auf kooperatives Verhalten spezialisierte Primatenforscher und Anthropologe Christopher Boehm bei zahlreichen menschlichen Gruppen beobachtet hat. Boehm zitiert vier grundlegende Mechanismen, die Gesellschaften in der Vergangenheit anwandten, um ihre Mitglieder davon abzuhalten, sich über andere zu erheben: öffentliche Meinung, Spott, Ungehorsam und extreme Sanktionen (Ausschluss und Mord). Boehm erinnert daran, dass Angehörige montenegrinischer Stämme, die kurzzeitig mit der russischen Flotte zusammenarbeiteten, um einen Feldzug Napoleons an der dalmatinischen Küste zurückzuschlagen, nicht verstehen konnten, warum die russischen Seeleute ihren Offizieren auch vor und nach den Schlachten gehorchen mussten. Die Anthropologie hat zahllose Beispiele hierfür zusammengetragen. Bei den Enga wird ein Mann, der sich beim Treffen eines Clans zur Autorität aufschwingen möchte, sofort verspottet. Unter den Hazda lassen die anderen einen »vermeintlichen ›Chef‹, der die anderen zu überzeugen versucht, für ihn zu arbeiten, offen erkennen, dass seine Versuche sie belustigen«. Bei den Iban »hört niemand zu, wenn ein Häuptling versucht, Befehle zu erteilen«. Die Nuer gehorchen direkten Befehlen entweder nicht oder nur auf aufsässige Weise. Die San in der Kalahari »töten Angeber« ganz einfach. Auch die !Kung-Gemeinschaften bringen extrem aggressive Männer um. Unter den Nambicuara »wechseln die unter dem Schutz eines Chefs stehenden Familien die Gruppe, wenn dieser die Versorgung mit Lebensmitteln nicht gewährleistet, zu hohe Forderungen stellt oder alleinigen Anspruch auf die Frauen erhebt«. Ganz ähnlich machen es auch die Mescaleros, die sich »anderen Gruppen anschließen, wenn ihr Chef ein Betrüger, ein Lügner oder ihm nicht zu trauen ist«. Australische Aborigines »eliminieren aggressive Männer, die sie zu beherrschen versuchen«. Auf Neuguinea wird »die Hinrichtung eines prominenten Individuums, das seine Privilegien überschritten hat, heimlich durch Mitglieder verschiedener Clans organisiert, die Angehörige der Person davon überzeugen, die Aufgabe auszuführen«.[10]

Wenn so viele Gesellschaften mit dem Witz Jello Biafras ernst machten, jenes Punksägers, der Banker zwingen wollte, sich als Clowns zu verkleiden, dann weil sie wussten, dass Unterordnung den einzigen Zweck erbarmungsloser Konkurrenz darstellt. Die scharfsinnigsten Anhänger des Marktes haben auch nie damit hinter dem Berg gehalten, dass genau dies Sinn und Zweck des meritokratischen Wettbewerbs ist:

> Schließlich ist der Wettbewerb immer ein Vorgang, in dem eine kleine Anzahl eine viel größere Anzahl nötigt, das zu tun, was diese nicht will – sei es härter zu arbeiten, Gewohnheiten zu ändern oder ihrer Arbeit ein Maß von Aufmerksamkeit, ständiger Zuwendung oder Regelmäßigkeit zu widmen, das ohne Wettbewerb nicht erforderlich wäre.[11]

Als ich in der Oberstufe war, hatte ich eine sehr gute Griechischlehrerin, bei der niemand durchfiel. Nicht etwa weil sie allen gute Noten gegeben hätte, sondern weil sie es einem nicht erlaubte durchzufallen. Sie zwang dich, jede Prüfung so oft zu wiederholen, bis du bestanden hattest. Selbstverständlich bekamen manche Schüler bessere No-

---

10 Christopher Boehm, *Hierarchy in the Forest. The Evolution of Egalitarian Behavior*, Cambridge/London: Harvard University Press 1999, u.a. S. 115 ff., S. 75, S. 117, S. 98, S. 61, S. 81; vgl. auch ders., *Moral Origins. The Evolution of Virtue, Altruism and Shame*, New York: Basic Books 2012.
11 F. A. Hayek, *Recht, Gesetz und Freiheit*, aus dem Englischen von Monika Streissler, Tübingen: Mohr Siebeck 2003 [1982], S. 382.

ten als andere, aber niemand blieb zurück, und es wurde nicht zugelassen, dass bei irgendjemandem eine Bildungslücke entstand. Befürworter des Leistungsprinzips im Schulwesen, die darauf bestehen, dass Prüfungen unverzichtbar sind, um – wie sie es nennen – eine »Kultur der Anstrengung« zu fördern, werden bei dieser Geschichte sehr nervös. Denn sie offenbart, dass es bei Prüfungen nicht darum geht herauszufinden, ob alle gelernt haben – eine Information, die sich auch auf andere Weise ermitteln ließe –, sondern sicherzustellen, dass es im öffentlichen Bildungswesen Gewinnerinnen und Verliererinnen gibt.

Dasselbe geschieht auf dem Markt. Den Anhängern des freien Marktes kommt es nicht auf den Wettbewerb an sich an, sondern auf ein Instrument, mit dem man zwischen Verlierern und Gewinnern unterscheiden und Letztere belohnen kann. Historisch betrachtet, hatten Reiche und Mächtige nie eine sonderliche Vorliebe für den ökonomischen Wettbewerb, es sei denn, er diente dazu, die Macht des Stärkeren durchzusetzen. Wenn sich die Gelegenheit bot, das lästige und teure Zwischenspiel der Konkurrenz zu überspringen und direkt zum Monopol überzugehen, zögerten sie nicht, dies zu tun. Höhepunkt dieser Entwicklung sind die großen IT-Unternehmen der Gegenwart. Anarcholiberale wie zum Beispiel Peter Thiel sind nicht umsonst begeisterte Anhänger der Monopole als Alternative zum Wettbewerb. Wie die europäischen Großmächte des 19. Jahrhunderts achten die Technologiekonzerne sehr genau darauf, sich nicht gegenseitig in die Quere zu kommen. Das ist auch der Grund, weshalb

IT-Start-ups gar nicht erst davon träumen, die Giganten zu verdrängen – so wie auch kein kleiner Ölunternehmer auf den Gedanken käme, er könnte es mit Shell oder Repsol aufnehmen. Ihr großes Ziel besteht darin, von Google oder Amazon gekauft zu werden.

Die eben skizzierte Tendenz lässt sich schon bei den ersten Reaktionären wie Edmund Burke beobachten, die eine tiefe Sehnsucht nach der Feudalgesellschaft als Garantin einer festen Ordnung und große Verachtung für die mit der Modernisierung einhergehenden sozialen Veränderungen an den Tag legten – mit einer Ausnahme: dem Markt. Der Grund dafür war, dass ihnen der Markt ein Substitut für die alte Ständeordnung zu sein schien, allerdings ohne ihre Mängel. Der Marktmechanismus würde dafür sorgen, dass sich die Besten durchsetzten und andere beherrschen, indem sie ihnen ihre Exzellenz vor Augen führten.

Von Natur aus Egalitaristen

Dass die Ungleichheit in dem Maße beständig wächst, in dem sich talentierte Individuen durchsetzen und in dem dadurch auch die Produktivität zunimmt, ist aber eben nur die halbe Wahrheit. Oder, langfristig betrachtet, sogar noch weniger als das. Über Zehntausende von Jahren, das zeigen die oben erwähnten anthropologischen Studien, haben menschliche Gesellschaften mächtige Mechanismen geschaffen, um die Ungleichheit – nicht nur der Chancen – zu begrenzen. Dieser Egalitarismus ist ein

Merkmal unserer Spezies, das uns von den meisten unserer nichtmenschlichen Verwandten unterscheidet. Zwar sind auch für einige Primatengruppen Fälle dokumentiert, bei denen sich die schwächsten Mitglieder zusammenschlossen, um einen tyrannischen Anführer zu stürzen oder zu töten; doch das kommt relativ selten vor. Bei den meisten anderen Primaten herrscht ein offener Wettbewerb, der zur Herausbildung einer stabilen Hierarchie führt und es einigen wenigen Individuen ermöglicht, Ressourcen zu monopolisieren. Es muss also in der Evolutionsgeschichte Faktoren geben, weshalb unsere Spezies diese egalitären Tendenzen aufweist. Tomasello schreibt dazu:

> Ausgehend von der meist egalitären Struktur der Jäger- und Sammlergemeinschaften, in denen streitsüchtige Gruppenmitglieder oft ausgeschlossen oder sogar umgebracht wurden, konnte man also spekulieren, dass die Menschen eine Art Selbstzähmungsprozess durchliefen, in dem aggressive und habgierige Individuen von der Gruppe ausgesondert wurden.[12]

Wir Menschen werden nicht als Gleiche geboren, besitzen aber doch eine egalitäre Neigung, die unter unseren nächsten Verwandten, mit Ausnahme vielleicht der Bonobos, einzigartig ist. Der egalitäre Charakter der menschlichen Jäger-und-Sammler-Gemeinschaften – während mehr als neunzig Prozent der Menschheitsgeschichte die einzige soziale Organisationsform unserer Spezies – stellt

---

12 Tomasello, *Warum wir kooperieren*, a.a. O, S. 71.

einen Bruch mit unseren Vorfahren dar. In den Worten Boehms:

> [I]ch glaube, dass ab dem Moment, als vor 40 000 Jahren im anatomischen Sinn moderne Menschen aufkamen, die in kleinen Gruppen lebten und noch keine Pflanzen und Tiere domestiziert hatten, mit großer Wahrscheinlich alle menschlichen Gesellschaften ein egalitäres Verhalten praktizierten und dass sie damit die meiste Zeit sehr erfolgreich waren.[13]

Und es bedurfte eines so einschneidenden Ereignisses wie der neolithischen Revolution, um diese Lebensweise zu verändern und etwas Neues an ihre Stelle zu setzen. Der Egalitarismus ist ebenso wie die Plastizität unserer Sprache oder unsere kognitiven Fähigkeiten ein Distinktionsmerkmal der Menschheit.

Die Entwicklung egalitärer Werte ist ein fundamentaler Bestandteil der menschlichen Persönlichkeitsentwicklung. Kleine Kinder akzeptieren mehr oder weniger willkürliche Hierarchien mit großer Selbstverständlichkeit. Doch die Kinder werden im selben Maße egalitärer, wie sie größer, unabhängiger von den Eltern und wie ihre sozialen Interaktionen mit Gleichaltrigen komplexer werden. In einem schönen Experiment des französischen Forschungszentrums CNRS haben Wissenschaftlerinnen Kindern unterschiedlichen Alters ein Puppentheaterstück gezeigt, in dem eine Figur einer anderen ihren Willen aufzwang, sodass sie eindeutig als Chef zu identifizieren war. Danach gaben sie jedem Kind zwei unterschiedlich gro-

---

13 Christopher Boehm, »Egalitarian behavior and reverse dominance history«, in: *Current Anthropology* 34/3 (Juni 1993), S. 236.

ße Stücke Schokolade und forderten die Kinder auf, die Schokoladenstücke zwischen den Marionetten aufzuteilen. Die meisten Kinder im Alter von drei oder vier Jahren begünstigten die dominante Puppe. Doch bei älteren Kindern begann sich die Tendenz umzukehren, und ab dem achten Lebensjahr bevorzugten alle Kinder die untergeordnete Puppe. Die Erklärung der älteren Kinder könnte aus einem Ethikaufsatz stammen: Sie gaben der untergeordneten Puppe das größere Schokoladenstück, weil sie »nie entscheiden darf, was gespielt werden soll«, oder weil sie »weniger Glück als die andere Puppe hat«.[14]

Deshalb hat auch Ungleichheit bzw. relative Armut enorme Auswirkungen auf unser Leben. Die meisten Kritiker der Ungleichheit konzentrieren sich auf das, was Soziologen *absolute* Armut nennen, also eine Reihe materieller und sozialer Benachteiligungen, die als Bedrohung für das Leben (oder zumindest für ein Leben in Würde) gelten und die katalogisiert werden können: zu wenige Kalorien, keine Wohnung, keine Heizung, kein Zugang zur Gesundheitsversorgung usw. Dies sind Probleme, die zu Recht allgemeine Empörung hervorrufen. Die Differenz bei der Lebenserwartung zwischen den ärmsten und den reichsten Vierteln im schottischen Glasgow beträgt 28 Jahre. Der Ökonom Vicenç Navarro hat gezeigt, dass es solche Unterschiede auch in Spanien gibt: Ein Bewohner von Sant Gervasi, einem Oberschichtsviertel von Bar-

---

[14] Rawan Charafeddine, Fabrice Clément et al., »Children's allocation of resources in social dominance situations«, in: *Developmental Psychology* 52/11, S. 1843-1857.

celona, lebt im Durchschnitt acht Jahre länger als ein Bewohner von Raval, einem anderen Viertel derselben Stadt.

Die Kritik der relativen Armut – die sich in Relation zur Ressourcenausstattung anderer oder dazu bemisst, was in einer Gesellschaft als normal gilt – hingegen argumentiert in der Regel ethisch und differenzierter. Das hat damit zu tun, dass es sich um einen vergleichenden und weniger spektakulären Indikator handelt. Gewöhnlich gilt man als von relativer Armut bedroht, wenn man weniger als 60 Prozent des gesellschaftlichen Median-Einkommens verdient. Jemand, der in der relativ reichen Schweiz als arm gilt (relative Armut), hat unter Umständen einen höheren Lebensstandard (absolute Ressourcenausstattung) als eine Person, die im armen Albanien zu den oberen zehn Prozent zählt.

An dieser Stelle kommt eine der spektakulärsten sozialwissenschaftlichen Entdeckungen der letzten Jahrzehnten ins Spiel: die Beobachtung nämlich, dass Ungleichheit per se – und nicht nur die absolute Armut – brutale körperliche und soziale Folgen hat. Die britischen Gesundheitswissenschaftler Kate Pickett und Richard Wilkinson wurden mit Studien berühmt, in denen sie einen engen Zusammenhang zwischen Ungleichheit und einer erstaunlichen Zahl von Problemen in den reichsten Ländern der Welt aufzeigten.[15] Ab einem bestimmten wirtschaftlichen Entwicklungsgrad, also wenn die Menschen nicht

---

15 Kate Pickett/Richard G. Wilkinson, *Health and Inequality. Major Themes in Health and Social Welfare*, Abingdon/New York: Routledge 2008.

mehr an Hunger oder Mangelernährung sterben (ein Zustand, der in den OECD-Staaten weitgehend erreicht ist), lassen sich viele Konflikte und soziale Probleme mit der relativen Differenz zwischen reich und arm erklären. In diesen Ländern mögen auch die Armen Handys und große Autos haben, aber das spielt keine Rolle: Wenn sie von den Reichen durch sehr große Unterschiede getrennt sind, wird diese Gesellschaft schwerwiegende Probleme haben, und ein großer Teil der Bevölkerung – nicht nur die im engeren Sinne Armen – lebt schlechter. In den Gesellschaften mit den größten Einkommensunterschieden sind die Gesundheitsdaten schlechter, die Lebenserwartung ist niedriger, die Kindersterblichkeit höher, psychische Erkrankungen, Übergewicht und der Konsum illegaler Drogen sind verbreiteter. Wir wissen nicht genau, warum das so ist. Es ist, als würde die Ungleichheit uns in die Knochen kriechen.

Ungleichheit – nicht nur absolute Armut und Entbehrung – tötet, und zwar buchstäblich. Tatsächlich haben selbst unter den Eliten scheinbar triviale Prestigeunterschiede einen Einfluss auf die Lebenserwartung: Die Schauspieler und Schauspielerinnen, die einen Oscar gewinnen, leben im Durchschnitt drei Jahre länger als Nominierte, die den Preis nicht erhalten haben. Die Gewinner eines Nobelpreises werden älter als ihre weniger glücklichen Kollegen.

Doch auch die sozialen Beziehungen verschlechtern sich mit der Ungleichheit. In den ungleichsten Gesellschaften gibt es mehr Gewalt, mehr Gefängnisinsassen, weniger Bereitschaft, sich in der Gemeinschaft zu engagieren, mehr Schulabbrecher, mehr schwangere Teenager und sehr viel weniger soziale Mobilität. In den Worten von Pickett und Wilkinson: »Wenn Sie den amerikanischen Traum verwirklichen wollen, sollten Sie nach Dänemark ziehen.«[16] Der Soziologe Richard Sennett hat beobachtet, dass Ungleichheit einen ganz unmittelbaren Einfluss auf die Beziehungen von Kindern und Jugendlichen hat. In den ungleichsten Ländern ist Mobbing in der Schule viel stärker verbreitet, und Kinder zeigen eine geringere Bereitschaft, mit anderen zusammen zu lernen. Der Konsum verschärft den verhassten Vergleich, der Minderwertigkeitsgefühle bedient und katastrophale Folgen hat. Er bringt Kinder dazu, sich permanent mit Gleichaltrigen in einer Konkurrenz um Statussymbole zu messen.

In einer Episode von *Big Bang Theory*, einer Serie über brillante junge Wissenschaftler mit geringer Sozialkompetenz und einem Hang zum Sexismus, schäkert einer der Protagonisten in Anwesenheit seiner Kumpels mit seiner Freundin. Raj, einer der Freunde, sagt: »Junge, ich bin froh, dass du endlich eine Freundin hast, aber musst du dieses Geturtel unbedingt vor uns veranstalten, die wir solo sind?« Sheldon, das unter dem Asperger-Syndrom leidende Genie der Gruppe, antwortet für den Angesprochenen: »Tatsächlich muss er das wohl. Es gibt einen öko-

---

16 Kate Pickett/Richard Wilkinson, »You're more likely to achieve the American dream if you live in Denmark« (21. August 2017), online verfügbar unter: {https://www.weforum.org/agenda/2017/08/youre-more-likely-to-achieve-the-american-dream-if-you-live-in-denmark}.

nomischen Begriff namens positionelle Güter, der besagt, dass ein Objekt nur deshalb einen Wert für den Besitzer hat, weil andere es nicht besitzen. Der Terminus wurde 1976 von dem Ökonomen Fred Hirsch geprägt, um den verbreiteteren, aber weniger präzisen Ausdruck ›ätschi-bätsch‹ zu ersetzen.«

Nach der Antike, dem Mittelalter und der Moderne leben wir heute in einer Ätschi-Bätsch-Gesellschaft, in der sich Verhaltensweisen durchgesetzt haben, wie man sie von durch Fernsehwerbung verdorbenen Zehnjährigen erwarten würde.

3. Die Verpflichtung der Gleichheit

Dass die Ungleichheit seit dem Neolithikum zunahm, hat schlicht damit zu tun, dass einige Menschen plötzlich in der Lage waren, sie durchzusetzen. David Graeber berichtet, in einigen Gegenden von Belarus raubten Banden Reisende in Zügen und Bussen so systematisch aus, dass sie ihren Opfern hinterher Quittungen aushändigten. Wahrscheinlich handelt es sich dabei um eine urbane Legende, aber sie bringt die historischen Ursprünge vieler Staaten laut Graeber ganz gut auf den Punkt:

> Räuberbanden ordnen ihre Beziehungen zu den sesshaften Dorfbewohnern. Aus Plünderungen werden Tributzahlungen, Vergewaltigung wird zum »Recht der ersten Nacht« oder Verschleppung von Frauen zum Geschenk für den königlichen Harem. Eroberung und schrankenlose Gewaltausübung werden eingehegt und sind damit kein räuberisches Verhältnis, sondern ein moralisches. Die Herren gewähren Schutz, die Dorfbewohner sorgen für ihren Unterhalt.[1]

Auch das ist natürlich eine Karikatur, aber wie viele Karikaturen fängt sie einige Aspekte der langfristigen Zunahme der Ungleichheit in antiken oder mittelalterlichen Ge-

---

[1] David Graeber, *Schulden. Die ersten 5000 Jahre*, aus dem Englischen von Ursel Schäfer, Hans Freundl und Stephan Gebauer, Stuttgart: Klett-Cotta, Stuttgart 2011, S. 139.

sellschaften gut ein. Aber da sprechen wir eben über weit zurückliegende, feudale Zeiten. Wir leben heute aber in modernen, demokratischen Gesellschaften, die politische Formen kollektiver Selbstregierung geschaffen haben, wie es sie in diesem Ausmaß noch nie zuvor gegeben hat und die der Gleichheit eigentlich sehr zuträglich sein müssten. Und in denen vor gut einer Generation auch tatsächlich egalitäre Mechanismen und ein entsprechendes Ethos existierten. Damit drängt sich also die Frage auf, wie sich der Egalitarismus als Prinzip derart schnell wieder verflüchtigen konnte.

Der Historiker und Archäologe Ian Morris hält eine Beobachtung fest, die vielen Dozentinnen von Soziologieeinführungen bekannt vorkommen dürfte. Während die Werte der auch in Europa bis vor ca. 250 Jahren dominanten Agrargesellschaften – tiefer Respekt gegenüber Autoritäten, Akzeptanz von Ungleichheit – unseren Studierenden unbegreiflich, traurig und weit entfernt vorkommen, finden sie die Zehntausende Jahre alten Werte der Jäger-und-Sammler-Gesellschaften attraktiv, interessant und einleuchtend. »Die Wildbeuter«, so Morris, erinnern sie »an Leute, denen man auf dem Campus über den Weg laufen könnte, während die Hauptfiguren aus dem Rolandslied des 11. Jahrhunderts von einem anderen Planeten zu stammen scheinen«.[2] Besonders paradox ist das in Gesellschaften wie der spanischen, in der die Werte

---

2 Morris, *Foragers, Farmers and Fossil Fuels*, a.a.O., S. 136

feudaler Agrargesellschaften noch vor hundert Jahren praktisch unangefochten waren. Die Lösung des Rätsels besteht meiner Ansicht nach darin, dass sich in unseren Gesellschaften in relativ kurzer Zeit eine egalitäre Kultur durchgesetzt hat, deren einzige Entsprechung jene kleinen Gruppen der Jäger und Sammler sind, die vor der neolithischen Revolution über Zehntausende Jahre die Erde bevölkerten.

Wir verfügen heute über mehr politische, soziale und materielle Mittel, um die Macht der Eliten infrage zu stellen, als je zuvor in den vergangenen 3000 Jahren. Warum hat die Vermögensungleichheit dann die brutalen Erschütterungen überlebt, welche die Ökonomie, die Familie, die Politik, die Subjektivität und die Kultur seit Beginn der Moderne transformiert haben? Die Bedeutung dieses Befunds lässt sich kaum überschätzen. Die italienischen Ökonomen Guglielmo Barone und Sauro Mocetti haben die Ergebnisse einer 1427 in Florenz durchgeführten Erhebung zum Vermögen und zum Einkommen von ca. 10 000 Familien (40 000 Individuen) mit den Steuerunterlagen ihrer (Pseudo-)Nachfahren im Jahr 2011 verglichen. Das Ergebnis ist spektakulär: »Die Spitzenverdiener unter den heutigen Steuerzahlern« tragen die Namen von Familien,

> die sich schon vor sechs Jahrhunderten an der Spitze der sozioökonomischen Hierarchie befanden – als Anwälte oder Mitglieder der Woll-, Seiden- oder Schuhmachergilde; ihre Einkommen und Vermögen lagen praktisch immer oberhalb des Medians. Im Gegensatz dazu trugen die [im Jahr 2011] ärmsten Personen die Namen von Familien, die [schon in der Renaissance] weniger angesehene Berufe ausübten und

deren Vermögen und Einkommen meistens unterhalb des Medians lagen.³

Es sieht so aus, als gäbe es in unserer sozialen Architektur etwas, das es erlaubt, die egalitäre politische Kultur sozusagen zu umgehen. Denn eigentlich ist die Geschichte moderner Gesellschaften ja seit 1789 von der Ausweitung und Vertiefung der Staatsbürgerschaft sowie von einer wachsenden Ablehnung verschiedener Formen der Diskriminierung aufgrund sozialer Herkunft, Geschlecht, sexueller Orientierung, Geburtsort und vieler anderer Merkmale geprägt. Warum aber halten sich dann die ökonomischen Ungleichheiten so unglaublich hartnäckig?

Seit Beginn der Moderne haben viele Philosophen die Form zu analysieren versucht, in der wir Gerechtigkeit in unseren Gesellschaften als das Ergebnis eines Vertrags zwischen freien und rationalen Individuen verstehen, die gemäß ihren eigenen Interessen handeln und danach streben, möglichst viel von etwas zu erhalten, was sie selbst als wünschenswert erachten (egal, ob es sich dabei nun um Genuss, moralisches Wohlbefinden, soziale Gerechtigkeit oder Erfahrungen handelt). Solche Vertragstheo-

---

3 Guglielmo Barone/Sauro Mocetti, »What's your (sur)name? Intergenerational mobility over six centuries« (17. Mai 2016), online verfügbar unter: {https://voxeu.org/article/what-s-your-surname-in tergenerational-mobility-over-six-centuries}; vgl. auch dies., »Intergenerational mobility in the very long run: Florence 1427-2011« (April 2016), Banca d'Italia Working Papers #1060, online verfügbar unter: {https://www.bancaditalia.it/pubblicazioni/temi-discussione/2016/2016-1060/en_tema_1060.pdf?language_id=1}.

rien liegen allen modernen Vorstellungen von einer fairen Gesellschaft zugrunde, in der jeder das bekommt, was ihm zusteht. Die bekannteste zeitgenössische Variante dieser Tradition stammt von dem US-amerikanischen Philosophen John Rawls, der Gerechtigkeit eng an Unparteilichkeit knüpft. Für Rawls kann die Struktur einer Gesellschaft dann als fair und frei gelten, wenn sie sich als System von Regeln rekonstruieren lässt, auf die sich die betroffenen Personen geeinigt haben, ohne zu wissen, welche Position sie in dieser Gesellschaft schließlich innehaben werden. Wenn ich nicht weiß, welches Stück ich hinterher bekommen werde, schneide ich die Torte lieber in gleich große Stücke. Wir müssen uns den Gesellschaftsvertrag also als Übereinkunft zwischen Personen vorstellen, die keine Ahnung haben, ob sie reich oder arm, Frauen oder Männer usw. sein werden.

Besonders wichtig scheint mir am Ansatz von Rawls, dass er soziale Gerechtigkeit als ein Produkt fairer Spielregeln versteht und nicht als Ensemble substanzieller moralischer Maximen, auf die wir uns nur sehr schwer einigen könnten. Rawls glaubt, dass jede gerechte Gesellschaft zwei Prinzipien hinsichtlich Freiheit und Gleichheit respektieren muss, die mit einer großen Bandbreite politischer und Rechtssysteme kompatibel sind. Das erste Prinzip lautet, dass jede Person mit gleichen (und möglichst umfangreichen) Freiheits- und Beteiligungsrechten ausgestattet sein muss, solange diese sich mit den Rechten aller anderen vereinbaren lassen.

Das ist eine technische Formulierung des Gedankens, dass die Freiheit jedes Einzelnen dort aufhört, wo die des anderen anfängt. Dem zweiten Prinzip zufolge sind ökonomische und soziale Unterschiede nur dann akzeptabel, wenn sie auch bzw. vor allem den am stärksten Benachteiligten zugutekommen und wenn sie nicht gegen das Kriterium der Chancengleichheit verstoßen. Das heißt: Ungleichheiten sind ausschließlich dann hinzunehmen, wenn sie der gesamten Gesellschaft – und vor allem den Ärmsten – nutzen und es keine Diskriminierung gibt, die als Zugangsbarriere fungiert. Die Ungleichheit wäre demnach eine Art Maut, die man zahlen muss, um bestimmte gesellschaftliche Vorteile zu erzielen.

Das zweite Prinzip von Rawls sagt nichts darüber aus, ob die Ungleichheiten den Ärzten oder den Reinigungskräften im Krankenhaus, den Ingenieurinnen oder den Kindergärtnern zugutekommen sollen. Es legt nur fest, dass Privilegien gerechtfertigt sind, wenn sie notwendig sind, damit bestimmte besonders talentierte Personen ihren Begabungen zum gesellschaftlichen Vorteil nachgehen. Dieser Standpunkt findet in vielen Gesetzestexten Niederschlag, so zum Beispiel in der spanischen Verfassung, die festlegt, dass »der gesamte Reichtum des Landes in seinen verschiedenen Formen und unbeschadet seiner Trägerschaft […] dem allgemeinen Interesse untergeordnet« ist.[4]

---

4 Agencia Estatal Boletín Oficial del Estado, *Die spanische Verfassung*, Madrid 1978, online verfügbar unter: {https://www.boe.es/legislacion/documentos/ConstitucionALEMAN.pdf}.

Die meritokratische Erpressung

Eine Rechtfertigung der Ungleichheit, die sich auf die Vorstellung stützt, Ungleichheit sei notwendig, um die Lage der Ärmsten zu verbessern, ist insofern problematisch, als sie willkürlich oder zumindest an bestimmte gesellschaftliche Kontexte geknüpft ist. Sie unterstellt, dass die begabtesten Menschen ihre Fähigkeiten nur dann auf sozial produktive Weise ausüben, wenn man ihnen im Gegenzug exklusive Vorteile einräumt. Aber warum sollte das so sein? Wie sollte zum Beispiel ein Arzt die Position vertreten, sein Interesse an der öffentlichen Gesundheit sinke um 20 Prozent, wenn seine Steuern nicht im gleichen Ausmaß reduziert werden? Die einzige Rechtfertigung solcher Forderungen besteht darin, dass diejenigen, die sie aufstellen, die Macht dazu haben. Die einzige Begründung, die man für dieses Verhalten geben kann, ist das Verhalten selbst. Wir verzichten auf Gleichheit, weil es jemanden gibt, der unsere Lebensverhältnisse verschlechtern – oder nicht das ihm Mögliche zu ihrer Verbesserung beitragen – kann, wenn wir seine Privilegien nicht anerkennen. Das wäre freilich überhaupt nicht mit jenem ersten Prinzip vereinbar, das auf die größtmögliche Freiheit eines jeden Individuums abstellt und dies eher mit universellen Idealen der Selbstbestimmung, des Gemeinwohls und der persönliche Würde begründet. Gerald Cohen hat dieses Problem mit folgendem Vergleich veranschaulicht:

> Ich habe gute Gründe, einem Kidnapper, der mein Kind entführt hat, Lösegeld zu zahlen, aber er kann seine Forderung nicht damit begründen: Er kann nicht sagen, dass die Geld-

zahlung gerechtfertigt ist, weil er mein Kind nur freilässt, wenn ich seiner Forderung nachkomme. Die talentierten Reichen sind natürlich (jedenfalls als solche) nicht so schlimm wie Entführer, aber das Argument, mit dem sie materielle Anreize begründen, fällt genauso in sich zusammen [wie das des Entführers].[5]

Die Geisel-Metapher hat natürlich ihre Grenzen, verweist aber darauf, wie exzentrisch die Annahme ist, diejenigen, die der Gesellschaft etwas zu bieten haben, würden dies nicht tun, wenn sie nicht im Gegenzug irgendwelche Vorrechte gegenüber allen anderen erhielten. Man kann sich durchaus vorstellen, dass einige Schriftstellerinnen, Ärzte oder Ingenieurinnen ihren Beruf nicht ausüben würden, wenn sie für ihre Mühen keine Entlohnung bekämen oder wenn man ihnen nicht erlaubte, dieser Tätigkeit als Hauptbeschäftigung nachzugehen. Aber ist es plausibel, dass sie überhaupt nicht bereit wären, diesen Beruf auszuüben, weil sie – unabhängig von ihrer materiellen Situation – nicht *mehr* erhalten als die anderen?

In dem Film *Armageddon* rast ein Meteorit auf die Erde zu. Gelingt es nicht, ihn aufzuhalten, wird er die Menschheit auslöschen. Aufgrund einer höchst unwahrscheinlichen Verkettung von Umständen gibt es nur eine Gruppe, die den Planeten retten kann: ein Team texanischer Ölarbeiter um den vor Testosteron strotzenden Harry S. Stam-

---

[5] Gerald Cohen, *If you're an Egalitarian, How Come You're So Rich?*, Harvard University Press: Cambridge und London 2000, S. 207.

per (Bruce Willis). Stampers Leute gehen auf das Hilfeersuchen der Nasa und der US-amerikanischen Streitkräfte nicht sofort ein, sondern präsentieren eine Liste mit Forderungen. Einer will einen Aufenthalt in einem Luxushotel; ein anderer das Weiße Haus besichtigen; ein Dritter, dass man seine Strafzettel streicht; und ein Vierter will die Wahrheit über den Kennedy-Mord erfahren. Dazu kommt eine gemeinsame Forderung: Keiner wolle jemals wieder Steuern zahlen, erklärt Stamper dem verwunderten General, der die Bedingungen entgegennimmt. Das Absurde an der Sache ist, dass die Ölarbeiter wie alle anderen sterben werden, wenn sie die Mission nicht erfüllen. Dennoch bestehen sie auf Privilegien, bevor sie sich an die Arbeit machen.

Der meritokratische Elitismus stellt selbst in seiner gesellschaftlich nützlichsten Variante eine Form der Erpressung dar. Diese ist tatsächlich häufig zu beobachten, allerdings nur in von Konkurrenz geprägten Zusammenhängen wie unserer Marktgesellschaft. In archaischen Gesellschaften passiert normalerweise das Gegenteil: Nur die Autorität besonders großzügiger und respektvoller Personen wird anerkannt. Die Gerechtigkeitstheorie von Rawls – im Grunde nichts anderes als eine Rekonstruktion der ethischen Struktur liberaler Demokratien – geht, wenig überraschend, von der Prämisse aus, dass die Marktwirtschaft bereits allgemein durchgesetzt ist. Wenn wir diese historische Annahme nur leicht modifizieren, fliegt uns diese Rechtfertigung der Ungleichheit jedoch um die Ohren.

In einer berühmten Parabel stellte sich Gerald Cohen

eine Campinggemeinschaft vor, in der die unterschiedlichen Aufgaben nach persönlicher Präferenz, Notwendigkeit und den jeweiligen Fähigkeiten einvernehmlich verteilt und in der viele Güter kollektiv genutzt werden. In der Regel gibt es in solchen Gruppen keine Hierarchien, dafür aber ein gemeinsames Ziel: Jeder soll den Zeitvertreib genießen, der ihm am besten gefällt – ob zusammen mit den anderen oder für sich. Einige fischen, anderen kochen, wieder andere kümmern sich um den Zeltplatz. In solchen Kontexten kooperieren die Menschen gewöhnlich, damit »jede und jeder ungefähr die gleiche Chance hat, sich zu entfalten und zu entspannen, und unter der Voraussetzung, dass jede und jeder entsprechend seinen Fähigkeiten zur Entfaltung und Entspannung der anderen beiträgt«.[6]

Nicht einmal die fanatischsten Gegner des Egalitarismus würden leugnen, dass es in solchen Situationen Normen der Gleichheit und der Reziprozität gibt. So wie auch der glühendste Egalitarist nicht auf den Gedanken käme, bei einem Derby zwischen Betis und dem FC Sevilla in der Halbzeit aufzuspringen und ein Unentschieden zu fordern. Cohen skizziert einige Szenarien, wie Menschen sich in einem antiegalitären Campingurlaub verhalten würden:

a) Harry angelt gern und ist auch sehr gut darin, weshalb er mehr Fische nach Hause bringt als die anderen. Eines Tages sagt er: »Wir organisieren die Angelegenheit

---

[6] Gerald Cohen, *Why Not Socialism?*, Princeton University Press: Princeton 2009, S. 4f.

sehr ungerecht. Beim Abendessen sollte ich den besten Fisch kriegen.« Seine Freunde antworten: »Mein Gott, Henry, sei nicht blöd. Du musst dich nicht mehr anstrengen als wir. Du bist sehr gut im Angeln, niemand leugnet das, und das verschafft dir auch Befriedigung. Aber warum sollten wir dich für dein Glück belohnen?«

b) Die Teilnehmer des Campingausflugs gehen spazieren und entdecken einen Haufen Nüsse, die ein Eichhörnchen vergessen hat. Nur Leslie weiß, wie man sie knackt, aber sie will eine Gegenleistung dafür, dass sie dieses Wissen mit den anderen teilt.

c) Morgan erkennt den Campingplatz wieder. »Hey, hier hat mein Vater vor dreißig Jahren gezeltet. Er hat auf der anderen Seite des Hügels einen kleinen Weiher angelegt und besonders leckere Fische darin ausgesetzt. Papa wusste, dass ich eines Tages zum Campen kommen würde, und hat das für mich gemacht. Das ist super, jetzt kann ich bessere Sachen essen als ihr.« Die anderen quittieren Morgans Gier mit einem Lächeln und hochgezogenen Augenbrauen.

Die Campingparabel beschreibt gut, wie sehr der Egalitarismus zu jenem Teil unseres Lebens gehört, der jenseits der Märkte stattfindet: Unsere Familien und unsere Freundeskreise ähneln eher dieser Campinggesellschaft als den Finanzmärkten. Und tatsächlich hat der Großteil der Menschheit über Jahrtausende genau so gelebt. David Graeber zitiert Berichte des Schriftstellers Peter Freuchen über seine Zeit bei den Inuit in Grönland:

Freuchen erzählt, wie er eines Tages hungrig von einer erfolglosen Walrossjagd zurückkehrte und sah, wie ein erfolgreicher Jäger mehrere hundert Pfund Fleisch bei ihm ablud. Er dankte ihm überschwänglich. Der Mann jedoch reagierte abweisend: »Oben in unserem Land sind wir Menschen!«, sagte der Jäger. »Und weil wir Menschen sind, helfen wir einander. Wir hören es nicht gern, wenn sich jemand dafür bedankt. Was ich heute bekomme, bekommst morgen vielleicht du. Hier oben sagen wir, dass man mit Geschenken Sklaven macht und mit der Peitsche Hunde.«[7]

Jenseits des Marktes

Wir müssen also erkennen, dass die Zentralität der Märkte in unserer Kultur die materielle Basis der Leistungsorientierung darstellt. Unsere Gesellschaften haben sich in gigantische Sportstadien verwandelt, die den Wettbewerb zum Normalzustand gemacht haben. Eine vergleichende Studie über meritokratische Einstellungen in heutigen Gesellschaften zeigt ein wiederkehrendes Muster: In allen untersuchten Ländern nahm die Leistungsorientierung parallel zur Ausbreitung der Marktbeziehungen zu, wie wir sie seit den Achtzigern praktisch überall in der Welt beobachten konnten. In der großen Mehrheit der analysierten Staaten (Australien, Deutschland, Großbritannien, Island, Italien, Neuseeland, Niederlande, Norwegen, Polen, Portugal, Schweden, Spanien, Ungarn und

---

7 Graeber, *Schulden*, a.a.O., S. 85.

die USA) ging die stark wachsende Ungleichheit seit den Siebzigern mit einer schnellen Zunahme entsprechender Einstellungen einher.[8] Und ganz allgemein belegen viele Studien, dass Reiche sehr viel stärker überzeugt sind, ihre Erfolge seien die Früchte ihrer Anstrengungen und nicht das Ergebnis der ererbten sozialen Stellung oder eines glücklichen Zufalls.[9]

Natürlich leben wir weder in Jäger-und-Sammler-Gesellschaften noch sind wir ständig von nahen Verwandten oder Personen umgeben, mit denen wir regelmäßig interagieren. Wir leben in Gesellschaften, in denen wir uns mit anonymen Anderen koordinieren müssen. Im Moment ist der Markt ein unverzichtbares Instrument zur Organisation bestimmter sozialer Bereiche. Doch Märkte sind kompetitiv, sie produzieren Gewinner und Verlierer.

Das Problem besteht erstens darin, dass Märkte keineswegs sonderlich gut darin sind, die von ihnen gewährten Belohnungen zu regulieren. 1982 zahlte der FC Barcelona die damalige Rekordablöse von 7,3 Millionen US-Dollar für Diego Armando Maradona. Vielen Fans erschien das obszön, selbst der Papst kritisierte den Transfer. Inflationsbereinigt entspräche die Summe heute etwa 20 Mil-

---

8 Jonathan B. Mijs, »Visualizing belief in meritocracy, 1930-2010«, in: *Socius* 4 (2018), S. 1-2.
9 Daniel Markovits, *The Meritocracy Trap*, London: Penguin 2019; Kwame Anthony Appiah, »The myth of meritocracy: Who really gets what they deserve?«, in: *The Guardian* (19. Oktober 2018), online verfügbar unter: {https://www.theguardian.com/news/2018/oct/19/the-myth-of-meritocracy-who-really-gets-what-they-deserve}.

lionen Dollar. 2017 zahlte Paris Saint-Germain fast zehnmal so viel, nämlich 220 Millionen Euro, für den Brasilianer Neymar – einen Spieler, dessen Können außer Frage steht, das aber ohne Zweifel beträchtlich geringer ist als das Maradonas.

Zweitens ist es keineswegs ausgemacht, dass der Markt eine zentrale Stellung einnehmen muss. Wir leben in einem Marktsystem, das marktförmiges Handeln stärkt und legitimiert, wodurch Kommodifizierungsprozesse zusätzlich befördert und Tätigkeiten jenseits des Marktes oder solche, deren gesellschaftliche Bedeutung durch andere Logiken bestimmt ist, unsichtbar gemacht werden – und zwar unabhängig davon, wie wichtig diese Tätigkeiten für das menschliche Leben sind. Die Coronapandemie hat uns dies 2020 innerhalb weniger Tage vor Augen geführt. Plötzlich realisierten wir, dass nicht nur die Arbeit von Ärzten, sondern auch die von Lkw-Fahrern, Putzkräften, Kassierer:innen und Regalauffüllern im Supermarkt über Leben und Tod entscheidet. Ich kenne niemanden, der in diesen Monaten Immobilienspekulantinnen vermisst hätte.

In einer berühmten Studie für die New Economics Foundation haben Eilís Lawlor, Helen Kersley und Susan Steed 2009 versucht, den gesellschaftlichen, ökologischen und ökonomischen Wert sehr unterschiedlich entlohnter Berufe zu quantifizieren und so zu überprüfen, ob eine direkte Beziehung zwischen Lohn und gesellschaftlichem Nutzen besteht. Zur Untersuchung der nicht im Marktpreis berücksichtigten Effekte (im ökonomischen Jargon: der Externalitäten) zogen sie sechs unterschiedliche Beschäftigungen aus dem öffentlichen Sektor und der Privatwirtschaft heran; drei aus dem Niedriglohnbereich – Putzkraft im Krankenhaus, Angestellter eines Recycling-Unternehmens, Erzieher – und drei weitere mit sehr hohen Einkommen – Bankerin in der City of London, Chef einer Werbeagentur, Steuerberater.

Die Wissenschaftlerinnen kamen zu dem Ergebnis, dass einige der bestbezahlten Jobs gesellschaftlich ausgesprochen zerstörerisch sind, während viele für das Überleben unverzichtbare Tätigkeiten miserabel entlohnt werden. Das skandalöseste Beispiel waren die Werbemanager, deren Tätigkeit letzlich darin besteht – mit fatalen ökologischen und psychischen Folgen –, den Überkonsum anzuheizen, und die für jedes von ihnen generierte britische Pfund gesellschaftliche Schäden in Höhe von elf Pfund verursachen. Führungskräfte in der City of London, die für ihre Operationen im Finanzkasino mit astronomischen Einkommen belohnt werden, vernichten für jedes von ihnen verdiente Pfund sieben Pfund an gesellschaftlichem Wert.

Auf der anderen Seite der Skala finden sich zunächst diejenigen, die die Kinderbetreuung übernehmen. Sie stellen nicht nur eine Dienstleistung bereit, bei der es buchstäblich um Leben und Tod geht, da sie sich um extrem abhängige Wesen kümmern, sondern setzen auch ökonomisches Potenzial frei, indem sie es den Eltern ermöglichen, einer Lohnarbeit nachzugehen. Für jedes Pfund Gehalt generieren sie einen Wert zwischen sieben und 9,50 Pfund an sozialem Nutzen. Ähnlich ist es bei den Putzkräften im Krankenhaus. Es handelt sich um eine sehr schlecht bezahlte, aber für die Einhaltung der hohen Hygienestandards absolut unverzichtbare Tätigkeit. Die Autorinnen schätzen, dass sie für jedes Pfund, das sie verdienen, mehr als zehn Pfund an gesellschaftlichem Wert schaffen. Die Beschäftigten von Recycling-Anlagen produzieren sogar einen gesellschaftlichen Nutzen in Höhe von zwölf Pfund für jedes verdiente Pfund.[10]

Ja, wir brauchen Märkte. Die entscheidende Frage ist jedoch, wo ihre Grenzen verlaufen und welche Rolle sie in unseren Gesellschaften spielen sollten. Konservative Befürworterinnen gesellschaftlicher Hierarchien sind der Ansicht, es sollte hier allenfalls sehr durchlässige Grenzen geben, da Märkte nicht nur für die wirtschaftliche Ordnung materiell unverzichtbar, sondern auch moralisch notwendig für ein würdiges Leben sind. Margaret Thatcher hat das folgendermaßen begründet.

> Die ökonomische Wahl hat eine moralische Dimension. [...] In der Marktwirtschaft sind die Menschen frei, ihr Geld und ihre Zeit für gute Zwecke einzusetzen. Sie praktizieren ihren Altruismus aus freien Stücken und auf eigene Kosten, indem sie direkt und persönlich an Institutionen, Wohlfahrtsverbände, Universitäten, Kirchen oder Krankenhäuser spenden. Wenn der Staat eingreift, wird die Freigiebigkeit nach und nach von allen Seiten eingeschränkt. Auf der einen Seite wird die Idee propagiert, es sei der Staat, der alle notwendigen Aufgaben am besten zu erledigen weiß. [...] Auf der anderen

---

10 Eilís Lawlor/Helen Kersley/Susan Steed, »A bit rich: Calculating the real value to society of different professions«, London: New Economics Foundation 2009, online verfügbar unter: {https://neweconomics.org/uploads/files/8c16eabdbadf83ca79_ojm6b0fzh.pdf}.

Seite werden die Menschen, da der Staat ihnen immer mehr von ihrem Einkommen wegnimmt, immer weniger geneigt sein, das ihnen verbleibende Geld für Bedürfnisse zu spenden, die der Wohlfahrtsstaat nicht befriedigen kann. Wenn Menschen direkt, persönlich oder über eine von ihnen respektierte Institution spenden, spüren sie, dass sich das Opfer, das sie beim Spenden erbringen, und die Mühe, die sie beim Verdienen auf sich nehmen, auch lohnen.[11]

Die egalitäre Argumentation funktioniert praktisch genau umgekehrt: Es ist unbedingt notwendig, die Marktkonkurrenz zu bändigen, und zwar nicht nur, weil sie materiell gefährlich ist und uns in eine Abwärtsspirale aus Elend, politischer Polarisierung und Umweltzerstörung treibt, sondern auch, weil sie toxische Folgen für die ethischen Vorstellungen einer Gesellschaft hat.

Bisweilen unterrichte ich an der Fakultät für soziale Arbeit, dem Ort mit der vermutlich höchsten Konzentration an Menschenfreundlichkeit in der westlichen Welt. Meine Studenten sind so altruistisch, dass es mir beinahe ein wenig Angst macht. Es ist, als gehörten sie zu einer anderen Spezies. Die meisten von ihnen – in Wirklichkeit sind es in der großen Mehrheit Studentinnen – beschreiben ihre Großzügigkeit als einen Akt des verdeckten Egoismus. Oft verwenden sie eine feststehende Redewendung: »Ich ziehe mehr daraus, als ich gebe.« Zu helfen verschaffe ihnen persönliche Befriedigung und seelisches Wohl-

---

[11] Margaret Thatcher, Rede vor den Young Conservatives von Greater London (Iain Macleod Memorial Lecture – »Dimensions of Conservatism«) (4. Juli 1977), online verfügbar unter: {https://www.margaretthatcher.org/document/103411}.

befinden. Auch wenn mir bewusst ist, dass sie aus Bescheidenheit so reden, tue ich jedes Mal so, als würde ich mich darüber ärgern, und sage ihnen, dass das objektiv eine Lüge ist: Die Menschen, denen sie helfen, ziehen viel größeren Nutzen aus ihren Handlungen als sie selbst. Das Problem ist, dass die Studierenden ihre Tätigkeit in dieser Logik nicht länger als kollektive, tendenziell universelle Aufgabe begreifen, für die wir uns alle engagieren und für die auch der Staat Verantwortung übernehmen sollte. Als wir einmal über diese Frage im Unterricht debattierten, erzählte mir eine Studentin, dass sie den Sommer ehrenamtlich in einem Ferienprogramm für alte und mittellose psychisch Kranke verbracht hatte. Ich antwortete ihr: »Also ich habe den Sommer am Strand verbracht. Sollen wir jetzt wirklich so tun, als lasse sich über unsere Ferien nichts anderes sagen, als dass wir beide das gewählt haben, was uns am meisten Befriedigung verschafft? Die einen helfen eben gern Obdachlosen, andere trinken lieber Bier an einer Strandbar. Es ist nichts Schlechtes daran, den Sommer am Strand zu verbringen. Aber findest du nicht, dass sich das, was wir beide gemacht haben, grundsätzlich unterscheidet – und zwar in der Hinsicht, dass du argumentieren könntest, dass es gut wäre, wenn alle etwas Ähnliches machen, während ich mein Verhalten nicht auf diese Weise verallgemeinern könnte?«

Gesellschaftliche Beschränkungen der um sich greifenden Konkurrenz und ihrer antiegalitären Effekte haben immer mit geteilten Normen zu tun. Mit Regeln und Systemen gemeinsamer Verpflichtungen, die wir etablieren, um bestimmte, von uns als wertvoll betrachtete Ziele zu erreichen. Deshalb hat der Wirtschaftshistoriker Richard Tawney einmal geschrieben, die eigentliche Sprache der progressiven politischen Transformation beruhe eher auf Pflichten als auf Rechten. Als Jugendlicher habe ich im Büro der politischen Organisation, in der ich damals aktiv war, eine Broschüre gefunden, in der es darum ging, wie sich ein kommunistischer Aktivist an seinem Arbeitsplatz verhalten sollte. Lustig daran war, dass der Text von einem Unternehmerverband hätte stammen können. Die Arbeiter sollten ihre Tätigkeiten besonders gewissenhaft erledigen, um anderen ein Vorbild zu sein; sie sollten nicht trinken und keine Drogen konsumieren, sie sollten sich waschen und pünktlich bei der Arbeit erscheinen. An diesem Moralismus gibt es zweifelsohne viel zu kritisieren, aber in ihm steckt auch eine wichtige Erkenntnis: Was uns mit dem Projekt der Emanzipation verbindet, ist die Verantwortung, die wir gemeinsam zu übernehmen bereit sind. Und solche Verpflichtungen sind entscheidend für die Realisierung eines guten, eines nichtbeschädigten Lebens.

Emanzipatorische Politik kann nicht auf den Konflikt zwischen individuellen Interessen reduziert werden. Ich habe zum Beispiel keinen Zweifel daran, dass Männer und Frauen, die als Paar eine radikal egalitäre Beziehung pflegen, gemeinsam ein besseres Leben führen als Menschen in traditionellen patriarchalischen Ehen. Aber diese gemeinsame Verbesserung des Lebens kann man nicht aus individuellen Zugewinnen der beiden Partner errechnen. Im Gegenteil: Aus einer individualistischen Perspektive verlieren die Männer Privilegien. Wir machen egalitäre Politik, wenn wir die Logik von Verlust und Gewinn überwinden und es uns gelingt, kostspielige Kompromisse in unsere ethischen Ideale eines guten und freien Lebens zu integrieren. In diesem Sinne sehen die meisten Menschen das Verbot der Sklaverei heute nicht als Opfer oder als Verlust eines legitimen Privilegs. Würde morgen auf der anderen Straßenseite ein Sklavenladen eröffnen, würden wir uns nicht anstellen, um einen zu ergattern. Die Abscheu angesichts der Option, Eigentümer anderer Menschen zu sein, ist Bestandteil dessen, was uns als Person ausmacht und was wir sein wollen.

Der Egalitarismus ist unvereinbar mit allgemeiner Konkurrenz, und zwar auch dann, wenn es sich um eine Konkurrenz tugendhafter Interessen handelt, wie Margaret Thatcher sie sich vorstellte. Was wir im Gegenteil brauchen, ist eine politische Architektur, die ein dichtes Geflecht an Normen dazu beinhaltet, welche sozialen Regeln notwendig sind, um ein gutes Leben zu führen. Der Egalitarismus wird völlig unverständlich, wenn wir ihn nicht als Resultat eines Systems gemeinsamer Verpflichtungen begreifen. Er kann nicht das Ergebnis des gleichen Anspruchs auf Güter, Dienste und Ansehen sein. Er ist ein Nebenprodukt der Verpflichtungen, die wir gegenseitig eingehen und die durch die Ungleichheit gefährdet werden.

»Jeder nach seinen Möglichkeiten, jedem nach seinen Bedürfnissen« – der Satz, von dem so viele US-Amerikaner meinten, er stehe in ihrer Verfassung, bedeutet nicht, »jeder, so viel er kann« (oder noch schlimmer, »jeder so viel, wie er zu können meint«), sondern »jedem seinen

Verpflichtungen entsprechend«. Und die umverteilende Rolle öffentlicher Institutionen ist kein Ersatz, wie Thatcher glaubte, sondern eine Materialisierung und Fortschreibung dieser gemeinsamen Norm. Soziale Pflichten haben mit der Idee zu tun, dass jede:r, unabhängig von einer möglichen – materiellen oder moralischen – Belohnung, in einem gewissen Ausmaß zum Allgemeinwohl beitragen sollte. Die Gleichheit ist das Ergebnis eines substanziellen Verständnisses davon, dass wir den Wettbewerb und die Logik der Belohnungen sowie der akzeptablen Statusunterschiede zwischen bestimmten sozialen Positionen begrenzen müssen. Gleichzeitig hat sie mit einem Verständnis der menschlichen und sozialen Natur zu tun, bei dem wir entscheiden, dass bestimmte Dinge – wie Sklaverei, Armut oder extremer Reichtum – Exzesse oder Mängel darstellen, die mit einem gemeinsamen guten Leben unvereinbar sind, und dass es daher Mindestvoraussetzungen für ein menschenwürdiges Leben gibt, die eher der Logik kollektiver Pflichten folgen als der individueller Rechte.

Der Soziologe Robert Bellah hat darauf hingewiesen, dass der Begriff »Mittelklasse« historisch ursprünglich genau mit solchen Ideen der gemeinsamen Mäßigung und des Gleichgewichts verbunden war.[12] Diese Schicht zeichnete sich dadurch aus, dass sie eine mittlere Position zwischen den Extremen von Armut und Reichtum anstrebte,

---

12 Robert Bellah et al., *Habits of the Heart. Individualism and Commitment in American Life*, Berkeley/Los Angeles: University of California Press 1985, S. 119.

eine Haltung des sozusagen sparsamen Überflusses, die es in einer gerechten Gesellschaft zu verallgemeinern gelte. Doch bereits im Nordamerika des späten 19. Jahrhunderts begriff sich die Mittelschicht dann nach und nach als eine soziale Gruppe, die sich einem ungehemmten Aufstiegsstreben hingab und ein neues Level an Überfluss und Fortschritt erreichen wollte. Es handelte sich nicht länger um ein Lebensmodell, das sich auf alle Bürger ausweiten ließ, sondern um ein komparatives Ideal, um eine bloß formale Struktur, die auf dem Wunsch beruhte, mehr zu besitzen als die anderen. Gesellschaften, die sich selbst als Mittelklassegesellschaften begreifen und sich der Logik des »Ätschi-Bätsch« verschreiben, zeichnen sich insofern durch Aufstiegsorientierung aus, als sie sich keiner geteilten, auf einem gemeinsamen Fundament beruhenden Vorstellung eines guten Lebens – und damit auch keinen Schranken – verpflichtet fühlen, sondern bestenfalls der Demokratisierung von Aufstiegsmöglichkeiten. Es gibt kaum etwas, das die Gleichheit wirkungsvoller zersetzt.

Nach dem Tod Joseph Hellers, des Autors von *Catch 22*, veröffentlichte der mit ihm befreundete Schriftsteller Kurt Vonnegut im *New Yorker* einen Nachruf in Gedichtform:

Wahre Story, Ehrenwort:
Joseph Heller, ein wichtiger, witziger Schriftsteller,
jetzt tot,
und ich waren auf der Party eines Milliardärs
auf Shelter Island.
Ich fragte: »Joe, wie fühlt es sich an

zu wissen, dass unser Gastgeber allein gestern
mehr Geld verdient hat
als du mit *Catch 22*

seit der Veröffentlichung?«
Und Joe sagte: »Ich habe etwas, das er nie haben wird.«
Und ich sagte: »Was in aller Welt kann das sein, Joe?«
Und Joe sagte: »Das Wissen, dass ich genug habe.«

4. Gleich wie die anderen und gleich mit den anderen

Während der Franco-Diktatur soll im Madrider Regierungsviertel ein Mann umhergestreift sein. Manchmal sprach er Personen an, die mit erschöpftem Gesicht aus einem Verwaltungsgebäude traten, und bot seine Hilfe bei Behördengängen an. Er sagte: »Du musst mir nichts zahlen, wenn du nicht willst. Ich versuche, das Problem für dich zu lösen, und wenn die Sache gut ausgeht, kommst du an einem anderen Tag wieder und zahlst mir, was dir angemessen erscheint.« In Wirklichkeit war der Mann ein Betrüger. Er machte überhaupt nichts. Manchmal wurde der Fall einfach bearbeitet, und dann waren die Betroffenen so zufrieden, dass sie dem Mann ein großzügiges Trinkgeld gaben, weil sie glaubten, sie hätten die Sache ihm zu verdanken. Manchmal blieben die Anträge liegen, und die Leute vergaßen ihn einfach, ohne ihm Vorwürfe zu machen. Das ist ein wunderbares Bild für den Kapitalismus, dessen Erfolge wir immer der Zauberkraft der Märkte zuschreiben, aber dessen Misserfolge wir als eine Art natürliche Katastrophe interpretieren, für die man niemanden verantwortlich machen kann.

Demografen kalkulieren, dass die Einführung des Kapitalismus in Russland nach 1989 dazu führte, dass vier Millionen Todesfälle mehr zu verzeichnen waren, als bei einem Fortbestand des Staatssozialismus zu erwarten gewesen wären. In den Worten des schwedischen Soziologen Göran Therborn: »Nachdem die Gesundheitsversorgung [in Osteuropa] in den fünfziger und sechziger Jahren das Niveau Westeuropas erreicht hatte, stagnierte sie bzw. entwickelte sie sich in einigen Ländern – darunter Russland – sogar wieder zurück. Die Wiedereinführung des Kapitalismus zog dann einen plötzlichen Anstieg der Sterblichkeit nach sich. Die standardisierte Sterberate unter russischen Männern (16 Jahre und älter) stieg zwischen 1988/89 und 1993/94 um 49 Prozent, die der Frauen um 24.«[1] In Russland nahm die Zahl der Morde 1992 um 42 Prozent und im darauffolgenden Jahr noch einmal um 27 Prozent zu. Die Zahl der Selbstmorde stieg zwischen 1989 und 1993 um 150 Prozent. Und 37 Prozent der Einwohner (darunter 46 Prozent der Kinder) mussten 1992 von einem Einkommen leben, das nicht ausreichte, um sich vor Unterernährung zu schützen.[2]

Tatsächlich hatte der Übergang zum Kapitalismus in Russland demografisch einen ganz ähnlichen Effekt wie die Kollektivierungen der Stalin-Zeit (in der Ukraine waren die Auswirkungen der stalinistischen Diktatur sehr viel verheerender). Zwischen 1930 und 1933 nahm die Bruttosterblichkeit in Russland um 49,5 Prozent zu – fast genauso stark also wie sechzig Jahre später unter der männlichen Bevölkerung. Der subtile Unterschied zwischen 1930 und 1989 besteht darin, dass der Verantwortliche für

---

[1] Göran Therborn, *The Killing Fields of Inequality*, Cambridge: Polity 2013, S. 8.
[2] Peter Gowan, *The Global Gamble. Washington's Faustian Bid for World Dominance*, London/New York: Verso 1999, S. 205

die Toten der Zwangskollektivierung gemeinsam mit Hitler und Pol Pot zu Recht als eines der großen Ungeheuer der Weltgeschichte gilt, während für die Millionen Toten nach 1989 niemand verantwortlich ist. Diese Toten sind einfach eine Folge dezentral ablaufender Marktprozesse.

Die Fähigkeit, Elend und Tod als eine Art Naturkatastrophe erscheinen zu lassen, für die niemand Verantwortung trägt, ist ein grundlegender Bestandteil der Legitimation des Kapitalismus. Eine Ursache für unsere freiwillige Unterwerfung unter den Markt besteht darin, dass dieser extrapolitisch, fern jeder Kontrolle und daher auch unersetzlich zu sein scheint. Es ist einfach, fast alternativlos, vom Sturz eines blutrünstigen Despoten zu träumen, dessen kapriziöse oder grausame Entscheidungen uns zu Elend und Knechtschaft verurteilen. Wir können uns eine andere, gerechtere und gnädigere demokratische Regierung vorstellen. Aber wir haben uns eingeredet, dass eine Alternative zum Kapitalismus und die Überwindung der ökonomischen Ursachen materieller Ungleichheit in etwa so realistisch sind wie die Abschaffung von Wind und Hagel. Wir sehen uns bestenfalls in der Lage, die schlimmsten Aspekte zu bändigen und der Ungleichheitsmaschine durch humane, kollaborative oder grüne Märkte Grenzen zu setzen. Diese erlernte Ohnmacht auf dem Feld der Politik ist kein Zufall, sondern eine Wahrnehmungsverzerrung, die sich aus Strukturmerkmalen unserer Gesellschaft ergibt.

Wenige Menschen werden infrage stellen, dass der kapitalistische Markt die wichtigste Quelle der materiellen Ungleichheit ist – unabhängig davon, wie man diesen

Umstand bewertet (die Anhänger des freien Marktes pflegen zu argumentieren, dass die Ungleichheit einen hinnehmbaren Preis für gesellschaftliche Prosperität darstellt, und dieses Argument ist durchaus bedenkenswert). Selbstverständlich gibt es noch viele andere Ursachen der Ungleichheit: Geschlecht, kulturelle Herkunft, funktionale Arbeitsteilung … In Spanien existiert beispielsweise ein starker Zusammenhang zwischen dem Alter und dem Armutsrisiko: Personen, die älter als 65 Jahre sind und alleine wohnen, haben nur ein halb so hohes Armutsrisiko wie Kinder oder Menschen mit Behinderungen. Aber wahr ist auch, dass diese anderen – sehr realen und folgenreichen – Ursachen der Ungleichheit eng mit den Prozessen kapitalistischer Ausdifferenzierung verknüpft sind: Der Grund, warum Senioren durchschnittlich weniger unter Armut leiden, besteht darin, dass sie Renten beziehen und dadurch außerhalb des Arbeitsmarktes stehen. Die armen Kinder wiederum sind Opfer der prekären Beschäftigung ihrer Eltern. Ein realistisches egalitäres Projekt muss daher eine Alternative für zumindest *einige* Merkmale der Marktwirtschaften der Gegenwart umreißen. Das Ziel dieses Kapitels ist sehr bescheiden: Ich will nur zeigen, um was für Merkmale es sich dabei handelt.

Individualismus und Arbeitsmarkt

Frederik Pohls Roman *Ehrbare Kaufleute und ein kleiner Krieg auf der Venus* ist der zweite Teil des Science-Fiction-Klassikers *Eine Handvoll Venus und ehrbare Kauf-*

leute. Die Geschichte beginnt auf dem Planeten Venus, wo eine menschliche Kolonie gegründet wurde, die die ultramerkantilen Werte auf der Erde radikal ablehnt. Dort propagieren eine Handvoll Megakonzerne den Hyperkonsumismus, als handelte es sich um eine Religion. Daher unterstreicht die Werbung der Restaurants und Bars auf der Venus, anstatt die Vorzüge von Produkten hervorzukehren und Defizite zu verheimlichen, fast schon obsessiv die Mängel des Marktes und die Nachteile der angebotenen Güter. Als die von der Erde kommenden Protagonisten in einer Kneipe Platz nehmen, lesen sie auf der Speisekarte überrascht die Warnung: »Alle Cocktails sind fertige Dosenmischungen – und so schmecken sie auch. Der Rotwein hat Kork und ist kein guter Jahrgang. Der Weiße ist ein wenig besser. Wenn Sie etwas essen möchten, gehen Sie lieber nach unten und holen es sich selbst – die Gebühr für die Bedienung beträgt zwei Dollar.«[3]

Der Witz der Szene besteht darin, dass die Grenzen, die der Kommodifizierung auf der Venus gesetzt werden, auf einem individuellen Mechanismus, nämlich der moralischen Selbstverpflichtung der Verkäufer, beruhen, die völlig aufrichtig mit ihrem Angebot sind. Es handelt sich um eine hochgradig unwahrscheinliche Umkehrung eines gesellschaftlichen Interaktionsmodus, des Marktes, bei dem es darum geht, andere zu übervorteilen. Die erfolgreichsten Bemühungen, der kompetitiven Interaktion Grenzen

---

3 Frederik Pohl, *Eine Handvoll Venus und ehrbare Kaufleute*, aus dem Englischen von Helga Winger-Uhde, Köln: Bastei Lübbe 1985.

zu setzen, damit sie nicht in einen selbstzerstörerischen Strudel mündet, haben aber fast immer mit kollektiven Mechanismen zu tun.

Ein Freund, der in Madrid in einer Basketball-Freizeitliga spielt, erzählte mir, dort gebe es keine Schiedsrichter, und die Teams hätten festgestellt, dass es auf diese Weise fairer zugeht als sonst. Sie regeln das so, dass bei jedem Spielzug das Team »pfeift«, das in diesem Moment verteidigt. Dieselben Spieler, die bei offiziellen Wettbewerben mit allen Tricks vorgehen, geben ihre Fouls zu, wenn kein Schiedsrichter dabei ist, und betrügen nicht, wenn sie selbst pfeifen. Die institutionalisierte Reziprozität fördert Sportsgeist und Ehrlichkeit. Diese Absprachen zeigen, wie einfach Mechanismen zur Einhegung der Konkurrenz sein können. Sie beruhen allerdings immer auf verbindlichen Normen, nicht auf individuellen Einstellungen. Und tatsächlich basierten alle historischen Versuche, die vom Markt generierte Ungleichheit einzudämmen, auf kollektiven Regeln, die die Fähigkeit beschränkten, sich aus der Konkurrenz Vorteile zu verschaffen. Und dafür gibt es gute Gründe.

Im *Kapital* analysiert Marx den Umstand, dass moderne Marktgesellschaften in einem Kontext der politischen und kulturellen Gleichheit systematische materielle Ungleichheiten erzeugen – eine Kombination, die zuvor undenkbar gewesen wäre. Er interpretiert die sozialen Klassen nicht als neue Stände – was in soziologischer Hinsicht nicht unbedingt eine schlechte Idee gewesen wäre –, sondern akzeptiert als Ausgangspunkt die für moderne Demokratien charakteristische Gleichheit vor dem Gesetz.

In der kapitalistischen Gesellschaft beruhen die Arbeitsbeziehungen und der ökonomische Tausch nicht – wie im Feudalismus – auf Zwang, sondern auf freien Vereinbarungen zwischen rechtlich freien Individuen. Marx' Schlussfolgerung lautet, dass zwischen den Arbeitern und den Eigentümern der Produktionsmittel dennoch eine Ungleichheit hinsichtlich ihrer Verhandlungsposition besteht, die es Letzteren erlaubt, die Arbeitskraft über das zu ihrer Reproduktion notwendige Maß hinaus auszubeuten. Das heißt, die Lohnabhängigen arbeiten mehr, als sie müssten, wenn sie sich von den Kapitalisten unabhängig machen und selbst organisieren würden.

Der Punkt ist, dass die Unternehmer auf einem typischen Arbeitsmarkt zwischen einer großen Zahl an Arbeitern wählen können, während jeder individuelle Beschäftigte einen Lohn benötigt, um überleben zu können, und deshalb sehr viel weniger Optionen besitzt. Die Diagnose ist in dieser Form vielleicht etwas zu schematisch, natürlich muss man je nach Epoche und Kontext Nuancierungen vornehmen: Manche Lohnabhängige haben viel größere Möglichkeiten, sich ihre Arbeit auszusuchen und gute Bedingungen auszuhandeln, als andere. Dennoch benennt sie einige grundlegende Aspekte der Institution Arbeitsmarkt; und sie erklärt, warum Arbeitsprozesse immer stärker standardisiert werden, da die Arbeiter dann leichter zu ersetzen sind. Viele Bemühungen der Unternehmer zielen darauf ab, ihre Abhängigkeit von den Lohnabhängigen zu reduzieren, indem sie die zur Durchführung bestimmter Aufgaben notwendigen Kenntnisse absenken und Arbeitsvorgänge vereinfachen.

Das ist ein grundlegender Aspekt der Automatisierungsprojekte der Gegenwart. Die Medien neigen dazu, Digitalisierung und Roboterisierung im Stil von Science-Fiction-Romanen in einem Szenario fortzuspinnen, an dessen Ende eine monströse künstliche Intelligenz erwacht – mit potenziell unkontrollierbaren Folgen. Es ist schwer vorherzusehen, was in der Zukunft passieren wird, doch im Augenblick sind wir näher bei Charles Dickens als bei Skynet, also der künstlichen Intelligenz aus den *Terminator*-Filmen. Ein anschauliches Beispiel sind Klickfarmen in Südostasien, wo Arbeiter unter schrecklichen Bedingungen mit Tausenden von Handys die Posts ihrer Kunden liken und weiterverbreiten. Dokumentiert sind auch Fälle, wo Technologieunternehmen vermeintliche Artificial-Intelligence-Dienstleistungen anboten, die in Wirklichkeit von schlecht bezahlten Menschen erbracht wurden, weil es sehr viel billiger ist, Personal einzustellen, als solche Technologien zu entwickeln. Als Pionier dieser Strategie kann Amazon mit dem Projekt »The Mechanical Turk« gelten, einer Crowdsourcing-Plattform, über die man zu einem niedrigen Einheitstarif Leute für einfache Tätigkeiten anheuern kann, die ein bestimmtes Maß an Intelligenz erfordern und die eine Maschine nicht erledigen kann. Schon der Name »The Mechanical Turk« ist ironisch, und die Plattform wird mit unfassbarem Zynismus als »künstliche künstliche Intelligenz« vermarktet. Tatsächlich hat sich Amazon auf solche Taschenspielertricks spezialisiert. Die Firma blendet uns mit der Ankündigung, Pakete bald mithilfe von Drohnen auszuliefern, setzt in ihren Lagerhallen und Vertriebsnetzen jedoch auf

Arbeitsverhältnisse, die in Ländern wie Deutschland als Formen »moderner Sklaverei« bezeichnet wurden. Die Roboterisierung besteht oft schlicht darin, dass Menschen wie Roboter behandelt werden. Ein Projekt, das so alt ist wie der Kapitalismus selbst.

Seit dessen Anfängen zielten technische Entwicklungen wie die Fließbandproduktion und Innovationen im Personalwesen darauf ab, ein künstliches Gerüst zu erschaffen, um Alternativen zu den spontanen Mechanismen der Arbeitskoordination zu haben. In jedem Arbeitsprozess neigen die Menschen zur Selbstorganisation und entwickeln sehr spezifische Kenntnisse, die nicht leicht zu erlernen sind, weshalb die Unternehmen Beschäftigte schwer ersetzen können und von einer konkreten Arbeitsgemeinschaft abhängig werden. Die Maschinen erhöhen die Produktivität, aber noch wichtiger ist, dass sie es den Unternehmern ermöglichen, die für eine Aufgabe nötige Kompetenz zu verringern und die Gruppensolidarität zu verhindern, die sich im Zuge der persönlichen Kooperation unter den Beschäftigten herausbildet. Eine Freundin, die Ende der neunziger Jahre prekär bei einer großen spanischen Tageszeitung beschäftigt war, berichtete mir, dass die traditionelle Redaktion in Ressorts unterteilt war, wo die Journalisten über Jahre hinweg und viele Stunden am Tag Seite an Seite arbeiteten. Die neuen Angestellten hingegen wurden im ganzen Gebäude verteilt und hatten nur E-Mail-Kontakt. Vielen ihrer Kolleginnen ist meine Bekannte nie begegnet. Anders ausgedrückt: Technologie erlaubt es, die soziale Dimension der Arbeitsprozesse zu verschleiern und sie in eine private Beziehung zwischen

Unternehmen und einzelnen Beschäftigten zu verwandeln. Das Motiv hierfür ist insofern fundamental politisch, als die Fähigkeit der Arbeiter beschnitten wird, ihre Lebensbedingungen zu kontrollieren. Gewöhnlich werden die typischen Ungleichheitsmechanismen des Kapitalismus nur sichtbar, wenn man von der unendlichen Abfolge freier, individueller und zum Teil technisch vermittelter Vereinbarungen auf eine kollektive Ebene übergeht, auf der die größere Verhandlungsmacht der ökonomischen Eliten offen zutage liegt. Deshalb bestand die egalitäre Antwort auf das Machtgefälle des Arbeitsmarktes historisch in kollektiven Verhandlungen und in der Selbstorganisation der Arbeiter.

Es gibt viele Formen der tendenziell egalitären Teilhabe von Lohnabhängigen am Produktionsprozess. Tarifverhandlungen sind nur eine davon. In einigen nordeuropäischen Ländern hat man – zumindest in einer bestimmten Phase – den Gewerkschaften das Recht zugestanden, die Wirtschaftspolitik des Landes aktiv mitzugestalten, und bis heute sitzen Vertreter der Beschäftigten in den Aufsichtsräten großer Konzerne. Der Staat ist Hauptaktionär bei einigen der wichtigsten Unternehmen der Welt. Das Genossenschaftswesen bzw. allgemeiner die sogenannte Solidarökonomie ist lebendige Realität und gedeiht dort, wo sie gesellschaftliche Unterstützung genießt. So ist beispielsweise die Mondragón Corporación, eine aus mehr als hundert Genossenschaften bestehende Holding, die wichtigste Unternehmensgruppe des Baskenlands und die zehntgrößte in Spanien. Die Holding widersetzt sich der globalen Tendenz, Manager mit Spitzengehältern zu entlohnen – die Vorstandsvorsitzenden normaler Konzerne verdienen zwischen 150- (Spanien) und 300-mal (USA) mehr als das Durchschnittsgehalt (nicht das niedrigste Einkommen!) in ihrem Unternehmen. Der Vorsitzende der Mondragón-Gruppe, die jährlich etwa zehn Milliarden Euro Umsatz macht, verdient hingegen lediglich 5,5-mal so viel wie der durchschnittliche Genossenschafter, und das Einkommen des Generaldirektors der Genossenschaftsbank Caja Laboral ist viermal so hoch wie das Durchschnittseinkommen der Sparkassenmitarbeiter. Um das in Relation zu setzen: Der Vorstandsvorsitzende der BBVA-Bank hat ein Fixgehalt von zwei Millionen Euro, dazu kommen weitere zwei Millionen an Prämien und mehrere Millionen als Beitrag zu seiner Altersvorsorge. Das durchschnittliche jährliche Bruttogehalt der BBVA-Mitarbeiterinnen liegt hingegen bei etwa 34 000 Euro.

Heute sind viele Genossenschaften vom antiegalitären Klima in der Gesellschaft zermürbt und haben ihre transformativen Ziele teilweise aufgegeben – nicht zuletzt, weil sie sich gezwungen sehen, in einer feindlichen, von der Ausbeutung der Arbeitskraft und regressiven Steuermodellen geprägten Marktumgebung zu konkurrieren. Rabobank, eine der größten niederländischen Banken, entstand im 19. Jahrhundert als Zusammenschluss von Landwirten, die von den Ideen Friedrich Wilhelm Raiffeisens inspiriert waren, einem der wichtigsten Impulsgeber der Genossenschaftsbewegung. Es handelte sich um ein Netzwerk lokaler, von den Mitgliedern verwalteter Banken. Mit Ausnahme des Kassenwarts, der einen kleinen Lohn bezog, erhielt kein Mitglied der Verwaltungsorgane eine

Vergütung, und bis 2015 war die zentrale Struktur von Rabobank ein Tochterunternehmen der lokalen Filialen – also genau andersherum als bei den meisten übrigen Banken. Noch in den fünfziger Jahren des vergangenen Jahrhunderts hatten die einzelnen Zweigstellen noch nicht einmal richtige Büros. Heute ist Rabobank ein internationaler Finanzriese, der sich von anderen Privatbanken kaum unterscheidet, in Betrugsgeschäfte und unethische Geschäftspraktiken verwickelt war und seit Beginn der Finanzkrise Tausende von Beschäftigten entlassen hat. Aber wahr ist eben auch, dass viele dieser Genossenschaften, die sich genötigt sahen, konventionelle Unternehmenspraktiken zu kopieren, nach wie vor über – mehr oder weniger deaktivierte – Entscheidungsstrukturen verfügen, die in einem anderen gesellschaftlichen und ökonomischen Klima einen egalitären Kurswechsel erlauben würden.

Das ist genau das Gegenteil dessen, was mit großen konventionellen Unternehmen passiert, die selbst dann von einer starken individualisierenden Trägheit erfasst werden, wenn sie sich um die Einhaltung ethischer Standards bemühen und aggressives Verhalten zu vermeiden versuchen. Anfang der neunziger Jahre eröffnete der US-Chemiekonzern DuPont eine Niederlassung in Asturien. Ich lernte einige der ersten Angestellten kennen, die mir erstaunt von einem Phänomen erzählten, das ihnen als nordamerikanische Exzentrizität erschien: Die Gehälter waren vergleichsweise hoch und die Arbeitsbedingungen nicht schlecht, doch das Unternehmen verlangte, dass die Beschäftigten die Höhe ihres individuell ausgehandelten

Gehalts für sich behielten. Jeder einzelne Beschäftigte hat weniger Verhandlungsmacht als der Chef, aber alle gemeinsam können für ein Gleichgewicht sorgen. Dafür ist es allerdings wichtig, dass alle halbwegs über die Gehaltsstruktur Bescheid wissen. Das Recht auf kollektive Tarifverhandlungen und kooperative Selbstorganisation beschränken die Kommodifizierung der Arbeit, weil damit implizit anerkannt wird, dass die Arbeitskraft keine Ware wie jede andere ist, die zwei Personen frei tauschen können. Arbeit ist eine sehr besondere Ware, denn wir handeln buchstäblich mit unserer Lebenszeit. Durch kollektive Verhandlungen lässt sich die Macht der Unternehmer leichter begrenzen: nur acht Stunden am Tag, nur wenn wir gesund sind, nur wenn es nach fünf Tagen auch Ruhetage gibt, nur für einen menschenwürdigen Lohn. Zumindest in Marktgesellschaften sind individualistische Lösungen zur Reduzierung der Ungleichheit dazu verdammt, allenfalls einen marginalen Effekt zu haben.

Gleichheit und kollektives Handeln

Alle Theorien moderner Ungleichheit erkennen die zwischen unterschiedlichen wirtschaftlichen Akteuren bestehende Asymmetrie der Verhandlungsmacht an. Eine in der Tradition Max Webers stehende Position konzentriert sich auf die Frage, wie soziale Gruppen andere von wichtigen Ressourcen ausschließen, um auf dem Markt hohe Einnahmen und andere Vorteile zu erzielen. Die kapitalistische Klasse wird als soziale Gruppe definiert, der es gelingt, die Produktionsmittel zu horten. Die Mittelschicht hingegen versucht, wertvolle Bildungsressourcen und technische Kompetenz zu monopolisieren, indem sie Zugangsbarrieren schafft oder bestimmte Lebens- und Ausbildungswege aufwertet.

Vor einigen Jahren strahlte der Fernsehsender TVE eine Dokumentation über die schwierigen Zukunftsaussichten spanischer Jugendlicher aus. Viele Personen in dem Film – auch die Sprecherin selbst – unterschieden zwischen zwei Gruppen von Jugendlichen, die unter der Wirtschaftskrise litten. Auf der einen Seite diejenigen, die an der Universität studiert und Sprachen gelernt hatten; auf der anderen jene, die nach Ende der Schulpflicht keine weitere Ausbildung gemacht und sich für etwas entschieden hatten, das im Film als »der bequeme Weg« bezeichnet wird. Erstaunlicherweise bestand diese Hängematten-Existenz nicht darin, von Mieteinnahmen zu leben, sich dem Drogenhandel zu widmen oder einen gut bezahlten Posten in der Politik auszuüben, sondern in einer Tätigkeit auf dem Bau. Als wäre es ein Vergnügen, vierzig Stunden in der Woche auf einem Gerüst zu schwitzen, während der Weg auf den Universitätscampus einem Inferno gleicht, das nur eine Handvoll aufgeklärter Heroen auf sich nimmt. Das Unglaubliche daran war, dass sogar die Betroffenen selbst sich so wahrnahmen. In der Doku war ein asturischer Jugendlicher zu sehen, der auf dem Bau arbeitete, durch die Krise seinen Job verloren hatte und wörtlich sagte: »Ich hätte gern Philosophie studiert, habe mich aber für den einfachen Weg entschieden.« Die Aussage verblüffte mich, weil ich selbst nur wenige Jahre zuvor Philosophie studiert und niemals den Eindruck gehabt hatte, ein Opfer zu bringen. Im Gegenteil, ich hatte immer das Gefühl gehabt, privilegiert und der Gesellschaft etwas schuldig zu sein, weil diese es mir ermöglicht hatte, mich jahrelang einer letztlich unnützen Sache zu widmen, für die ich mich begeisterte, während man von mir keine Gegenleistung erwartete.

Außerdem ähnelt der »beschwerliche Weg« der akademischen Mühen und Abschlüsse dem Geschäftsmodell eines Schneeballsystems. Die Jugendlichen aus den unteren Klassen haben immer die hintersten Startplätze im Wettrennen der Leistungsgesellschaft. Vor vierzig Jahren hatten weniger als zehn Prozent der Bevölkerung einen Universitätsabschluss, heute sind es mehr als vierzig Prozent. Aber im selben Maße, wie Jugendliche aus der Arbeiterklasse Zugang zu höherer Bildung erhielten, verwandelte sich der Master-Abschluss zu einer unverzichtbaren Voraussetzung für einen interessanten und gut entlohnten Arbeitsplatz. Diejenigen, die die zusätzliche Herausforderung meisterten, einen Master zu finanzieren und zu beenden, mussten plötzlich feststellen, dass unbezahlte Praktika (also Arbeit, für die man selbst zahlte) die Voraussetzung für den Zugang zum Nirwana der Arbeitswelt waren. Um schließlich zu entdecken, dass viele Jobs gar nicht öffentlich ausgeschrieben, sondern über durch die Eliten sorgsam abgeschirmte Netzwerke verteilt wurden. Verschiedenen Untersuchungen zufolge werden 75 Prozent der Jobs und 85 Prozent der Führungsposten in Spanien nicht öffentlich ausgeschrieben. Die Arbeiterklasse ist also durch einen doppelten Ausschluss definiert – sowohl von den Produktionsmitteln als auch von den gesellschaftlich nützlichsten, renommiertesten und bestbezahlten Qualifikationen und Beziehungen. In Max Webers Verständnis sind soziale Klassen also relativ elastische Kategorien. Die Erwerbsklasse zum Beispiel umfasst sehr unterschiedliche Lebensverhältnisse – Schulabbrecher, aber auch erfolgreiche soziale Aufstiege durch Bildung und persönliche Anstrengungen –, gleichzeitig kann man damit aber die zwischen den Lohnabhängigen bestehende Ungleichheit gut erklären.

Ein zweites Modell zur Erklärung der Beschäftigungsungleichheit bezieht sich eher auf Marx und unterscheidet sich vom weberschen Ansatz dadurch, dass es den Gedanken der Ausbeutung hinzufügt. Für Marxisten ist nicht allein bedeutsam, dass die scheinbar freien und egalitären Marktbeziehungen durch Schieflagen und Ausgangsungleichheiten verzerrt werden, die mit Bildung, Kultur oder dem Familienvermögen zu tun haben. Aus Marx' Sicht besteht der springende Punkt darin, dass dies so ist, weil es eine direkte kausale Verbindung zwischen der privilegierten Stellung einer kleinen Klasse von Eigentümern der Produktionsmittel und der produktiven Arbeit der lohnabhängigen Mehrheit gibt. Es ist umstritten, ob die marxsche Position aufschlussreicher ist und ob der Begriff der Ausbeutung etwas Wesentliches zu Webers Blick auf die Strategien sozialer Gruppen beiträgt. Sicher ist jedoch, dass beide Ansätze den kollektiven Aspekten der Ungleichheit, die mit der institutionellen Regulierung der Arbeitsmärkte zusammenhängen, große Bedeutung beimessen. In modernen Gesellschaften speist sich materielle Gleichheit bzw. Ungleichheit aus den Machtbeziehungen zwischen einer großen Mehrheit an Lohnabhängigen, einer immer noch recht umfangreichen Minderheit von Gruppen, die Qualifikationen und als wertvoll erachtete gesellschaftliche Ressourcen horten, und einer kleinen, über Produktionsmittel und Finanzkapital verfügenden Eigentümerelite.

Das ist keine theoretische Spitzfindigkeit. Noch stärker als die Deregulierung der Finanzmärkte war die globale Niederlage der Gewerkschaftsbewegung ein Meilenstein der ökonomischen Globalisierung in den letzten Dekaden des vergangenen Jahrhunderts. Am Ende der siebziger und zu Beginn der achtziger Jahre gewannen Ronald Reagan und Margaret Thatcher Wahlen mit dem Versprechen, die Macht der Gewerkschaften zu brechen – und das gelang ihnen auch. Es ist allgemein bekannt, wie die Regierung von Margaret Thatcher sich gegen die Bergarbeitergewerkschaft durchsetzte, die in der Bevölkerung sehr tief verankert war und deren Streiks auf große Solidarität zählen konnten. Der Sieg Ronald Reagans war ebenso spektakulär. 1981, kurz nach seiner Wahl, traten die Fluglotsen in den Streik, um Lohnerhöhungen und bessere Arbeitsbedingungen zu erstreiten. Die Regierung antwortete mit dem Einsatz von Soldaten, Streikbrechern und leitenden Angestellten, die die Arbeit der Fluglotsen teilweise übernahmen und die Folgen des Streiks abfederten. Außerdem erklärte die Regierung den Ausstand für illegal und drohte den Fluglotsen mit Kündigung, wenn sie nicht sofort an ihren Arbeitsplatz zurückkehrten. Mehr als 10 000 Fluglotsen verloren ihren Job, man erließ ein Gesetz, das es explizit verbot, sie erneut anzustellen, und die Fluglotsengewerkschaft wurde faktisch verboten.

Die Angriffe Thatchers und Reagans hatten eine starke symbolische Komponente. Man wollte zeigen, dass sich die Spielregeln verändert hatten. Diese Schlachten waren der Auftakt eines neuen Arbeitsregimes, in dem kollektive Tarifverhandlungen nur noch eine marginale Rolle spielten. Thatcher und Reagan siegten auf ganzer Linie. Die Zahl der Arbeitskämpfe ging praktisch überall in der Welt drastisch zurück, während sich die Arbeitsbedingungen systematisch verschlechterten. In den USA sank der gewerkschaftliche Organisationsgrad unter Männern zwischen 1973 und 2008 von 34 Prozent auf 8 Prozent. Die Einkommensungleichheit nahm im selben Zeitraum um 40 Prozent zu.[4]

Auch wenn es sich hier um globale Trends handelt, zeichnet sich der spanische Fall durch einige Besonderheiten aus. Die Maßnahmen zur Kommodifizierung und Deregulation des Arbeitsmarktes, die in anderen Ländern auf das Konto konservativer Parteien gingen, wurden hier von der sozialdemokratischen Regierung unter Felipe González durchgesetzt. In den achtziger Jahren vernahm die Welt verblüfft die damals noch ungewöhnliche Aussage eines vermeintlich sozialdemokratischen Wirtschaftsministers (nämlich Carlos Solchagas), dem zufolge »Spanien das Land in der Welt« war, »in dem man am einfachsten

---

4 Scheidel, *Nach dem Krieg sind alle gleich*, a. a. O., S. 521.

schnell reich werden kann«. Der einzige echte Widerstand gegen diese Politik kam von den großen Gewerkschaftsverbänden Comisiones Obreras und Unión General de Trabajadores (UGT). Es war ein sehr unübersichtlicher Prozess – schließlich unterstützte die UGT die sozialdemokratische Partido Socialista Obrero Español (PSOE) in der Regel durch Wahlaufrufe –, der jedoch half, das Anwachsen der Ungleichheit zumindest vorerst zu bremsen. Dies ist einer der Gründe, warum die Kennziffern für Ungleichheit und relative Armut Ende der achtziger und Anfang der neunziger Jahre so niedrig waren wie sonst nie in der Geschichte Spaniens.

Die Spekulationsspirale wiederum, die Spanien in den neunziger Jahren beherrschte und schließlich die Krise von 2008 auslöste, kam erst richtig in Fahrt, als die Gewerkschaften endgültig besiegt waren und sich mit einer untergeordneten Position abgefunden hatten. Das Charakteristische an der Immobilien- und Finanzblase, die unter den konservativen Regierungen von José María Aznar (Partido Popular, PP) rasch wuchs, war weniger, dass eine Wirtschaftspolitik verfolgt wurde, die sich von der alten unterschied – tatsächlich war die neue Politik jener der sozialistischen Regierungen erstaunlich ähnlich –, sondern dass es keinen mächtigen kollektiven Akteur mehr gab, der sich ihr hätte widersetzen können.

Die Niederlage der Gewerkschaftsbewegung transformierte unser Verständnis der sozialen Beziehungen grundlegend. Ich wuchs während der Deindustrialisierung in den achtziger Jahren in Gijón auf. Damals mussten wir feststellen, dass der Preis, den wir für den Beitritt zur

Europäischen Union zu entrichten hatten, in der weitgehend unabgefederten Zerschlagung industrieller Strukturen bestand, die für das Wirtschaftsleben ganzer Regionen essenziell gewesen waren. Innerhalb kürzester Zeit büßte Asturien einen wesentlichen Teil seiner Wirtschaft ein. Die sozialen und persönlichen Konsequenzen waren brutal. In dieser Zeit waren Barrikaden und Straßenkämpfe zwischen Arbeitern und Polizei praktisch an der Tagesordnung. Doch einmal abgesehen von ihrer Häufigkeit überrascht aus heutiger Sicht vor allem, dass kollektive Konflikte, zumindest in der Arbeitswelt, als relativ normal erachtet wurden. Ich habe persönlich erlebt, wie Demonstranten, die gerade das Schaufenster einer Bankfiliale einschlugen, von Pressefotografen aufgefordert wurden, ihr Gesicht zu bedecken, damit sie auf den Bildern nicht identifiziert werden konnten. Oder dass eine Lehrerin am Morgen eines Generalstreiks mit einem Auto voller Benzinkanister verhaftet wurde. Ich erinnere mich, wie die Bereitschaftspolizei einmal, das war bereits in den neunziger Jahren, eine Gruppe von Anwohnern im Viertel La Calzada angriff, weil diese vom Bürgersteig aus den Arbeitern der Werft Naval Gijón applaudierten, die eine Barrikade errichtet hatten. Als der Arbeitskampf nach einer Vielzahl von Straßenschlachten endete, gingen die Werftarbeiter in der Nachbarschaft von Tür zu Tür, um die verursachten Schäden zu beseitigen.

Ich will damit nicht behaupten, dass alle mit diesen Ereignissen einverstanden waren. Zweifelsohne war ein Großteil der Menschen gegen die radikalsten Protestformen und Auseinandersetzungen mit der Polizei. Aber niemand wäre auf den Gedanken gekommen, dass eine Barrikade den Auftakt zu Terrorismus und Chaos darstellt. Sie war eher eine Extremposition in einem breiten und fließenden gesellschaftlichen Konsens, der besagte, dass es ein kollektives Recht zur Verteidigung des Arbeitsplatzes gibt. Das ist keine Übertreibung. In einigen Momenten materialisierte sich dieser Konsens und war wirklich beeindruckend. Der asturische Generalstreik von 1991 wurde sogar vom wichtigsten regionalen Unternehmerverband unterstützt, und zahlreiche kleine Einzelhändler riefen aktiv zu ihm auf. Um einen Eindruck davon zu vermitteln: In ganz Andalusien blieben gerade einmal neun Tankstellen offen – und auch das nur auf gerichtliche Anordnung.

Die unlesbare Gleichheit

Die Kehrtwende dieser Jahre lässt sich nicht mit politischer Mäßigung erklären, also etwa damit, dass Proteste und Streiks plötzlich als illegitim erachtet worden wären; sie hatte vielmehr damit zu tun, dass sich die Verteidigung von Arbeitsrechten immer mehr in eine Privatsache verwandelte. Die Niederlage der Gewerkschaftsbewegung war symptomatisch für die Art und Weise, wie sich unser Wahrnehmungsapparat an die Rechtsordnung anpasste, indem er unserem Verständnis von Gleichheit und Ungleichheit eine individualistische Brille aufsetzte. Das Echo dieser Veränderung war selbst im akademischen Bereich zu vernehmen.

Ab den achtziger Jahren wurden Effekte der Ungleichheit nicht mehr als das Resultat eines Konflikts zwischen gesellschaftlichen Kollektiven interpretiert, die sich unterschiedlich kategorisieren lassen, aber einigermaßen klar definiert sind (populare Klassen, Mittelschicht, hoch qualifizierte Lohnabhängige, Industrieproletariat, Oberschicht, gesellschaftliche Eliten etc.). Man begann, die Ungleichheit vielmehr als eine unkontrollierbare, gesellschaftlich amorphe Erscheinung zu betrachten, durch die heterogene Gruppen der Bevölkerung von menschenwürdigen Lebensverhältnissen ausgeschlossen werden. Und so verbreitete sich das Konzept der »sozialen Exklusion«. In der Perspektive dieses Ansatzes ist Ungleichheit eine Störung in einem ansonsten einwandfrei funktionierenden System. Das Problem der Ungleichheit ähnelt dann einer unvollständigen Gästeliste: Mehr Menschen zu inkludieren mag schwierig sein – man muss sie finden, ihnen einen Anzug leihen und versnobte Gäste davon überzeugen, dass die Neuen das Besteck nicht stehlen werden –, aber es liegt kein systemischer Konflikt vor. Wenn dein Name nicht auf der Liste steht, wird er hinzugefügt, und das Problem ist gelöst. Die Idee läuft in etwa darauf hinaus, dass reiche Gesellschaften so viel moralische Größe besitzen, dass sogar der Pöbel am Fest der Demokratie teilnehmen kann.

Von Kant gibt es einen sehr kurzen und berühmten Text mit dem Titel »Was ist Aufklärung?«. Ein mitreißender und kraftvoller Aufsatz, der in gewisser Hinsicht als Manifest des emanzipatorischen Strebens der Moderne gelesen werden kann. In ihm schreibt Kant:

> Aufklärung ist der Ausgang des Menschen aus seiner selbstverschuldeten Unmündigkeit. Unmündigkeit ist das Unvermögen, sich seines Verstandes ohne Leitung eines anderen zu bedienen. Selbstverschuldet ist diese Unmündigkeit, wenn die Ursache derselben nicht am Mangel des Verstandes, sondern der Entschließung und des Mutes liegt, sich seiner ohne Leitung eines andern zu bedienen. [...]
> Zu dieser Aufklärung aber wird nichts erfordert als Freiheit; und zwar die unschädlichste unter allem, was nur Freiheit heißen mag, nämlich die: von seiner Vernunft in allen Stücken öffentlichen Gebrauch zu machen. Nun höre ich aber von allen Seiten rufen: räsonniert nicht! Der Offizier sagt: räsonniert nicht, sondern exerziert! Der Finanzrat: räsonniert nicht, sondern bezahlt! Der Geistliche: räsonniert nicht, sondern glaubt![5]

Oft wird dieser Text auf eine sehr kulturalistische Weise gelesen, als ein individueller Aufruf zu Bildung, zu Kultiviertheit und zum Zerbrechen ideologischer Ketten, die uns einander entfremden. Laut dem Philosophen Antoni Domènech ist das aber nur ein Teil der Wahrheit.[6] Kants Inspiration war eine für viele Philosophen seiner Zeit erniedrigende und schmerzhafte Lebenserfahrung. Im Deutschland des 18. Jahrhunderts durchlebten viele Hochschullehrer Phasen großer Prekarität, um es mit einem zeitgenössischen Begriff auszudrücken. Daher sahen Intellektuelle, die Professuren anstrebten, sich gezwungen,

---

5 Immanuel Kant, »Beantwortung der Frage: Was ist Aufklärung?« (1784), in: *Werkausgabe*, Bd. XI, *Schriften zur Anthropologie, Geschichtsphilosophie, Politik und Pädagogik* 1, S. 53-61, S. 53, S. 55.
6 Antoni Domènech, *El eclipse de la fraternidad*, Barcelona: Crítica 2004, S. 83.

ein Auskommen als Hofmeister zu suchen, also als Privatlehrer adeliger Familien. Wie Hegel, Hölderlin und andere große deutsche Philosophen und Schriftsteller hatte auch Kant eine solche Anstellung. Der Hofmeister war ein Diener im eigentlichen Sinne des Wortes, ein dem patriarchalen Hausrecht unterstellter Knecht. Doch er war, wie Terry Pinkard in seiner Hegel-Biografie notiert, nicht nur gebildeter als die Knechte, sondern fast immer auch als die Hausherren. Gewöhnlich wurde er kaum besser behandelt als die anderen Diener. So war es beispielsweise eine heiß diskutierte Frage der Zeit, ob der Hofmeister mit der Familie oder mit den Knechten speisen sollte.[7]

Als er schrieb, die Aufklärung sei der Ausgang aus der Unmündigkeit, hatte Kant daher sicherlich vor Augen, dass Knechte, aber auch Frauen in der Hausordnung wie Kinder behandelt wurden, die rechtlich der Macht des Familienoberhaupts unterworfen waren. Die Aufklärung hatte mit der Überwindung jener Unterordnung zu tun, die Köchinnen, Stallburschen und Metaphysikprofessoren gemeinsam war. Die unvorstellbare Demütigung, den Tisch mit einem Schweinehirten oder einer Zofe teilen zu müssen, wurde völlig nachvollziehbar, wenn man die Perspektive umdrehte und sich fragte, warum ein Bankier oder Pfarrer an einem anderen Tisch essen sollte. Sicherlich identifizierten die konservativen deutschen Eliten die Aufklärung deshalb mit dem Jakobinertum. In Deutschland hieß es damals, das Aufkommen zahlreicher »Lese-

---

7 Terry Pinkard, *Hegel. A Biography*, Cambridge: Cambridge University Press 2000, S. 48.

gesellschaften« habe mit einer Art Krankheit zu tun, der »Lesesucht«. Eine Krankheit, die vor allem beeinflussbare Jugendliche, emanzipierte Frauen und ungehorsame Diener befalle.[8]

Der Kapitalismus der Gegenwart ist ein Laborexperiment, das darauf abzielt, die gegenteilige Wirkung zu entfalten, also anders, als von Kant beabsichtigt, dafür zu sorgen, dass die geteilte Ungleichheit unlesbar wird. Als einer meiner Neffen vier Jahre alt war, beschloss er, ein Spielzeugauto abzumalen. Er hielt das Auto mit einer Hand hoch und begann, ohne den Blick abzuwenden, mit einem Filzstift zu malen. Er betrachtete das Blatt nicht, bis er die Zeichnung für fertig hielt. Dann sah er auf sein Werk – wildes Gekritzel – und sagte mit enttäuschter Stimme: »Verdammt, ich kann nicht zeichnen.« Auf der Suche nach Mechanismen zur egalitären Transformation der Ökonomie passiert uns etwas Ähnliches. Jedes Scheitern betrachten wir als unwiderlegbaren Beweis dafür, dass kollektives Handeln auf dem Feld der Arbeitsbeziehungen unmöglich ist. Es fällt uns schwer zu begreifen, dass die gesellschaftlichen Voraussetzungen dafür nicht existieren. Deshalb verstehen wir Gleichheit als das Recht, die Privilegien der Eliten zu genießen, und nicht als unsere Pflicht, mit den uns Gleichen zu teilen.

Vielleicht sind die Instrumente der traditionellen Gewerkschaftsbewegung, des Genossenschaftswesens, der Tarifverhandlungen und der Mitbestimmung für eine ega-

---

8 Ebd., S. 50.

litäre Politik heute teilweise ungeeignet. Aber sie hinterlassen eine unersetzliche Lehre: Materielle Gleichheit ist, insbesondere hinsichtlich der Arbeitsbeziehungen, ein kollektives Problem. Die einzige Möglichkeit, die Gleichheit mit anderen zu erlangen besteht darin, *gemeinsam mit ihnen gleich zu sein*. Außerhalb eines Horizonts der gemeinsamen Interessen, Normen, Wünsche und Ziele von Gleichen sind die Ursachen der Ungleichheit nicht zu erkennen, sind diese nur ein gesellschaftliches Rauschen in einer kontrapunktischen Partitur von Verhandlungen zwischen Individuen oder Kleingruppen mit extrem asymmetrisch verteilter Macht. Die Überwindung der Ursachen der Ungleichheit ist nur möglich, wenn wir Werkzeuge schaffen, mit denen sich ähnliche Ziele kollektiv zusammenführen und die potenziell entgegensetzten Interessen aushandeln lassen: zwischen Unternehmern und Lohnabhängigen, zwischen Konsumenten und Produzenten, zwischen den verschiedenen Formen der Arbeit.

5. Materielle Gleichheit organisieren

Die globale Niederlage der Gewerkschaftsbewegung war ein massiver Einschnitt. Zwar werden auf der politischen Linken derzeit einige Vorschläge zur Behebung arbeitsbedingter Ungleichheit durch alternative Formen der ökonomischen Organisation diskutiert, aber auch diese pragmatischen Utopien tragen die Spuren jener historischen Zäsur. Zugleich gab es – teils mit, teils ohne die Unterstützung traditioneller Gewerkschaften – zahllose Versuche, klassische Organisationen der gegenseitigen Hilfe wiederzubeleben und an die zunehmende Prekarisierung der Arbeitsmärkte anzupassen. Die Ergebnisse waren in der Regel bescheiden. Sind kollektive Verhandlungen einmal aus unserem kulturellen Horizont verschwunden, erscheinen sie uns als unwiederbringlich verloren. Das ist kein ideologisches Problem (zumindest nicht nur): Wir leben in einer gesellschaftlichen Umgebung, die dazu konzipiert ist, Arbeitskämpfe zu erschweren. Dank eines Cocktails aus Individualismus, Konsumismus und der Flexibilisierung der Arbeit haben wir ein Ausmaß an Fragmentierung erreicht, wie es vor einem Jahrhundert nur durch brutale Repression oder das Verbot von Arbeiterorganisationen hätte erreicht werden können. Ein junger Gewerkschafter, den ich vor einigen Jahren kennenlernte, erzählte mir, dass er selbst nur Zeitverträge aneinanderreihe und innerhalb weniger Wochen von einer Firma zur nächsten wechsle, sodass er sich kaum noch darum bemühe, die

Beschäftigten der Betriebe zu organisieren, in denen er eingesetzt sei: »Wozu, wenn ich doch weiß, dass wir dort höchstens drei Monate zusammen verbringen werden? Ich konzentriere mich darauf, Kollegen in Firmen zu unterstützen, wo es einigermaßen stabile Belegschaften gibt und die Gewerkschaftsarbeit etwas bringt.«

Viele egalitäre Ideen, die sich derzeit auf der Linken einer gewissen Beliebtheit erfreuen und im Zuge der Coronakrise an Sichtbarkeit gewonnen haben, stellen diese veränderten Bedingungen in Rechnung. Auf den folgenden Seiten werde ich einige dieser Initiativen kurz vorstellen und analysieren. Als Maßstab verwende ich das im vorangegangenen Kapitel skizzierte Kriterium: den Grad, in dem die vorgeschlagenen Werkzeuge dazu beitragen können, die Individualisierung zu bremsen und dem Machtzuwachs der ökonomischen Eliten entgegenzuwirken. Anschließend erörtere ich einige soziale Mechanismen, die zuletzt in Vergessenheit geraten sind, die uns aber auch heute noch nützlich sein können.

Licht und Schatten der Universalität

Der heute vielleicht bekannteste und am weitesten ausgearbeitete egalitäre Vorschlag ist das bedingungslose Grundeinkommen. Bis März 2020 wurde es vor allem in aktivistischen und akademischen Kreisen diskutiert, im Zuge der Coronapandemie wurde es dann aber auch von Personen aufgegriffen, die sich wie der ehemalige spanische Wirtschaftsminister Luis de Guindos bislang eher einen

Namen als extreme Wirtschaftsliberale gemacht hatten. Seither werden in der Debatte häufig Maßnahmen miteinander vermischt, die zwar ähnlich, aber keineswegs äquivalent sind: Sozialhilfe, bedingungsloses, aber nicht universelles Grundeinkommen, Nothilfen, universelles Grundeinkommen. Ich werde mich im Weiteren nur auf Letzteres beziehen, auf den Vorschlag also, dass alle erwachsenen Bürger eines Landes ohne Bedingungen und Gegenleistungen monatlich eine Summe erhalten sollen, mit der sie ihre Grundbedürfnisse bestreiten können.

Das Grundeinkommen soll das Grundrecht auf Subsistenz sichern und würde unabhängig davon ausbezahlt, ob man über andere Einkommensquellen verfügt oder mit wem man zusammenlebt. Es würde an Reiche und Arme überwiesen, an Junge und Alte, Arbeiter und Arbeitslose, Ledige und Verheiratete. Ein spektakulärer egalitärer Vorschlag, und aus nachvollziehbaren Gründen ging es in den Debatten meist darum, Details einer Maßnahme zu erklären, die unter anderen Voraussetzungen wohl als Schnapsidee abgetan würde. Der erste Punkt, den die Anhänger des Grundeinkommens stets erläutern, ist, dass es sich um eine universelle »Prädistribution« handelt, die im Nachhinein korrigiert würde. Personen mit hohen Einkommen würden das universelle Grundeinkommen zunächst ebenfalls beziehen, müssten aber bei der Steuererklärung einen Teil oder den Gesamtbetrag zurückgeben. Andere hitzig erörterte Fragen lauten, ob und in welchem Ausmaß das Grundeinkommen Menschen dazu verleiten würde, gar nicht mehr zu arbeiten, und wie die Ausgaben finanziert werden könnten.

Das Grundeinkommen stellt vor allem ein Instrument dar, um soziale Rechte vom Arbeitsmarkt abzukoppeln und sie auf breitere Personengruppen auszudehnen. In Spanien und vielen anderen Ländern ist das eine überaus dringliche Aufgabe. Eine der großen strukturellen Schwächen unserer Sozialpolitik besteht darin, dass die Leistungen an den Status und das Einkommen auf dem Arbeitsmarkt gebunden sind. In Spanien etwa hängen die meisten Sozialleistungen (Rente oder Arbeitslosengeld beispielsweise) davon ab, dass man zuvor etwas in die Sozialkassen eingezahlt hat, was sich in Ländern mit einem prekären Arbeitsmarkt als problematisch erweist. Nach Angaben der OECD beziehen die einkommensstärksten 20 Prozent der spanischen Bevölkerung einen größeren Teil der direkten Sozialausgaben als das einkommensschwächste Fünftel. Während die reichsten Haushalte fast 30 Prozent der direkten Sozialausgaben erhalten, müssen sich die ärmsten mit nur 12 Prozent begnügen. Um ein aktuelles Beispiel zu geben: Der kürzlich in Spanien verabschiedete Mutter- und Vaterschaftsurlaub, der beiden Elternteilen gleichermaßen zusteht und nicht übertragbar ist, kostet etwa zwei Milliarden Euro jährlich, wobei etwa 30 Prozent der jungen Eltern davon nicht profitieren, weil die Mütter vor der Geburt nicht beschäftigt waren oder nicht genug eingezahlt haben.

Das Grundeinkommen kann als ein Instrument (allerdings nicht unbedingt als das beste) verstanden werden, um die Zentralität der Arbeit in den Sozialsystemen abzuschwächen und den Wohlfahrtsstaat zugunsten der Ärmsten auszuweiten. Da es sich um eine bedingungslose Zahlung handelt, käme sie auch denjenigen zugute, die aufgrund verschiedener Zugangsbarrieren außerhalb des Systems bleiben. Denn es stimmt, dass Sozialleistungen häufig nicht bei denen ankommen, die sie am dringendsten benötigen. In einem kürzlich veröffentlichten Essay beschreibt die Schriftstellerin Sara Mesa aus der Ich-Perspektive die Begegnung mit jenem bürokratischen Labyrinth, mit dem die Armen konfrontiert sind, wenn sie öffentliche Unterstützung beziehen wollen.[1] Sie selbst und drei weitere Personen, alle studiert und erprobt im Umgang mit Behörden, versuchten, einer obdachlosen Frau bei der Beantragung von Sozialleistungen zu helfen. Sie stellten verblüfft fest, dass sie große Schwierigkeiten hatten, die Formalien zu verstehen, die sich nach und nach als kafkaesker Albtraum entpuppten. Dass Obdachlose, um Hilfe zu beantragen, eine Meldebescheinigung vorlegen müssen, für die sie wiederum eine Wohnadresse benötigen, ist nur ein Beispiel für diese surrealen Anforderungen. Das Ganze heißt Sozialsystem, weil noch niemand auf den Gedanken gekommen ist, es in *Catch 22* umzubenennen.

Ob das Grundeinkommen die Ungleichheit reduzieren würde, ist schwer zu sagen. Dennoch hat der Vorschlag in vielen sozialen Bewegungen und vor allem in der akademischen Linken, die darin ein Zaubermittel, ein Schweizer Messer zur Lösung aller möglichen politischen Probleme erblickt, sehr hohe Erwartungen geweckt. Es lohnt

---

[1] Sara Mesa, *Silencio administrativo*, Barcelona: Anagrama 2019.

sich aber, daran zu erinnern, dass das Grundeinkommen just zu der Zeit an Popularität gewann, als die Gewerkschaftsbewegung zerschlagen wurde, nämlich in den achtziger Jahren des vergangenen Jahrhunderts. In dem Maß, wie die Gewerkschaften an Einfluss verloren und die Möglichkeiten kollektiven Handelns in der Arbeitswelt geringer wurden, nahm die Attraktivität des Grundeinkommens zu. Das Grundeinkommen wird dabei zumindest implizit als eine Strategie (der partiellen Dekommodifizierung der Arbeit) begriffen, die eine Alternative zur klassischen Gewerkschaftsarbeit aufzeigt. Und diese Strategie sei nicht nur eine Alternative, sondern sogar überlegen, da die Auszahlungen nicht an Bedingungen geknüpft und vom Ausgang von Kollektivverhandlungen unabhängig seien.

Diese Argumentation ist insofern richtig, als der Umstand, dank eines bedingungslosen Einkommens nicht länger der Angst vor Hunger oder materieller Not ausgeliefert zu sein, in einem gewissen Ausmaß die Verhandlungsmacht der Arbeiter stärken könnte. Doch der springende Punkt ist, in welchem Maß? Gewerkschaftliches Handeln erfolgte in den Unternehmen über spezifische institutionelle Hebel und Kanäle: Kollektivverhandlungen und in einigen Ländern die Mitbestimmung. Es gab Regeln für Kooperation, Dialog und Konflikte zwischen unterschiedlichen Interessen sowie Mechanismen zur Wahl von Belegschaftsvertretern, die zudem besondere Rechte (beispielsweise einen besonderen Kündigungsschutz) erhielten, um ohne Angst vor etwaigen Nachteilen verhandeln zu können. In einigen Ländern legt das Arbeitsrecht überdies fest, dass nur gewerkschaftlich organisierte Beschäftigte in den Genuss der in Kollektivverhandlungen erzielten Vereinbarungen kommen. Das Grundeinkommen ist hingegen schlicht ein individuelles Recht, das ohne irgendwelche institutionellen Strukturen auskommt. Seine Anhänger argumentieren, dass sich die Arbeiter, einmal vom Arbeitszwang befreit, gewerkschaftlich organisieren und Genossenschaften oder Gruppen gegenseitiger Hilfe gründen könnten. Das ist selbstverständlich möglich. Doch es ist eine Sache, über unmittelbare Kooperation nachzudenken (Zusammenarbeit im Rahmen von Gewerkschaften, Kollektivverhandlungen), und eine ganz andere, über eine Maßnahme zu sprechen, die zunächst lediglich die Voraussetzungen für Kooperation schafft.

Theoretisch könnte das Grundeinkommen sogar die gegenteilige Wirkung haben und sich als Quelle von Passivität, Individualismus, Konformismus und Segregation erweisen. Das ist sicherlich auch der Grund, warum viele Neoliberale – von Milton Friedman in den siebziger Jahren bis zu de Guindos 2020 – ihre eigene Version eines Grundeinkommens präsentiert haben. Man muss die Frage stellen, welcher der beiden möglichen Effekte – Passivität oder Solidarität – im fragmentierten und entpolitisierten Klima unserer Gegenwart wahrscheinlicher ist. Wie würde das Grundeinkommen in einem extrem prekarisierten und deregulierten Arbeitsmarkt wirken? Die Befürworter vertreten gewöhnlich die Auffassung, es werde zu höheren Gehältern führen, weil die Verhandlungsmacht der Arbeiter gestärkt würde. Genauso gut denkbar ist jedoch, dass es die Unternehmer in die Lage versetzt, die Löhne bestimmter Beschäftigtengruppen zu drücken (zum Beispiel der Alleinerziehenden, geschiedener Paare, die zwei Haushalte finanzieren müssen, oder Menschen mit Schulden bzw. exorbitant hohen Mieten). Sie könnten auf das Grundeinkommen verweisen, das diesen Gruppen, solange es sich am Mindestlohn orientiert, allerdings nicht zum Überleben reicht. Oft wird das Grundeinkommen als erster Schritt bezeichnet. Leider ist nicht klar, in welche Richtung.

Möglicherweise ist das Grundeinkommen eine gute Idee, aber es ist eben auch ein Vorschlag mit blinden Flecken, der die Probleme nicht einfacher macht und nicht alle potenziellen Konflikte aus der Welt schafft. Dass »Prädistribution« effizienter ist als Redistribution, also eine Umverteilung durch Steuern und Sozialleistungen, ist genauso kontingent und ungewiss wie die Defizite und Erfolge des Sozialstaats. Um Probleme des Grundeinkommens zu korrigieren, müsste man ebenso viel oder mehr staatliche Intervention, Bürokratie und mögliches Scheitern in Kauf nehmen wie bei einer traditionellen Umverteilungspolitik. Soziale Nachteile sind nicht gleichmäßig verteilt, sondern betreffen vor allem Gruppen, die gleichzeitig verschiedenen Formen der Diskriminierung ausgesetzt sind. Um ihnen zu helfen, bedarf es komplexer und, das ist an dieser Stelle wichtig, teurer politischer Maßnahmen. Was sind die sozialen Opportunitätskosten, die wir zu tragen bereit sind, um die Universalität des Grundeinkommens zu wahren? Für welche sozialen Notlagen werden wir nicht aufkommen, wie viel sozialen Wohnungsbau, wie viele Krankenhäuser und Schulen werden wir nicht mehr finanzieren, damit alle ein Grundeinkommen beziehen können?

Vor diesem Hintergrund plädieren viele Kritiker des Grundeinkommens für einen alternativen Vorschlag: die Beschäftigungsgarantie. Diesem Konzept zufolge würde der Staat als Arbeitgeber der letzten Instanz einspringen und denjenigen eine Beschäftigung anbieten, die auf dem Arbeitsmarkt keine finden. Sie würden dann – je nach Modell – den Mindestlohn oder geringfügig (etwa 20 Prozent) mehr verdienen. Die Beschäftigungsgarantie ist so etwas wie das traditionalistische Gegenstück zum Grundeinkommen, allerdings auf Speed. Während das Grundeinkommen eine individualistische, außerinstitutionelle Lösung vorschlägt, ist die Beschäftigungsgarantie eine Art organizistisches Projekt, bei dem die komplexe Kooperation durch die direkte Vermittlung des Staates ersetzt wird. Bezeichnenderweise sollen die im Rahmen staatlicher Beschäftigungsprogramme geschaffenen Jobs sozialversicherungspflichtig und mit den üblichen Arbeitnehmerrechten ausgestattet sein – mit einer Ausnahme: dem Recht auf Kollektivverhandlungen.

Grenzen der Vereinfachung

Debatten über Grundeinkommen und Beschäftigungsgarantie werden bisweilen wie identitätspolitische Kulturkämpfe geführt. Verschiedene Strömungen der akademischen Linken positionieren sich auf eine Weise, bei der man sich gegenseitig postmoderne Beliebigkeit oder einen produktivistischen Arbeiterkult vorwerfen kann. In Wirklichkeit sind beide Konzepte wertvoll. Sie helfen uns, essenzielle Aspekte des egalitären Programms zu reformulieren und zu aktualisieren: auf der einen Seite das uneingeschränkte Recht auf materielle Subsistenz als grundlegenden Bestandteil jedes demokratischen Gesellschaftsvertrags; auf der anderen Seite die unverzichtbare Rolle eines Mindestmaßes an Beschäftigungsplanung auf gesamtgesellschaftlicher Ebene. Bedingungslose und universelle öffentliche Dienste existieren bereits (in Gestalt des Bildungs- und in vielen Ländern auch des Gesundheitswesens), und diese Logik auf Einkommen auszudehnen, ist für den Egalitarismus der Gegenwart ein unverzichtbarer Schritt. Die Idee, dass der Staat entscheidende Verantwortung bei der Schaffung guter und gesellschaftlich nützlicher Beschäftigung besitzt, ist ebenso wichtig. Tatsächlich lassen sich Grundeinkommen und Beschäftigungsgarantie als begrenzte und vom Marktradikalismus der letzten Jahrzehnte beeinträchtigte Antworten auf dasselbe Problem interpretieren: Indem die Lohnarbeit unsere Leben dominiert, lenkt sie unser Streben in eine individuelle und gesellschaftlich unkontrollierbare Richtung und unterwirft es zudem den Launen des Marktes. Sowohl das Grundeinkommen als auch die Beschäftigungsgarantie zielen darauf ab, jene sozialen Ketten zu sprengen, die uns daran hindern, als Gleiche zu leben: das Grundeinkommen über die individuelle Befreiung von den Marktzwängen, die Beschäftigungsgarantie über den deliberativen Aufbau einer gemeinsamen Zukunft.

Naomi Klein hat völlig zu Recht angemerkt, dass die

Anhänger der Chicago-School, fanatische Marktapologeten, nicht den Marxismus als ihren wahren Feind betrachteten. Ihre eigentliche Verachtung galt dem keynesianischen Eklektizismus, den sie als unzusammenhängendes Sammelsurium aus Elementen des Sozialismus, des Kapitalismus, der Planung und der Umverteilung betrachteten.² In der akademischen Debatte zwischen Anhängern des Grundeinkommens und der Beschäftigungsgarantie als egalitären Alternativen zur Kommodifizierung unseres Leben ist – bei allen Unterschieden – etwas ganz Ähnliches zu beobachten. Verglichen mit dem schwerfälligen System bürokratisch vermittelter Kontingenz, wie es für jeden Wohlfahrtsstaat kennzeichnend ist, erscheinen Grundeinkommen und Beschäftigungsgarantie als einfache und elegante Maßnahmen, deren Vor- und Nachteile sich abstrakt diskutieren lassen. Zum Pech der Akademiker ist »einfach« jedoch in den Gesellschaften der Gegenwart praktisch das Gegenteil von »realistisch«.

Aus der Perspektive eines konsequenten sozialen Egalitarismus waren zumindest einige der Maßnahmen, die im Verlauf des 20. Jahrhunderts zur Begrenzung der Kommodifzierungsprozesse entwickelt wurden, wirklich revolutionär. Viele Maßnahmen des Wohlfahrtsstaats zielten nicht nur darauf ab, die schlimmsten materiellen Effekte der Ungleichheit zu lindern, sondern sollten ganz explizit

---

2 Naomi Klein, *Die Schock-Strategie. Der Aufstieg des Katastrophen-Kapitalismus*, aus dem Englischen von Hartmut Schickert, Michael Bischoff und Karl Heinz Siber, Frankfurt am Main: Fischer 2007, S. 80f.

ein egalitäres Ethos und eine Kultur der Gleichheit als Grundlage eines gemeinsamen gesellschaftlichen Modells fördern. Das öffentliche Wohnungsbauprogramm, das Großbritannien nach dem Zweiten Weltkrieg vorantrieb, sollte beispielsweise nicht nur Menschen, die bis dahin zusammengepfercht und unter trostlosen Bedingungen gelebt hatten, eine qualitativ gute Unterkunft bereitstellen; es zielte auch darauf ab, das Zusammenleben und die Durchmischung von Menschen aus sehr unterschiedlichen Schichten zu fördern. Wie der britische Sozialwissenschaftler Richard Titmuss schrieb, sollte das öffentliche Gesundheitssystem nicht nur die medizinische Versorgung derjenigen gewährleisten, die dazu bislang keinen Zugang gehabt hatten – das hätte man auch auf andere Weise erreichen können –, sondern beispielsweise Universitätsprofessoren und Bergarbeiter in einem Krankenhauszimmer oder Warteraum zusammenbringen. Die für ganze Branchen zentralisiert geführten Tarifverhandlungen oder die Veränderungen im Management verstaatlichter Betriebe zwangen die bürokratischen Eliten, Vereinbarungen zu treffen und Menschen aus der Arbeiterklasse zu gehorchen, denen sie nie zuvor zugehört hatten. Diese kontingenten und von bürokratischer Komplexität geprägten Initiativen entwickelten sich stotternd und auf unbekanntem Terrain, doch sie ermöglichten, teilweise aus genau diesem Grund, enorme Erfolge auf dem Feld der sozialen Demokratie.

Das Grundeinkommen und die Beschäftigungsgarantie haben hingegen etwas von einer egalitären Imitation des Marktes. Die Magie des Arbeitsmarktes liegt ja gerade darin, dass sie uns Einfachheit vorgaukelt. Der Arbeitsmarkt ist eine Maschine zur Reduktion heterogener Lebensrealitäten auf eine Art gesellschaftliche Knetmasse undifferenzierter Tauschbeziehungen. Der Journalist Corey Robin hat daran erinnert, dass schon die ersten modernen Reaktionäre wie etwa Edmund Burke im Markt genau deshalb einen unverzichtbaren Mechanismus zur Aufrechterhaltung sozialer Ungleichheiten erkannten, weil er einen Taschenspielertrick impliziert, bei dem unsere umkämpften Interessen durcheinandergequirlt und in eine harmonische Verbindung individueller Präferenzen transformiert werden. In den Worten Burkes:

> Zunächst einmal bestreite ich, [...] dass die vertragschließenden Parteien ursprünglich unterschiedliche Interessen gehabt haben [...]. Dies mag in Einzelfällen anfänglich zweifellos so sein. Dann jedoch hat der Vertrag den Charakter eines Kompromisses, und Kompromisse beruhen auf der Unterstellung, es liege im Interesse der Vertragsparteien, sich irgendwo in der Mitte zu treffen. Hält man sich an das Prinzip des Kompromisses, dann hören die Interessen auf, verschiedenartig zu sein.[3]

Ein ähnliches Argument, schreibt Robin, habe man gewöhnlich vorgebracht, um die Vergewaltigung in der Ehe zu legitimieren. Bis 1980 war die Vergewaltigung einer

---

3 Edmund Burke, »Allgemeine Überlegungen und Details zur Frage der Knappheit« (1795), in: Edmund Burke, *Tradition – Verfassung – Repräsentation. Kleine politische Schriften*, herausgegeben von Olaf Asbach und Dirk Jörke, Berlin: 2019, S. 351-383, S. 358.

Frau durch den Ehemann überall in den USA (und in anderen Ländern noch länger) legal. Man unterstellte, dass die Einwilligung zum Sex ein strukturelles Merkmal des Ehevertrags sei: Wenn eine Frau verlange, dass der Mann sich nach dem Ursprungspakt immer wieder von Neuem ihrer Zustimmung vergewissern müsse, habe sie das Konzept der »Ehe« nicht richtig verstanden. Heute würde niemand anzweifeln, dass diese juristische Interpretation insbesondere vor der Liberalisierung des Scheidungsrechts de facto auf sexuelle Sklaverei hinauslief. Hinsichtlich des Arbeitsmarktes fällt es uns jedoch schwer, zu einer vergleichbaren Erkenntnis zu gelangen und den Mechanismus zu hinterfragen, mit dem der Arbeitsvertrag eine Vielzahl von Konflikten, Problemen und sogar Aggressionen unsichtbar macht.

Sicherlich ist die Fähigkeit des Arbeitsmarktes zur Vereinfachung in modernen, von einer großen Diversität der Lebensweisen, Bedürfnisse und Ziele geprägten Gesellschaften zumindest in bestimmten Situationen unverzichtbar. Aus demselben Grund sorgt die Komplexität der Massengesellschaften dafür, dass der allgemeine Arbeitsmarkt auch systematisch Probleme produziert: Der Lohn ebnet alle Unterschiede zwischen Tätigkeiten ein, die nicht bloß unterschiedlich, sondern grundsätzlich inkongruent sind, indem er nicht quantifizierbare und dynamische Fragmente menschlichen Lebens als (aus)tauschbar behandelt. In mehr oder weniger geschlossenen und stabilen traditionellen Gesellschaften ist bzw. war der Arbeitsmarkt weder notwendig noch schädlich. Zum Bestreiten des Lebensunterhalts spielte er nur in der Armee oder im Rahmen punktueller öffentlicher Bauvorhaben eine Rolle, wo er stark reguliert war. In dynamischen Gesellschaften hingegen ist er ein flexibler, aber gefährlicher Mechanismus der Koordination mit oftmals katastrophalen Folgen. Die Universalisierung der Erwerbstätigkeit zieht den Verlust kollektiver Interventionsfähigkeit und eine massive Vergeudung gesellschaftlicher Ressourcen nach sich.

Die Lyrikerin Edith Sitwell erinnert in ihrem Essay *English Eccentrics* daran, wie sich Ende des 18. Jahrhunderts unter wohlhabenden Engländern die Angewohnheit verbreitete, in ihren Gärten einen sogenannten Schmuck-Eremiten zu halten. »Nichts, so war man überzeugt, könne dem Auge ein solches Vergnügen bereiten wie das Spektakel eines alten Mannes mit einem langen grauen Bart und einem rauen, ziegenähnlichen Gewand, der zwischen den Unannehmlichkeiten und den Genüssen der Natur umhertaumelte.«[4] Ein Adeliger namens Charles Hamilton schaltete eine Anzeige, in der er eine Anstellung als Eremit auf seinem Gut ausschrieb. Den Vertragsbedingungen zufolge sollte der Beschäftigte

> sieben Jahre in der Einsiedelei verbringen, wo er mit einer Bibel, optischen Gläsern, einer Fußmatte, einem Heusack als Kissen, einer Sanduhr zum Messen der Zeit, Wasser zum Trinken und Essen vom Haus versorgt wird. Er muss ein wollenes Gewand tragen und darf unter keinen Umständen sein Haar, seinen Bart oder seine Nägel schneiden […] oder ein Wort mit dem Bediensteten wechseln.

---

4 Edith Sitwell, *English Eccentrics*, London: Faber & Faber 1933, S. 25.

Er müsse die Tätigkeit sieben Jahre lang ausüben und werde dann mit 700 Pfund entlohnt – oder aber leer ausgehen, falls er die Stelle vor Ablauf dieser Zeit aufgebe.

Der Schriftsteller Juan Benet, der sich seinen Lebensunterhalt als Straßenbauingenieur verdiente, erinnerte sich 1992 folgendermaßen an sein Arbeitsleben:

Ich werde einige der Aktivitäten aufzählen, zu denen ich mich verpflichtet sah, um meinen (frei gewählten) Beruf in den fünfunddreißig dem Straßenbau gewidmeten Lebensjahren ordentlich auszuüben. Ich muss zuvor darauf hinweisen, dass mein Berufsleben nicht allzu stürmisch verlief, dass ich meine Beschäftigung in dieser Zeit nie gewechselt habe, dass ich zwar wie fast alle Menschen irgendwann einmal in dramatische, nie aber in tragische Ereignisse verwickelt war. So habe ich selbst in der Banalität und Normalität meines Berufs zu verschiedenen Gelegenheiten unter anderem folgendes erledigen müssen: ein halbes Dutzend Maultiere von einem Stierhändler erwerben, der die Tiere mit einigen in ihre Ohren geschütteten Gläsern Trester betrunken gemacht hatte; die Ehefrau eines Zivilgouverneurs bei der Auswahl des Stoffbezugs für eine Couch begleiten; als Bevollmächtigter einen Freund, der sich weigerte, die Kirche zu betreten, bei dessen Verlobung repräsentieren; eine Schmalspurlok auf der Strecke Ponferrada-Villablino fahren; mich einen Monat lang von Bärenfleisch ernähren und an einem Festmahl von Steineklopfern aus Salamanca teilnehmen, die einen von der Eisenbahn angefahrenen Esel notgeschlachtet hatten; einen ganzen Monatslohn beim Poker verlieren; mit dem Direktor für öffentliches Bauwesen und seiner Frau einer Opernvorstellung beiwohnen; eine Wagenladung Kartoffeln verkaufen; mit einem portugiesischen Schmuggler über den Tausch von in Schweden hergestellten Bohrern gegen Wurstpelle verhandeln; den Leichnam eines Hilfsarbeiters abnehmen, der sich in seinem Haus in Lugán erhängt hatte; von der Guardia Civil verhaftet und in einem Gefangenentransport, aber ohne Handschellen überstellt werden; schließlich Tennis spielen.⁵

Die Erinnerungen Benets an spezielle und aufregende Erfahrungen in einem wichtigen und gesellschaftlich anerkannten Beruf scheinen das genaue Gegenteil der Arbeitswirklichkeit von Millionen Menschen zu sein, die in nicht nur ermüdenden, sondern völlig überflüssigen und monotonen Tätigkeiten gefangen sind. Wir leben in einer Gesellschaft voller Schmuck-Eremiten, die heute Call-Center-Agenten, Marketing-Mitarbeiterinnen oder Shopping-Mall-Wachschützer heißen. Wir sind, wie es David Graeber formuliert hat, von Bullshit-Jobs umgeben, die niemand ausüben sollte, die eine absolute Zeitverschwendung darstellen und niemandem Befriedigung verschaffen; die uns alle materiell verarmen lassen und schockierend entfremdend sind. Diese Anti-Tätigkeiten sind selbstverständlich an der Basis der sozialen Pyramide überrepräsentiert, doch der Beschäftigungsnihilismus rollt wie eine Welle über die ganze Welt hinweg. Der niederländische Historiker Rutger Bregman zitiert eine in der *Harvard Business Review* veröffentlichte Studie, der zufolge die Hälfte der Interviewten, allesamt Führungskräfte, die Meinung äußerten, ihre Arbeit sei »bedeutungslos und sinnentleert«. Eine Untersuchung der Universität Harvard ergab, dass sich die Berufsorientierung ihrer Absolventinnen seit den achtziger Jahren verändert hatte. 1970

---

5 Zitiert nach Javier Muñoz, *Juan Benet a veces un ingeniero extraño*, Madrid: Fundación Esteyco 2019, S. 48.

entschieden sich doppelt so viele für die Forschung wie für eine Tätigkeit im Bankenwesen; 1990 hatte sich dieses Verhältnis umgekehrt.⁶ Gleichzeitig gibt es gewaltige soziale Kompetenzen, die der Markt nicht zu nutzen vermag: Millionen Eltern laufen jeden Tag wie kopflose Hühner von den Orten ihrer Lohnarbeit – oft Aufgaben, die niemand benötigt und die die Welt schlechter machen – zu den Toren von Schulen und Kindergärten, um ihre Kinder abzuholen und sich um sie zu kümmern. Die Zeit, die sie mit Bullshit-Jobs verbringen, und der schiere Stress, der damit einhergeht, hält sie davon ab, gesellschaftlich sinnvollere Dinge zu tun.

Es ist ein soziales Problem mit schwerwiegenden individuellen Folgen. Die zeitgenössische Psychologie lehrt uns, dass eine alte Intuition der politischen Philosophie absolut richtig war: Entscheidende Ursachen der Entfremdung bei der Arbeit sind das Fehlen gesellschaftlicher Anerkennung und die empfundene Sinnlosigkeit der erledigten Aufgaben. Der Psychologe Dan Ariely und sein Team führten eine Reihe sehr einfacher Experimente zum Einfluss der Wertschätzung und des Gefühls durch, eine sinnvolle Tätigkeit auszuüben.⁷ In einem die-

---

6 Rutger Bregman, *Utopien für Realisten. Die Zeit ist reif für die 15-Stunden-Woche, offene Grenzen und das bedingungslose Grundeinkommen*, aus dem Englischen von Stephan Gebauer, Reinbek: Rowohlt 2017, S. 164.
7 Dan Ariely, »What makes us feel good about our work?«, Vortrag, gehalten auf der TED[X]-Konferenz Río de la Plata (Oktober 2012), online verfügbar unter: {https://tedxriodelaplata.org/charla/el-significado-del-trabajo/}.

ser Experimente mussten die Teilnehmer in einem Buchstabensalat kurze Wörter suchen. Wenn jemand mit dem ersten Blatt fertig war, erhielt er drei Dollar und wurde gefragt, ob er die Aufgabe für etwas weniger Geld noch einmal durchführen würde. In jeder Runde wurde ihm etwas weniger Geld angeboten. Die Teilnehmer des Experiments waren mit drei unterschiedlichen Szenarien konfrontiert. Im ersten Fall schrieben sie nach Beendigung der Aufgabe ihren Namen auf das Blatt und händigten es dem Verantwortlichen aus, der es von oben bis unten betrachtete, »Aha« sagte und es neben sich auf einen Stapel legte. In der zweiten Variante konnte man den Namen nicht aufs Blatt schreiben. Der Betreuer nahm das Blatt entgegen, ohne es eines Blicks zu würdigen, und legte es kommentarlos auf einen anonymen Stapel. Im dritten Fall nahm der Versuchsleiter das Blatt und steckte es unbesehen in einen Schredder. Die Teilnehmer der ersten Versuchsanordnung waren bereit, die Aufgabe noch für 15 Cent zu erledigen. Die in der dritten Gruppe hörten hingegen meistens schon bei 30 Cent pro Blatt auf. Das war insofern paradox, als sie ja gesehen hatten, dass ihre Arbeit sofort geschreddert wurde. Sie hätten also sehr leicht betrügen und einfach ein unbearbeitetes Blatt abgeben können. Doch sie verzichteten lieber auf einfach verdientes Geld, anstatt sinnlose Arbeit zu verrichten. Die Teilnehmer der zweiten Gruppe, die ihre Blätter auf dem anonymen Papierstapel landen sahen, hörten am gleichen Punkt auf wie diejenigen, deren Arbeit vor ihren Augen vernichtet worden war. Selbst ein kurzer Blick, ein »Aha« und ein Minimum an Anerkennung stellen einen signifikanten Unterschied hinsichtlich der Selbstverwirklichung dar.

Die egalitäre Dekommodifizierung der Arbeit impliziert nicht nur, dass jeder Lohnabhängige ermächtigt wird oder dass er dank der staatlichen Unterstützung dem Abgrund der Arbeitslosigkeit entkommt, sondern sie zerstört zugleich jene Einfachheit fingierende Maschine namens »Arbeitsmarkt«, indem sie eine Reihe ökonomischer Institutionen in Stellung bringt, die der Pluralität unserer Gesellschaftsstruktur entsprechen und kollektiv sowie deliberativ gestifteten Sinn und Anerkennung zu vermitteln vermögen. Jede Bemühung, der Arbeit mit demokratisierenden Zielen neuen Sinn zu verschaffen, bedarf einer ausgefeilten institutionellen Struktur, mit deren Hilfe sich entscheiden lässt, was Arbeit ist und was nicht und mit welchen Mechanismen wir festlegen, wer die Arbeit leistet und unter welchen Bedingungen: Praktiken wie die Finanzspekulation verbieten, lebensnotwendige, aber schlecht entlohnte oder außerhalb des Marktes stattfindende Arbeiten wie Sorgetätigkeiten schützen, das Spektrum der Aufgaben erweitern, die jeder von uns übernimmt, die aus extremer Spezialisierung resultierende Abstumpfung bei der Arbeit verhindern und jene besonders mühseligen Aufgaben, bei denen es ungerecht wäre, wenn eine Gruppe sie exklusiv übernähme, verpflichtend auf alle verteilen. Das ist ein gewagtes Vorhaben, bei dem schnell Fehler passieren können; man kann leicht an ihm scheitern und die Dinge sogar noch weiter verschlechtern. Es wäre Blödsinn, sich hier etwas vorzumachen und die Simplizitätsfiktion des Arbeitsmarkts einfach zu reproduzieren.

Wenn das Grundeinkommen oder die Beschäftigungsgarantie dazu beitragen sollen, uns von der Unterwerfung unter die Lohnabhängigkeit zu befreien, dann nur als zusätzliche und nicht einmal besonders zentrale Bestandteile in einem mit ausgefeilten Instrumenten reich bestückten Werkzeugkasten egalitärer Politik. Mindestens genauso wichtig sind Einkommensdeckel, die Demokratisierung des Arbeitsplatzes durch Kollektivverhandlungen und Mitbestimmung, eine Stärkung der öffentlichen Grundversorgung, der Schutz reproduktiver Tätigkeiten, Genossenschaften, staatliche Beschäftigungsprogramme, die aggressive Vergesellschaftung strategischer Wirtschaftssektoren, die groß angelegte Förderung von Kooperativen, freiwillige Arbeit und, ja, auch das, gemeinnützige Pflichtdienste (einige Stunden nichtoptionaler gemeinschaftlicher Arbeit jährlich), die uns alle zwingen, wichtige, aber harte, langweilige und gefährliche Aufgaben zu teilen.

Die organisierte Wirtschaft

Es ist absolut verständlich, dass eine Herausforderung wie diese bei uns Schwindelgefühle auslöst, und es wäre absurd, die Schwierigkeiten herunterzuspielen. Aber unsere ideologische Umgebung sorgt dafür, dass uns dieses Vorhaben gleich vollkommen unvorstellbar erscheint. Die Wirtschaft der Gegenwart ähnelt folgendem Witz: »Mein Nachbar ist verrückt geworden. Er hat um drei Uhr morgens angefangen, gegen die Wände zu hämmern.« »Oh, da bist du bestimmt erschrocken?« »Aber hallo! Mir ist beinahe der Bohrer aus der Hand gefallen.« In unserem ökonomischen System haben sich die extremen und irrealen Positionen normalisiert, während uns die zwar mühsamen und konfliktträchtigen, aber realistischen und alternativlosen Praktiken völlig verrückt vorkommen.

In den eisigen Gewässern des ökonomischen Kalküls organische Beziehungen schaffen zu wollen, mutet größenwahnsinnig an. Doch Wirtschaft und Arbeit waren immer Bestandteile umfassender gesellschaftlicher Strukturen. Für uns ist es selbstverständlich, dass etwas namens »Ökonomie« existiert, bei dem es um die Durchsetzung individueller – besonders monetärer – Interessen auf dem Markt geht. Für die meisten historischen Gesellschaften, die den Markt als einen seltenen und relativ unwichtigen Aspekt ihrer Überlebenssicherung betrachteten, wäre diese Vorstellung unbegreiflich. In ihnen waren Marktbeziehungen scharf reguliert und begrenzt, um die Potenziale des Marktes zu nutzen, seine zerstörerischen Effekte aber zugleich einzuhegen. Im Gegenzug verfügten sie häufig über alternative oder zusätzliche kollektive Mechanismen, um ihr materielles Leben auf egalitäre Weise zu organisieren. In sehr vielen traditionellen Gemeinschaften existierten beispielsweise Praktiken obligatorischer gemeinsamer Arbeit. In Asturien war die *sextafeira*, der Samstag, ein kollektiver Arbeitstag, an dem die Nachbarn eines Dorfs zusammenkamen, um sich um die Wasserversorgung oder die Instandhaltung von Wegen zu kümmern. Oder wie es Karl Polanyi auszudrücken pflegte: Die Ökonomie war ein Aspekt dauerhafter und nicht immer auf Konkurrenz beruhender sozialer Beziehungen. Wenn man seine Rolle als Gemeinschaftsmitglied, als Mutter, guter Sohn, Nachbar, Mitglied einer Zunft etc. einnahm, fiel auch das unter Ökonomie.

Selbst wenn wir heute das Gegenteil simulieren, ist dies teilweise noch immer der Fall. Einer der wenigen von jeder staatlichen oder gesellschaftlichen Regulation wirklich freien Massenmärkte ist das sogenannte Darknet – jener Teil des Internets, in den man nicht über konventionelle Suchmaschinen gelangt und in dem die IP-Adressen verschleiert sind. Im Volksmund hat sich die Vorstellung durchgesetzt, das Darknet sei ein gefährlicher Ort, an dem sich Auftragskiller mit internationalen Terroristen treffen, um chemische Waffen und Drogen zu handeln. In Wirklichkeit florieren im Darknet wie auf jedem deregulierten und vollkommen anonymen Markt vor allem Betrügereien. Die verbreitetste Interaktion in den dunkelsten Winkeln des tiefen Netzes ähnelt dem Hütchenspiel.

Deshalb haben viele traditionelle Gesellschaften den kommerziellen Tausch auf Außenbeziehungen beschränkt: Man handelte mit Fremden, niemals aber mit Mitgliedern der eigenen Gemeinschaft. Wenn du aus Villabajo kommst, ist der Versuch, die Deppen aus Villarriba, über die ihr euch immer lustig macht, übers Ohr zu hauen, folgerichtig und sogar ehrenhaft. Dasselbe mit deinen Nachbarn und Angehörigen zu tun wäre hingegen undenkbar. Es ist die gleiche Logik, die heute den Umgang mit Touristen prägt. Tourist zu sein besteht weitgehend darin, sich freiwillig einem permanenten Betrugsregime zu unterwerfen.

Deshalb zerstört die Touristifizierung von Städten die sozialen Beziehungen. Vor einigen Jahren gingen Freunde von mir in Barcelona zum Abendessen in ein Restaurant. Als sie sich setzten, stellte der Kellner einen Aperitif auf den Tisch und sagte: »Geht aufs Haus.« Beim Bezahlen der Rechnung stellten sie verblüfft fest, dass man ihnen fünf Euro für ein Getränk namens »Geht aufs Haus« berechnet hatte.

In einer Gesellschaft, in der man uns ermuntert, andere unablässig über den Tisch zu ziehen, sind wir alle ein bisschen wie Touristen. Doch zum Glück für alle eben nur ein bisschen. Obwohl der Markt unsere Gesellschaft völlig durchdringt, haben selbst ökonomische Organisationen soziale Mechanismen entwickelt, um sich vor seinen destruktivsten Effekten zu schützen. Der freie Markt existiert auch weiterhin nur in der Vorstellung einer Handvoll nihilistischer Ökonomen.

In einer Folge seiner berühmten Fernsehserie erläuterte der US-Ökonom Milton Friedman anhand eines Bleistifts, wie der Markt die Hersteller von Grafit und Farbe, Holzunternehmen, Bleistiftproduzenten und Transportfirmen in der ganzen Welt koordiniert, ohne dass es einer organisierenden zentralen Planung bedürfe. Das ist ein anregendes, aber empirisch falsches Bild. Man schätzt, dass 30 bis 50 Prozent des Welthandels innerhalb von Unternehmen abgewickelt werden und einer Planung unterliegen, die noch den besessensten belarussischen Bürokraten vor Neid erblassen lassen würde. Der Ökonom Ha-Joon Chang schreibt:

Wenn die Toyota-Motorenfabrik in Chonburi/Thailand ihre Produkte an Montagewerke in Japan oder Pakistan »verkauft«, kann dies als Export Thailands in diese Länder erfasst werden, es handelt sich aber *nicht* um eine echte Markttransaktion. Die Preise der so gehandelten Produkte werden von der Firmenzentrale in Japan und nicht von Wettbewerbskräften auf dem Markt diktiert.[8]

Selbstverständlich war das sowjetische Planungsmodell sowohl in politischer und ethischer (es sorgte systematisch für Autoritarismus, Willkür und Privilegien) als auch in ökonomischer Hinsicht mangelhaft: Oft scheiterte die Planung und führte zu Verschwendung und unglaublicher Fehlkoordination. Doch die kapitalistischen Ökonomien bleiben, was Vergeudung und Fehlzuteilung angeht, nicht hinter dem sowjetischen Beispiel zurück. Um nur ein Beispiel zu nennen: Laut der Welternährungsorganisation FAO landen jedes Jahr 1,3 Milliarden Tonnen für den menschlichen Konsum hergestellte Lebensmittel im Müll – ein Drittel der Gesamtproduktion. 45 Prozent der Obst- und Gemüseernte, 30 Prozent des Getreides und eine Fleischmenge, die 75 Millionen Kühen entspricht, werden weggeworfen.

Als Beweis für die Defizite des sowjetischen Modells wird oft auf die Bewunderung Trotzkis und anderer Revolutionsführer für den Fordismus und auf ihre Anstrengungen verwiesen, dieses System der Arbeitsorganisation zu kopieren. Das Argument ist sicher nicht ganz falsch.

---

8 Ha-Joon Chang, *Economics. The User's Guide*, London: Penguin 2014, S. 83.

Aber wenn man diese Argumentation auf den Monopolkapitalismus der Gegenwart übertragen würde, wäre das Ergebnis verblüffend. Die Geschäftspraktiken von IKEA, H&M, Walmart, Amazon oder der spanischen Supermarktkette Mercadona beruhen auf Planungskonzepten, die die gesamte Produktionskette betreffen und die Nachfrage zu modulieren versuchen. In den Worten des Ökonomen Maxi Nieto:

> Walmart operiert wie ein vernetztes System, das das »Zentrum« in Echtzeit mit den Geschäften, Lagern und Zulieferern verbindet; dies alles geschieht über Satellitenkommunikation, bei der RFID-Chips zum Einsatz kommen, um den exakten Aufenthaltsort jedes Produkts in der gesamten Lieferkette zu ermitteln. Bei Amazon ist es ähnlich. Das Unternehmen stellt den Konsumenten eine unendliche Zahl von Produkten zur Verfügung, passt die Lagerbestände daran an und tätigt auf Grundlage des Verkaufs in Echtzeit Bestellungen bei den Lieferanten.[9]

Am Ende des Zweiten Weltkriegs stellten sich viele Arbeiter in den westlichen Demokratien die Frage, was erreicht werden könnte, wenn die enormen gesellschaftlichen Kräfte, die zur Niederschlagung des Faschismus mobilisiert worden waren, zum Aufbau einer egalitäreren Gesellschaft genutzt würden. Das Ergebnis waren erstaunliche soziale Innovationen, die nur wenige Jahre zuvor als utopisch und verantwortungslos gegolten hätten. Möglicherweise könnten wir heute ähnliche Fragen in Bezug auf die Planung stellen. Bislang kennen wir nur die unterentwi-

---

9 Paul Cockshott/Maxi Nieto, *Ciber-comunismo. Planificación económica, computadoras y democracia*, Madrid: Trotta 2017, S. 36.

ckelte, ineffiziente und autoritäre Planung der sozialistischen Länder oder die fortgeschrittene, ausbeuterische und auf die Förderung eines extremen Konsumismus abzielende Variante des Kapitalismus im 21. Jahrhundert. Wer weiß, was sich erreichen ließe, wenn man diese gesellschaftlichen Energien im Kontext gefestigter Demokratien und mit Unterstützung digitaler, vor fünfzig Jahren unvorstellbarer Kommunikations- und Organisationswerkzeuge zu anderen Zwecken einsetzen würde.

Wie Leigh Philipps und Michal Rozworski in einem unlängst veröffentlichten Buch argumentieren, haben IKEA und Amazon die zentrale Planung von Produktion, Vertrieb und Konsum auf ganz ähnliche Weise entdramatisiert, wie der Weltkrieg die Menschen an staatliche Eingriffe gewöhnt hatte.[10] In einem Dokumentarfilm über Kuba, den ich vor einigen Jahren im spanischen Fernsehen sah, führte der Leiter eines staatlichen Geschäfts die angebotenen Hemden vor: »Wir haben das weiße und das von Che«, erklärte er. Viele Leute, denen das als grauenhafte Uniformisierung des Lebens erschiene, haben kein Problem damit, in jedem Land, in das sie reisen, Billy-Regale und Poäng-Sessel von IKEA vorzufinden, als wären diese Möbel obligatorisch. Vor dem Hintergrund, dass wir alle, sogar das offizielle Account-System meiner Universität, denselben E-Mail-Anbieter nutzen – welchen Unterschied würde es da machen, wenn dieser Dienst

---

10 Leigh Philipps/Michal Rozworski, *The People's Republic of Walmart. How the World's Biggest Corporations are Laying the Foundation for Socialism*, London: Verso 2019.

durch ein öffentliches Unternehmen anstatt durch einen Konzern aus Kalifornien bereitgestellt würde?

Tatsächlich betraf die zentrale Planung in den sowjetischen Ökonomien nur einen kleinen Teil der Güter und Dienstleistungen. Óscar Carpintero und Jorge Riechmann haben darauf hingewiesen, dass die meisten der Güter, die der Planung unterworfen waren, in Wirklichkeit autonom in regionalen und lokalen Unternehmen hergestellt wurden, was einen hohen Grad an Delegation und Dezentralisierung, nicht aber an Effizienz oder Demokratie implizierte.[11] Die Ökonomien von Ländern wie Polen, der Tschechoslowakei oder Ungarn waren in etwa so monopolisiert wie die der USA. In der ČSSR, die zu den Ostblock-Ländern mit dem höchsten Monopolisierungsgrad gehörte, waren 1990 26 Prozent der Beschäftigten bei den hundert größten Unternehmen angestellt, in den USA waren es 23,8 Prozent. In Großbritannien kontrollierten zwei Unternehmen den Markt für Waschmittel, in Polen waren es sieben. Tatsächlich sind einige Ökonomen der Ansicht, das Hauptproblem der Industrien der sozialistischen Länder habe in der hohen Fragmentierung bestanden, was eine Beeinträchtigung der Massenfertigung in Bereichen wie der Stahl-, Papier- oder Werkzeugproduktion nach sich zog.[12]

Der schlechte Ruf der Planung hat vor allem damit zu

---

[11] Óscar Carpintero/Jorge Riechmann, »Pensar la transición: Enseñanzas y estrategias económico-ecológicas«, in: *Revista de Economía Crítica* 16 (2. Halbjahr 2013), S. 45-107.
[12] Peter Gowan, *The Global Gamble*, a.a.O., S. 206.

tun, dass diese lange von Menschen verteidigt wurde, die ihre Schwächen ebenso wie die sowjetischen Verbrechen leugneten und jede Anwendung alternativer ökonomischer Organisationsformen (wie des Marktes oder der Genossenschaften) für abweichlerisch hielten. Das ist absurd. Die politische Elite der Sowjetunion setzte ein Modell durch, das ihre eigene Macht sicherte, dafür aber schwere Dysfunktionalitäten in Produktion und Distribution verursachte. In komplexen Gesellschaften ist die Wirtschaft notwendigerweise gemischt. Es gibt keine reinen Märkte, und wenn der Staat keine Kontrollen etabliert, entsteht tendenziell eine informelle Regulation: Deshalb rät dir der Ladenbesitzer um die Ecke, bei dem du seit Jahren einkaufst, auf die überteuerten Tomaten besser zu verzichten. Und deshalb sind Phänomene wie das Darknet oder der Tourismus so außergewöhnlich: Es sind Situationen, in denen die aus einer materiellen Situation folgende Anonymität – im Internet kennt dich niemand, die Touristen kommen und gehen – die Herausbildung sozialer Regeln erschwert, die dem hemmungslosen Streben nach ökonomischen Vorteilen Grenzen setzen. Analog hierzu gibt es auch keine reine Planung, und der Markt kehrt trotz Verbots wieder: Deswegen haben in Russland und Kuba immer mehr oder weniger florierende illegale Märkte existiert.

Vor allem sind wir uns jedoch nicht ansatzweise der Möglichkeiten bewusst, die ein quantitativer und qualitativer Ausbau genossenschaftlicher Praktiken bedeuten könnte, bei denen auch die Verbraucher an den Entscheidungen der Unternehmensleitung beteiligt würden. Obwohl es große Genossenschaften in Produktions- und einigen Dienstleistungsbereichen gibt (unter anderem im Energie- und Finanzsektor), blieben die Kooperativen im Allgemeinen auf Mikropraktiken beschränkt, die ein starkes aktivistisches Engagement voraussetzen: Sich für gesundes Essen entscheiden bedeutet fast immer, sich in einen Ernährungsaktivisten zu verwandeln. Was aber würde bei Genossenschaftsstrukturen von der Größe Amazons geschehen, die in der Lage wären, solche Praktiken zu verallgemeinern?

Alle Methoden zur Institutionalisierung der Ökonomie – Markt, Plan, Rationierung, Reziprozität – haben ihre Grenzen. Marktpraktiken, einschließlich des Arbeitsmarktes, sind Orte der Kreativität, der Unordnung und der Innovation. In einem historischen Umfeld, das so dynamisch ist wie die modernen Gesellschaften, ist der Markt ein unverzichtbarer wirtschaftlicher Interventionsmechanismus, der es erlaubt, auf neu entstehende und im Voraus nicht planbare Realitäten zu reagieren. Aber aus genau diesem Grund ist es schlichtweg selbstmörderisch, das menschliche Überleben allein diesen Kräften zu überantworten. Sich unser gesamtes Gemeinschaftsleben als frei von jeder Struktur zu imaginieren – so als wäre es komplett kontingent und als existierten keine universellen Bedürfnisse – ist einfach lächerlich. Die zentrale Planung kommt daher genau dort ins Spiel, wo es um die Versorgung mit homogenen Grundgütern geht, die in Massenfertigung hergestellt werden und zur Sicherung elementarer Rechte unabdingbar sind: Energie, Gesundheit, Transport, Wohnungen, Bildung, Breitband-Internet.

Die Reziprozität und die Kooperation nehmen eine Mittelposition ein, sie haben mit Aspekten unseres Gemeinschaftslebens zu tun, die der Markt zerstört, die aber ein höheres Maß an Interaktion mit den Nutzern voraussetzen: Kultur, Sport, Ernährung, Kleidung und andere Konsumgüter.

Dabei handelt es sich nicht um abgeschlossene Bereiche. Im Gegenteil, es existieren große Überlappungen zwischen der zentralisierten öffentlichen Intervention und dem Genossenschaftswesen oder der nicht marktförmigen Reziprozität. Ebenso kann der Kooperativismus dazu beitragen, Märkte zu schaffen, die mit ganz anderen gesellschaftlichen Kriterien reguliert werden, als wir sie heute kennen. Das Insistieren auf dem Potenzial der Planung als eines Werkzeugs zur umfassenden Demokratisierung der Wirtschaft ist nur ein Aspekt einer umfassenderen These, bei der es um das Gewicht unterschiedlicher Institutionen und kollektiver Akteure – einschließlich der Märkte, Firmen und Unternehmer – in einer egalitären postkapitalistischen Gesellschaft geht.

Aus der in diesem Kapitel dargelegten Argumentation folgt, dass die Individualisierung, auf deren Grundlage sich der Elitismus in den letzten Jahrzehnten durchgesetzt hat (und zwar auf substanziell andere Weise als zu Beginn des 20. Jahrhunderts mit der damals charakteristischen Repression), unsere politische Vorstellungskraft massiv beschnitten hat: Sie lässt uns von Alternativen zum Arbeitsmarkt fantasieren, die Letzterem ähneln. Da Kollektivverhandlungen, Genossenschaften und gewerkschaftliche Organisierung als Science-Fiction erscheinen, denken wir an individualistische Optionen – ein individuelles Universalrecht oder die massive Bereitstellung von Beschäftigung durch den Staat – zur Durchsetzung egalitärer Werte: das Recht auf Subsistenzsicherung und eine menschenwürdige Arbeit, aber auch die persönliche Selbstbestimmung. Ich glaube, dass das teilweise falsch ist. Dass bedingungsloses Grundeinkommen und staatliche Beschäftigungspolitik als extreme und sich gegenseitig ausschließende Optionen präsentiert werden, ist ein Symptom unserer Probleme. Wertvoll an beiden Vorschlägen ist, dass sie Maßnahmen aktualisieren und erweitern, die einmal Bestandteil eines sehr viel umfangreicheren Repertoires waren. Es gibt keinen Grund, warum wir uns zwischen dem Grundeinkommen und der Schaffung guter Beschäftigung durch den Staat entscheiden sollten. Tatsächlich können wir das gar nicht. Es sind vielmehr Elemente einer größeren Palette kontingenter Instrumente, die nicht perfekt sind, die immer wieder reformiert werden müssen, aber eben doch bereits über einen langen Zeitraum entwickelt worden sind. Zu ihnen gehören die öffentliche Planung, das Genossenschaftswesen, die Privatinitiative auf dem Markt, die Anerkennung von reproduktiver und Sorgearbeit und die obligatorische Gemeinschaftsarbeit. Die egalitäre Organisation unseres materiellen Lebens setzt voraus, dass wir erstens keine dieser Möglichkeiten abschreiben und uns zweitens weigern, uns zwischen ihnen entscheiden zu müssen.

6. Frauen, Männer und alle anderen

Wenn heute jemand wiederauferstünde, der oder die – sagen wir – 1820 gestorben ist, wäre er oder sie sicherlich fasziniert angesichts des Verkehrs, der Omnipräsenz künstlichen Lichts, der Maschinen, Kommunikationsmittel etc. Aber ich würde darauf wetten, dass der egalitäre Umgang zwischen westlichen Frauen und Männern die Veränderung wäre, die ihn oder sie am frühen 21. Jahrhundert am stärksten beeindrucken und ihm oder ihr die größten Anpassungsschwierigkeiten bereiten würde. Handys und Autos sind zweifelsohne spektakulär, aber am Ende handelt es sich doch um hoch entwickelte Briefe und Kutschen. Ein Windeln wechselnder oder die Klamotten seiner Familie waschender Mann, eine Frau an der Spitze einer militärischen Einheit, eine mit einer anderen Frau verheiratete Richterin – das würde die Besucher:innen aus der Vergangenheit vermutlich viel mehr durcheinanderbringen und ihr Selbstbild sowie ihre Vorstellungen von Gesellschaft erschüttern. Das Einzige, was möglicherweise einen ähnlichen Schock auslösen würde, wäre wohl der mangelnde Respekt gegenüber Adelstiteln.

Die vergangenen hundert Jahre waren eine unglaublich ereignisreiche, von Wirtschaftskrisen, politischen Brüchen und Kriegen geprägte Epoche, in der ganze Länder verschwanden und sich Machtbeziehungen rasant neu formierten. Über einen längeren Zeitraum betrachtet, stellt die Gleichheit zwischen Männern und Frauen aber eine noch viel größere Erschütterung dar, da sie den Trend der wachsenden Geschlechterungleichheit bricht, der bis in die neolithische Revolution zurückreicht. Die Geschlechterbeziehungen sind möglicherweise sogar der einzige soziale Bereich, in dem egalitäre Dynamiken über mehr als ein Jahrhundert nachhaltig, massiv und tendenziell unumstritten zugenommen haben.

Die Gleichheit zwischen Männern und Frauen ist, um einen von dem Literaturtheoretiker Raymond Williams geprägten Begriff zu verwenden, eine *long revolution*, die sich über Aufbrüche, Konsolidierungsphasen und sogar vorübergehende Rückschläge an konkreten Orten und zu konkreten Zeiten entfaltet hat. Wenn es Hoffnung gibt, dass wir in unseren komplexen und aufgeklärten Gesellschaften materielle Gleichheit verwirklichen können, dann weil wir in den vergangenen zwei Jahrhunderten Zeugen einer erfolgreichen Umkehrung von Ungleichheiten geworden sind, die auf jahrtausendealten, von ihren Verfechtern mit der biologischen Natur unserer Spezies erklärten Mechanismen beruhten.

Geschlechtergleichheit als Modell

Es gibt mindestens vier Gründe, warum man die moderne Transformation der Beziehungen zwischen Frauen und Männern als ein Modell für die emanzipatorische Kraft der Gleichheit betrachten kann. Erstens zeigen sie uns, dass positive politische Rückkoppelungsprozesse möglich sind: Je mehr Gleichheit wir erreichen, desto mehr und bessere Gleichheit wollen wir. Dies ist ein Umstand, der oft für Verwirrung sorgt und historisch zu der Unterscheidung zwischen »universalistischen« Forderungen (die angeblich alle oder die große Mehrheit der Gesellschaft betreffen) und »identitären« Forderungen geführt hat (die auf die Anerkennung von Differenz und die Achtung der Würde von Gruppen abzielen, die sich durch Merkmale wie Alter, ethnische Zuordnung, Tradition oder sexuelle Identität und Orientierung unterscheiden). Diese dichotomische Gegenüberstellung hat insofern einen wahren Gehalt, als nicht immer auf alle Forderungen nach Gerechtigkeit und Anerkennung gleichzeitig eingegangen werden kann und als es zweifelsohne Rechte und Ziele partikularer Gruppen gibt, die aufgrund ihrer Dringlichkeit oder Extension in Konflikt mit denen anderer Gruppen treten. Doch es ist ebenfalls wahr, dass die Gleichheit uns transformiert und unser Selbstbild sowie unsere Beziehungen zu den anderen radikal verändert.

Bei seiner Archivstudie über die Übersprünge der französischen Arbeiterklasse im frühen 19. Jahrhundert entdeckte der Philosoph Jacques Rancière, dass viele Forderungen der Arbeiter jener Zeit nicht allein auf eine Verbesserung der Arbeitsbedingungen abzielten, sondern auch auf Respekt. Beispielsweise war es eine verbreitete Forderung, dass der Chef beim Betreten der Werkstatt den Hut abnehmen sollte. Wenn wir uns alle als Gleiche sehen, produziert eine Zunahme an Selbstbestimmung weiteres Streben nach Anerkennung, da wir das Empfinden für unsere eigene Würde schärfen. Aus der Gleichheit zwischen Männern und Frauen ergeben sich Fragen dazu, was es bedeutet, in unterschiedlichen Phasen unseres Lebens Frau oder Mann zu sein – als Kinder, Eltern, Arbeitskollegen, Geliebte –, und ob diese Dualität das Repertoire möglicher Geschlechtsidentitäten erschöpft. Diese Fragen wiederum werfen neue Herausforderungen für den Egalitarismus auf. Das ist ein dynamischer, turbulenter Prozess, der auf viele Weisen scheitern kann und daher eine große Portion Menschenverstand, einen offenen Blick, Geduld und Großzügigkeit erfordert. Vor einigen Monaten spotteten meine Frau und ich ein bisschen über Bekannte, die in ihren Alltagsgesprächen das »e« verwendeten, um ein im Spanischen inexistentes generisches Neutrum zu schaffen (also *niñes* statt *niños*, Kinder), ein in linken Kreisen recht verbreiteter Manierismus. Eine Freundin antwortete uns: »Habt mehr Geduld mit dem Gebrabbel einer neuen Welt.« Sie meinte das eher im Spaß, hatte aber völlig recht.

Zweitens sind die Geschlechterbeziehungen fast der einzige gesellschaftliche Bereich, in dem die Vision eines egalitären Endzustands von praktisch allen geteilt wird, in dem es also nicht nur um Chancengleichheit geht, sondern um tatsächlich gleiche Repräsentation. Das für unsere liberalen Gesellschaften typische Gerechtigkeits- und Politikkonzept ist »prozedural«. Das bedeutet, dass wir einen politischen oder Verwaltungsprozess nicht dann für korrekt halten, wenn er zu dem von uns gewünschten Ergebnis führt, sondern wenn bestimmte formale Bedingungen erfüllt wurden, die wir als gerecht erachten. Beispielsweise heißen wir Wahlen gut, wenn niemand gegen die Regeln des Wahlsystems verstoßen hat – und zwar auch dann, wenn uns das Ergebnis überhaupt nicht zusagt. Dieser prozedurale Blick ist tief in unserem Verständnis des öffentlichen Lebens verankert, und es wäre verrückt, ihn einfach aufzugeben. Im Bereich der Geschlechtergerechtigkeit ist es aber so, dass immer mehr Menschen es ungerecht finden, wenn wichtige Gremien (Parlamente, Kabinette oder Vorstände von Unternehmen) nicht annähernd paritätisch mit Männern und Frauen besetzt sind – und zwar selbst dann, wenn der Selektions- oder Rekrutierungsmechanismus formal korrekt war. Hier interessiert uns also vor allem das Ergebnis, weshalb wir auf Lösungen wie beispielsweise Quotenregelungen setzen. Die Geschlechtergleichheit lehrt uns, mit solchen Spannungen zwischen »Ziel-« und »Verfahrensorientierung« umzugehen.

Drittens zeigen uns die bei der Gleichheit zwischen Frauen und Männern erzielten Fortschritte, dass Gleichheit und Freiheit in unseren Gesellschaften zwei so eng miteinander verknüpfte Phänomene sind, dass es oft schwer fällt, sie auseinanderzuhalten. Dies ahnte auch Étienne Balibar, als er den sperrigen Begriff der *égaliberté* prägte, also der Gleichfreiheit. Es gibt kein anderes Feld, wo der Gedanke, dass massenhafte egalitäre Prozesse zu einem gemeinsamen Zugewinn an Freiheit führen, ähnlich verbreitet ist; zu einem Zugewinn, der sich auf ein besseres kollektives Verständnis der Natur der Gleichheit stützt. Wenn die Normalisierung der Gleichheit voranschreitet, wird es unmöglich, Freiheit als eine Art existenziellen Zimmerservice zu verstehen; als Fähigkeit, andere auf unterschiedliche Weise und gegen ihren Willen in einem Kampf zwischen Herrschaft und Subalternität zu Handlungen zu zwingen. Aus einer Perspektive, die Freiheit als knappe Ressource betrachtet, die Einzelne zu monopolisieren versuchen, sehen wir andere Menschen als Hindernisse oder Werkzeuge für die unbeschränkte Entfaltung unserer Subjektivität. Manchmal ist dies eine realistische Einschätzung, und es wäre absurd, dies zu leugnen: Wenn ich kleine Kinder habe, hat meine Freiheit, abends auf ein Konzert zu gehen, mit der Fähigkeit zu tun, jemand anderen zu finden, der auf die Kinder aufpasst, während ich Spaß habe. Aber das ist eine sehr beschränkte Sichtweise, da sie zahlreiche Beispiele außer Acht lässt, bei denen die Selbstverwirklichung nur als gemeinsame Erfahrung möglich ist. Die Entwicklung vieler Fähigkeiten, die ich als wichtig für die Entfaltung meiner Persönlichkeit betrachte, beruht auf Gegenseitigkeit. Um ein triviales Beispiel zu nennen: Wenn es für mich wichtig ist, klassische Symphonien zu spielen, sollte ich mich um meine eigene Freiheit, diesem Interesse nachzugehen, ebenso sorgen wie um die anderer Menschen – ansonsten muss ich Beethovens 6. Symphonie als Oboen-Solo spielen. Die Gleichheit ist nicht notwendigerweise ein Nullsummenspiel wie das Pokern, wo einer gewinnt, was der andere verliert. Deshalb löst man Privilegien nicht durch »Anti-Privilegien« – oder zumindest nicht nur –, sondern durch den Ausbau der geteilten Freiheit, der gemeinsamen Fähigkeit, ein reiches und vielfältiges Leben zu führen. Für immer mehr Männer (zweifelsohne nach wie vor zu wenige) ist die Vorstellung, jemand anderes müsse für einen kochen, ungefähr so attraktiv wie das Privileg, den Hintern nach dem Toilettengang von einer anderen Person abgewischt zu bekommen, obwohl man körperlich selbst dazu in der Lage ist: eine peinliche und für alle Beteiligten unangenehme Angelegenheit.

Schließlich zeigt uns die wachsende Geschlechtergleichheit viertens, dass Gleichheit ein komplexes soziales Projekt ist, das in einem Prozess entwickelt werden muss, in dem überall Sackgassen lauern, die es zu vermeiden gilt. Vor allem erteilt sie uns wichtige Lektionen hinsichtlich der Grenzen und Unschärfen egalitärer Projekte. Gleichheit sollte nicht mit dem Versuch verwechselt werden, das Böse, Tragödien, das Gefühl der Sinnlosigkeit, Zorn oder Groll abzuschaffen – wobei es nicht immer einfach ist, das eine vom anderen zu unterscheiden. Viele Ursachen von Unbehagen werden auch in einer egalitären Gesellschaft fortbestehen – genau wie jene sozialen Unterschiede, die mit Alter, kulturellen Affinitäten, Lebensstilen oder Persönlichkeit zu tun haben und die unserer sozialen Welt Sinn geben. Ab einem bestimmten Punkt verschwimmen die Grenzen zwischen Unterschieden, die wir für legitim halten, und unerträglichen Ungleichheiten.

Die Naturforscherin Temple Grandin wurde durch originelle Verhaltensstudien mit Tieren berühmt. In einem ihrer bekanntesten Bücher erwähnt sie am Rande einen Besuch, den sie als junge Frau dem Labor von B. F. Skinner abstattete, dem Begründer des Behaviorismus. Grandin schreibt, Skinner, den sie gerade erst kennengelernt hatte, habe sie während der Unterhaltung gefragt, ob er ihre Beine anfassen dürfe. Als ich das las, schockierte mich die Selbstverständlichkeit, mit der Grandin von einem sexuellen Übergriff auf eine damals noch sehr junge Frau erzählte. Die Stelle ist ein aussagekräftiges Zeugnis einer Epoche, die teilweise immer noch die unsrige ist: Solche Situationen gehörten für die meisten Frauen so sehr zum Alltag, dass für Grandin anscheinend nur der Umstand bemerkenswert war, von einem der berühmtesten Intellektuellen der Welt so behandelt zu werden. In den letzten Jahren haben wir von einer Vielzahl ähnlicher Fälle erfahren, und immer mehr Menschen haben erkannt, dass es sich hier um ein systemisches Problem handelt, das mit hartnäckigen Ungleichheiten zwischen Männern und Frauen zu tun hat. Oder in anderen Worten: Wir sollten nicht den Fehler begehen, das Verhalten Skinners als das eines notgeilen Idioten zu betrachten (obwohl es auch das ist): Es hat mit tief verankerten sozialen Normen zu tun, die Mechanismen der sexuellen Ausbeutung etablieren und legitimieren. Gleichzeitig dürfen wir im Umkehrschluss nicht jeden schleimigen Idioten für einen Grabscher halten. Die Gleichheit schafft verachtenswertes, unangemessenes, tollpatschiges oder wenig vorbildliches Verhalten nicht aus der Welt. Ein schlechter Mensch sein oder jemanden verletzen, der sein Vertrauen in dich gesetzt hat, ist verwerflich, aber es ist nicht unbedingt dasselbe wie Machtmissbrauch. So wie Egoismus und das Ausnutzen anderer nicht immer und notwendigerweise dasselbe ist wie Ausbeutung. Weder die materielle noch die Geschlechtergleichheit werden alle Ursachen von Unglück und Zorn, von Trauer und Frustration aus der Welt schaffen.

Liebe und Familie

Einige Jahre lang unterrichtete ich einen Kurs namens »Gender-Soziologie«. Wie in allen Bereichen der Sozialwissenschaften werden hier eine Vielzahl widerstreitende Paradigmen und Theorien debattiert. In den letzten Jahren haben sich jedoch – durch extremen Konstruktivismus charakterisierte – Positionen durchgesetzt, die mir sehr unplausibel vorkommen und die vor allem sehr weit von den mich interessierenden gesellschaftlichen Problemen entfernt schienen (etwas Ähnliches beobachte ich auch bei bestimmten abstrakten Interpretationen der marxistischen Theorie). Am Ende des Semesters hatte ich oft das Gefühl, dass viele der Autor:innen, die ich im Kurs behandelte, einen absurden theoretischen Exhibitionismus an den Tag legten und dass ihre Diagnosen mit der Realität, die ich oder meine Studierenden erlebten, wenig zu tun hatten. Danach verreiste ich mit meiner Familie und einigen Paaren, die ungefähr in meinem Alter waren. Mich verblüffte, wie selbstbestimmte Frauen mit offen egalitären Ansichten im Alltag und besonders bei der Kinderversorgung Beziehungen akzeptierten, die auf mich wie Unterwerfung wirkten. Und wie Männer, die schockiert reagiert hätten, wäre ihren Töchtern irgendeine Ungleichheit widerfahren, manchmal aktiv, manchmal eher aus Trägheit absurde Privilegien für sich in Anspruch nahmen, als handelte es sich um ein Schicksal, gegen das man nichts tun könnte. Jeden September kehrte ich mit der Überzeugung an die Universität zurück, dass die radikalsten Theorien, die ich noch im Juni verachtet hatte, in Wirklichkeit die realistischsten waren.

Im Rückblick glaube ich nicht, dass ich im Juni mehr recht hatte als im September oder umgekehrt. Mein jeweiliges Urteil hatte vielmehr mit dem Umstand zu tun, dass egalitäre Prozesse in unterschiedlichen sozialen Bereichen nicht mit derselben Geschwindigkeit ablaufen. Eine weitere wichtige Lehre, die wir aus Geschlechterbeziehungen ziehen können. In den Familien haben sie sich in den vergangenen Jahrzehnten stark verändert, aber insgesamt doch langsamer als in anderen Institutionen. Auf dem spanischen Arbeitsmarkt ist, um ein konkretes Beispiel zu nennen, der Frauenanteil seit den neunziger Jahren rasant gestiegen – in den jüngsten Alterskohorten arbeiteten phasenweise mehr Frauen als Männer. Selbstverständlich existiert die Ungleichheit bei der Arbeit fort – es gibt ein Gehaltsgefälle, horizontale Segregation (Frauen sind von bestimmten Jobs ausgeschlossen) und Aufstiegsbarrieren –, sie verursacht Leid und schränkt die Möglichkeit zur Selbstverwirklichung für Millionen von Frauen ein. Doch gleichzeitig ist wahr, dass die Veränderungen der letzten Jahrzehnte sowohl hinsichtlich ihres Umfangs als auch ihres Tempos erstaunlich sind.

Verglichen mit dem Arbeitsmarkt kann man im Hinblick auf Familien zu dem Eindruck gelangen, dass die Entwicklung dort auf der Stelle tritt und dass diese in einer säkularen Trägheit gefangen sind, aus der sie sich nicht zu befreien vermögen. In Spanien widmen Frauen reproduktiven Arbeiten doppelt so viel Zeit wie Männer, und die von ihnen übernommenen Tätigkeiten gelten als unangenehmer und mühseliger. Das ist keine statische Realität, so wie auch die Familien selbst nicht statisch sind, aber die Verhältnisse verändern sich hier nur mit frustrierender Langsamkeit, weil sie dem Rhythmus der Generationen folgen, während sich der Arbeitsmarkt bisweilen innerhalb weniger Monate drastisch transformiert. Die internationale Arbeitsorganisation ILO warnte vor einiger Zeit, die Kluft bei der Hausarbeit werde sich erst in 200 Jahren schließen, wenn die Umverteilung der Hausarbeit mit der aktuellen Geschwindigkeit weitergehe.

Egalitäre Bewegungen haben der Institution Familie traditionell großes Misstrauen entgegengebracht. Die viel beschworenen Familienwerte galten ihnen stets als Erbe der Konservativen und Reaktionäre, als kaum verhüllter Widerstand gegen die Gleichheit von Frauen und Männern. Welche Fortschritte man in der öffentlichen Sphäre auch erreichte, sie wurden außer Kraft gesetzt, sobald man über die Schwelle des eigenen Heims trat, was wiederum die Möglichkeit weiterer politischer Veränderungen beschnitt. Die Linken setzten daher auf die Strategie, der Familie weniger Bedeutung beizumessen und öffentliche Räume der Sozialisation auszubauen – Kindergärten und Schulen zum Beispiel. Man sah darin eine Chance, Frauen von der Hausarbeit und abhängige Personen von ihrem familiären Umfeld zu befreien.

Meiner Ansicht nach handelt es sich dabei um einen Fall von Defätismus. Und zwar vor allem, weil egalitäre Projekte, die familiäre Bindungen überwinden oder deren Bedeutung für unser Leben reduzieren wollen, schlicht nicht sonderlich realistisch sind. Selbstverständlich gibt es viele Familien, aus denen man so schnell wie möglich ausbrechen sollte, und es ist wichtig, dass diejenigen, die sich in einer solchen Situation befinden, über die Mittel und die notwendige öffentliche Unterstützung verfügen, um dies zu tun. Aber die meisten Menschen betrachten die Familie mit all ihren Spannungen und Tragödien als einen unverzichtbaren Ort der Sozialisation. Vor allem in Spanien hat die Familie einen enormen Stellenwert. Eine Umfrage hat ergeben, dass 56 Prozent der Spanierinnen und Spanier den Aussagen zustimmen, die Generationen sollten »sich bei Bedarf finanziell unterstützen«, man solle »mit pflegebedürftigen Angehörigen zusammenwohnen, wenn diese nicht mehr allein leben können, und die Großeltern« sollten »auf die Enkel aufpassen, wenn die Eltern dazu nicht in der Lage« seien.[1] Dieselbe Ansicht vertraten in Deutschland und Frankreich nur etwa 30 Prozent und in anderen Ländern ein noch geringerer Anteil der Bevölkerung. Acht von zehn Personen in Spanien erklären, dass sie täglich den Kontakt zu Mitgliedern ihres Haushalts suchen; sechs von zehn tun dies auch mit anderen Angehörigen und bewerten diesen Austausch als sehr positiv. In der Wirtschaftskrise von 2008 nahm die Bedeutung der familiären Beziehungen sogar noch zu: Die Zahl der Menschen, die täglich oder mehrmals die Woche mit Angehörigen außerhalb des eigenen Haushalts Kontakt hatten, stieg um zehn Prozent.

In einer vor einigen Jahren erstellten Untersuchung des

---

[1] Gerardo Meil, *Individualización y solidaridad familiar*, Colección Estudios Sociales 32, Barcelona: Obra Social La Caixa 2011, S. 133.

Zentrums für soziologische Studien (CIS) bekundeten 86 Prozent der Befragten (Männer und Frauen) Zustimmung oder starke Zustimmung zu der Aussage »Die Kinder aufwachsen zu sehen ist das Schönste im Leben«. Eine vom Institut für Statistik (INE) 2018 realisierte Umfrage zur Bevölkerungsentwicklung – die erste in fast zwanzig Jahren – förderte ein erstaunliches Ergebnis zutage: Es mag sein, dass wir in digitalen, postmodernen, polyamorösen oder Risikogesellschaften leben, aber unser Kinderwunsch bleibt davon unberührt. Wie eh und je wollen die meisten Männer und Frauen Väter und Mütter werden. Selbstverständlich ist es eine exzellente Nachricht und eine große Errungenschaft, dass diejenigen, die keine Nachkommen haben wollen, zum ersten Mal in der Geschichte weder gesellschaftlichen Druck erleiden noch materielle Nachteile befürchten müssen. Aber man schätzt, dass die Zahl der spanischen Frauen, die sich bewusst, reflektiert und definitiv dafür entscheiden, keine Kinder zu haben, unter fünf Prozent liegt: Die Hauptursachen für die niedrige spanische Geburtenrate sind – mit großem Abstand – unsichere Arbeitsverhältnisse und ökonomische Probleme. Eine egalitäre Politik, die diese tief verankerte und hartnäckige Realität nicht zur Kenntnis nimmt, wird notwendigerweise nur begrenzte Wirkung entfalten.

Die Langsamkeit der Veränderungen in den familiären Beziehungen hat genau damit zu tun, dass Familien in unseren Gesellschaften zu den wenigen Orten gehören, in denen Verbindlichkeit herrscht; sie sind Netzwerke der Sicherheit in einer Welt fragiler Beziehungen. Das ist das Gute an der Familie, aber auch das, was sie so schwerfällig macht, wenn es darum geht, emanzipatorische politische Prozesse aufzugreifen. Es sind zwei Seiten derselben Medaille, und deswegen sind viele Anhänger der Gleichheit davon überzeugt, dass Familien nicht durch interne Mechanismen, sondern nur durch staatliche Dispositive zur Stärkung der Gleichheit verändert werden können. Ich halte das für einen fatalen Irrtum. Den intrinsischen Wert zu ignorieren, den die Familie für die meisten Menschen besitzt, bedeutet, den Konservativen einen Ort der Sozialisation zu überlassen, der mit Sicherheit nicht verschwinden wird. Im Verlauf der Menschheitsgeschichte hat es viele Familienmodelle gegeben, und es wäre zutiefst ethnozentrisch und kurzsichtig zu meinen, die westliche Kernfamilie sei die einzige Form der Verwandtschaftsbeziehung. Doch Familie im weiteren Sinne ist eine anthropologische Universalie. Wir kennen keine einzige Gesellschaft, in der Verwandtschaftsbeziehungen nicht ein entscheidendes Strukturelement darstellen – andere Kooperationsformen mit Nicht-Verwandten sind mehr oder weniger komplementär –, und es scheint sehr plausibel, dass dieser Umstand tief mit unserer Evolutionsgeschichte verbunden ist. Dazu kommt, dass jeder erfolgreiche egalitäre Prozess von der Existenz relativ stabiler sozialer Bindungen abhängt, die er seinerseits zu stärken sucht. Aus unterschiedlichen Gründen ist es sehr kompliziert, ein aufgeklärtes emanzipatorisches Projekt ausschließlich auf der Grundlage von Familienbeziehungen entwickeln zu wollen, aber umgekehrt ist ein solches Projekt ohne Berücksichtigung dieser Realität sehr unwahrscheinlich.

Die Familienformen variieren nicht nur stark zwischen

den Gesellschaften, sondern verbinden sich auf verwickelte Weise mit Beziehungen zu Nicht-Angehörigen – und zwar vor allem, aber nicht ausschließlich auf dem Feld der Kindererziehung. Es gibt biologische Ursachen hierfür: Wir Menschen sind eine Spezies, die sich lange durch das gemeinschaftliche Aufziehen der Kinder ausgezeichnet hat. Tatsächlich handelt es sich hierbei um eine sehr charakteristische Eigenschaft unserer Spezies. Die gemeinsame Versorgung des Nachwuchs ist unter Säugetieren wenig verbreitet, und bei den meisten nichtmenschlichen Primaten kümmern sich in der Regel ausschließlich die Mütter um die Jungen. Die kooperative Versorgung bedeutet, dass Gruppenmitglieder, die nicht die genetischen Eltern sind, zur Versorgung der Kinder beitragen. Diese Kooperationspartnerinnen werden gewöhnlich Allomütter und Alloväter genannt. Es gibt, mehr oder weniger, bürokratisierte Versionen hiervon – zum Beispiel das Personal in Kindertagesstätten oder die Mitglieder israelischer Kibbuzim –, aber sehr oft sind es nach wie vor Angehörige. So widmen in unseren Gesellschaften beispielsweise die Großeltern der Versorgung ihrer Enkel sehr viel Zeit – was im Übrigen ihre Lebenserwartung erhöht (es gibt Untersuchungen, wonach Großeltern, die sich um ihre Enkel kümmern, ein fast 40 Prozent niedrigeres Sterberisiko haben als andere Personen in ihrem Alter). Die Vielfalt unserer Familienstrukturen und die Möglichkeit, Letztere neu zu erfinden, ändern nichts an der Bedeutung, die Verwandtschaftsbeziehungen für unsere Bindungen und Solidaritätsbeziehungen haben: Sie sind Bestandteil tief verankerter Werte, und ich kann keine guten Gründe erkennen, warum man daran etwas ändern sollte. Deshalb werden bürokratische Fantasien, Familien durch vermeintlich rationale staatliche Systeme zu ersetzen, von vielen Menschen als schreckliche Dystopien wahrgenommen, die einen wesentlichen Aspekt menschlichen Daseins einfach ausradieren wollen.

Wenn es uns nicht gelingt, die Familienbeziehungen in unser egalitäres Projekt zu integrieren und dafür zu sorgen, dass sich beide wechselseitig verstärken, wenn wir uns nicht vorstellen können, dass die Gleichheit auch die affektiven Beziehungen zwischen zusammenlebenden Erwachsenen, unsere Sorge für Kinder, Enkel oder Neffen, die Unterstützung anderer pflegebedürftiger Verwandter usw. transformieren kann, dann wird unser politisches Projekt sehr begrenzt bleiben. Denn wenn es etwas gibt, dessen wir gewiss sein können, dann ist es der Umstand, dass unsere Kinder enge Beziehungen zu ihren Geschwistern haben, dass Eltern auch weiterhin ihre Kinder lieben und dass Großeltern sich auch in Zukunft darüber freuen werden, wenn sie sich um ihre Enkel kümmern können.

Etwas Ähnliches geschieht mit der romantischen Liebe, die viele neuere Autoren insofern mit der Unterwerfung der Frauen assoziieren, als sie ihrer Meinung nach dazu beiträgt, Frauen einen Lebensentwurf zu vermitteln, der durch die Suche nach einem männlichen, der eigenen Existenz Sinn stiftenden Partner bestimmt ist. Schlimmer noch, die romantische Liebe ist angeblich eine Instanz absoluter Versöhnung, die alle Arten der Unterordnung, Aufopferung, Demütigung und sogar körperliche Angriffe legitimiert. Auch hieran ist ein Teil durchaus richtig. Ich glaube, es ist unbestreitbar, dass die romantische Liebe bisweilen dazu diente, brutale, sich am Rand der sexuellen Sklaverei bewegende Ungleichheitsbeziehungen zu überzuckern. Aber sie war weder der einzige Mythos, der hierzu verwendet wurde, noch ist dies die einzige Form, die sogenannte romantische Liebe zu leben. Teilweise war und ist die romantische Liebe auch ein Zufluchtsort, der in einer Welt instrumenteller Beziehungen Verbindlichkeit garantiert. Sie ist eine beschränkte und naive Version des Strebens nach einem gemeinsamen Lebensentwurf jenseits des Marktes: ein verzerrter Reflex der legitimen und ethisch noblen Suche nach Beziehungen, die keinem Zweck dienen. Die romantische Liebe repräsentiert zumindest in einigen ihrer Erscheinungen einen Bruch mit dem egoistischen Kalkül, das uns dazu anhält, nur dann Gefühle in eine Beziehung zu »investieren«, wenn dies irgendeinen Nutzen verspricht: seelische Befriedigung, sexuelle Lust etc. Und manchmal entfaltet dieser Bruch auch emanzipatorische Wirkung. Beispielsweise glaube ich, dass die romantische Liebe entscheidend zum kulturellen Sieg über die Homophobie beigetragen hat. Die Einsicht – bei der Hollywood-Schnulzen eine nicht zu unterschätzende Rolle gespielt haben –, dass die Homophobie eine lebenswichtige Erfahrung wie die Liebe verstümmelt, trug zur Normalisierung homosexueller Beziehungen sicherlich ebenso bei wie abstrakte Reflexionen zum Zivilrecht oder die Dekonstruktion des sozialen Geschlechts. Deshalb war der Kampf um die Legalisierung der homosexuellen Ehe selbst für diejenigen, die wir der

Institution der Ehe misstrauen, eine symbolisch so bedeutende Schlacht.

Wie im Fall der Familie ist die mit sexueller Lust vermischte, aber nicht darauf beschränkte Liebe ein praktisch universelles Phänomen, das im Verlauf der Geschichte in sehr vielen Gesellschaften existiert hat und nicht auf heterosexuelle Beziehungen beschränkt war. Unsere Kultur hat sie auf sehr spezielle Weise geformt und mit der Herrschaft von Männern über Frauen, mit Monogamie und sexueller Unterdrückung verknüpft, doch dies muss keineswegs immer so sein. Liebe ist eine zentrale Erfahrung im Leben von Millionen von Männern und Frauen und einer der wichtigsten Bestandteile unserer Kultur (wenn zukünftige Anthropologen unsere kulturelle Produktion – Lieder, Filme, Romane – untersuchen, werden sie uns für fanatische Anhänger einer Liebesreligion halten). Die Annahme, die romantische Liebe sei mit egalitären Beziehungen unvereinbar, stellt eine massive Beschränkung emanzipatorischer Projekte dar. Andere, auf den ersten Blick freiere Liebesbeziehungen können ebenso verformt und korrumpiert werden. Gewiss gibt es Menschen, die polyamoröse Beziehungen als Möglichkeit leben, jener Selbstverwirklichung nachzugehen, die auf Zusammenleben, Verbindlichkeit und gegenseitiger Leidenschaft beruht: gewissermaßen eine weiter entwickelte, gemeinsam reflektierte, verbesserte Form der romantischen Liebe. Doch für andere Menschen ist die Polyamorie nicht viel mehr als ein Supermarkt flüchtiger Konkurrenzbeziehungen, deren einziger Sinn im erzielten Nutzen besteht; eine Wettbewerbsantwort auf den sexuellen Mangel, bei der die auf dem Markt herrschende Logik der Ungleichheit auf die Sphäre der Emotionen übertragen wird. Es gibt einen Werbeclip einer bekannten Dating-App, in dem ein junge Frau sagt: »Wir brauchen meine andere Hälfte nicht zu finden, ich bin schon vollständig.« Die Überwindung der Vorstellung, dass es für Frauen im Leben nichts Wichtigeres gibt, als sich eine »andere Hälfte« zu suchen, sollte für jeden egalitär denkenden Menschen politische Priorität haben. Doch dieses emanzipatorische Projekt mit der Idee zu verwechseln, dass wir allein »schon vollständig« sind und nur ein Instrument wie eine Dating-App benötigen, um dem gelegentlichen Bedürfnis nach sexueller Befriedigung nachzugehen, ist ein Rezept zur geteilten Unterwerfung.

Männer und andere Überbleibsel der Vergangenheit

Wenn die Gleichheit zunimmt, befinden sich diejenigen, die zuvor einer herrschenden Gruppe angehörten, in einer eigenartigen Lage. Erstens, weil systemische Veränderungen sich auf unterschiedliche Menschen sehr verschieden auswirken können. Selbstverständlich sollte es uns nicht allzu sehr beschäftigen, ob eine Handvoll Spekulanten die Enteignung ihrer Güter als traumatisch erleben könnte. Das Problem ist, dass dies zwar einen bedeutenden, letztlich aber kleinen Aspekt der Gleichheit ausmacht. Umfassende und weitreichende materielle Gleichheit setzt nicht nur die Umverteilung des Vermögens einer verschwindend kleinen Gruppe von Superreichen voraus. Sie macht auch Veränderungen im Leben von Millionen Lohnabhängigen erforderlich, die bei allen komparativen Vorteilen, in deren Genuss sie kommen mögen, jeden Tag hart arbeiten und keinem obszönen Luxus frönen (sie sind das, was wir uns manchmal unter »Mittelklasse« vorstellen). Eine neue und bessere Gesellschaft müssen wir mit ihnen, nicht gegen sie imaginieren. Etwas Ähnliches geschieht auch bei den Geschlechterbeziehungen. Uns sollte nicht im Geringsten interessieren, was mit jenen Männern geschieht, die sich auf ihren Privilegien ausruhen. Wenn Gleichheit traumatisch für sie ist, ist das auch weiterhin ihr Problem. Doch andererseits machen Männer die Hälfte der Gesellschaft aus, und ein egalitäres Projekt ist nur umsetzbar, wenn sie sich daran beteiligen.

Über die hierfür notwendigen Schritte wird hitzig gestritten, und das ist nur logisch, weil wir uns auf neuem Terrain bewegen, im Dunkeln tappen. Zuletzt hat sich die Vorstellung verbreitet, Gleichheit bedürfe so etwas wie einer Selbstprüfung, Männer – in geringerem Umfang auch Frauen – müssten sich einer rigorosen Selbstkritik unterziehen, um sich von ihrem Machismo zu reinigen. Eine nicht übertrieben sympathische Idee, für die es allerdings einige überzeugende Argumente gibt. Moralische Übungen und die Auseinandersetzung mit der Frage, welche Art von Mensch ich werden sollte und welche Schritte ich dafür machen muss, sind keine trivialen Aufgaben. Doch es stimmt eben auch, dass sich solche Übungen, wenn sie die einzigen Mittel bleiben, mit denen Männer sich am Fortschritt der Geschlechtergleichheit beteiligen, in ein exhibitionistisches Spektakel von zweifelhafter Wirksamkeit verwandeln (die Geschichte der Religionen vermittelt uns einen lebendigen Eindruck von den Problemen solcher Konversionsprozesse und Gewissensprüfungen).

Ich glaube, dass Momente der Selbstüberprüfung automatisch entstehen und eine positive Wechselwirkung entfalten können, wenn sie als Bestandteile eines (zumindest teilweise) gemeinsamen Projekts verstanden werden. Es wäre absurd, von Frauen zu verlangen, sie sollten geduldig und mit Gleichmut darauf warten, dass Männer von sich aus Freude am Betreuen von Kindern entdecken oder den moralischen Nutzen erkennen, der sich einstellt, wenn sie Personen des anderen Geschlechts als Gleiche behandeln. Der Geschlechterkampf existiert und ist drängend. Aber neben diesen Widersprüchen gibt es auch gemeinsame Probleme, selbst hinsichtlich der extremsten Ungleichheiten. Eines der verbreitetsten Argumente der extremen Rechten gegen Gesetze zur Bekämpfung männlicher Gewalt lautet, dass es sich um diskriminierende Regelungen handelt, weil auch Männer von häuslicher Gewalt betroffen sein können. Als Antwort werden hier normalerweise Statistiken angeführt: Zweifelsohne gibt es Männer, die von Frauen angegriffen werden, aber sie sind nur eine verschwindend kleine Minderheit. Ein weiteres und, wie ich glaube, wichtigeres Argument lautet, dass sehr viele Männer Männergewalt aus erster Hand kennen – und zwar in Form von Gewalt, die ihnen durch andere Männer zugefügt wurde. Wenn es Männern gelingt, sich vorzustellen, was es für eine Frau bedeutet, jederzeit zum Opfer eines Angriffs werden zu können, dann liegt das nicht nur an ihrem Einfühlungsvermögen, sondern auch daran, dass viele von ihnen etwas Vergleichbares erlebt haben: Übergriffe an Schulen, Gewalt im Sport, sexualisierte Gewalt, Mobbing durch Gleichaltrige, die Gewalt in Kneipen und auf Feiern.

Vor vielen Jahren war ich mit einem Freund abends aus. Als wir uns verabschiedeten, setzte er seine Brille auf. »Warum das denn?«, fragte ich. »Damit ich sehe, ob mir jemand folgt«, antwortete er. Er erzählte, dass er auf dem nächtlichen Heimweg mehrmals von Jugendlichen beschimpft und angegriffen worden war. Ich will damit nicht behaupten, dass Männer und Frauen gleichermaßen unter Männergewalt leiden, weder hinsichtlich der Intensität noch in ihrem Ausmaß. Ich glaube jedoch, dass die bestehenden Überlappungen – die größer und komplexer sind, als wir uns das manchmal vorstellen – teilweise erklären, warum immer mehr Männer wahrnehmen, dass die Ungleichheit der Frauen Teil eines Systems ist, das auch auf sie negative Auswirkungen hat. Ich glaube, dass sich mein Kumpel ohne Zögern die feministische Parole zu eigen gemacht hätte: »Wenn ich nach Hause gehe, will ich frei und nicht mutig sein.« Auch wenn es natürlich vielfältige Konflikte und von Ausbeutung geprägte Beziehungen gibt, haben Frauen und ein großer Teil der Männer doch auch gemeinsame Ziele; sie sind durch Solidarität und durch gemeinsame Interessen geeint.

Möglicherweise geschieht mit den Tugenden (und nicht nur mit dem Leiden) etwas Vergleichbares. In meinen Zwanzigern stand ich am Bahnhof einmal neben einer älteren Frau mit einem riesigen Koffer. Ich bot ihr meine Hilfe an: Ich hob ihren Koffer in den Zug und stellte ihn ins Gepäckfach. Sie bedankte sich, wandte sich einigen jungen Frauen hinter uns zu und sagte: »Es gibt noch Männer.« Die Frauen lachten, und ich wurde knallrot im Gesicht. Trotzdem begriff ich, was die Bemerkung aussagen sollte.

Über viele Jahre haben sich Denkerinnen bemüht zu zeigen, welche positiven Werte in Räumen entstehen und gepflegt werden, die von weiblicher Sozialisation geprägt sind. Es ist erschreckend, dass Frauen gezwungen waren, sich ausschließlich Hausarbeiten zu widmen, und keine von Männern monopolisierten Tätigkeiten übernehmen durften. Das hat die Entwicklungsmöglichkeiten von Milliarden Menschen begrenzt und war eine immense Belastung für Gesellschaften, die sich selbst fünfzig Prozent ihres Talents, ihrer Vorstellungskraft und ihrer Möglichkeiten beraubten. Aber auch wenn man diese Selbstverstümmelung zu Recht bedauert und sie so schnell wie möglich beseitigen will, sollte man nicht übersehen, dass an den Orten der Unterwerfung Fähigkeiten wie Solidarität, Fürsorge oder Selbstdisziplin gepflegt wurden, die es zu bewahren lohnt. Sie sind nicht auf feminisierte weibliche Räume beschränkt. Subalterne Gruppen leben im Allgemeinen in einer eng begrenzten sozialen Realität, aber selbst in diesen Zonen der Diskriminierung sind sie in der Lage, Normen der gegenseitigen Hilfe, politische Kreativität und eigene ästhetische Ausdrucksformen zu entwickeln, die für die Gesellschaft insgesamt ein wertvolles moralisches Erbe darstellen. Die Arbeiterorganisationen beispielsweise reagierten auf die Ausbeutung, indem sie Solidarmechanismen wie die Arbeitslosenhilfe erschufen und mit Instrumenten der sozialen Gerechtigkeit experimentierten, die später verallgemeinert wurden. Ganz ähnlich haben Frauen Praktiken beispielsweise der Sorgearbeit bewahrt und entwickelt, deren zentrale gesellschaftliche Bedeutung wir anerkennen und universalisieren sollten. Nicht um zu rechtfertigen, dass Frauen sich weiterhin exklusiv um diese Aufgaben kümmern, sondern im Gegenteil, um zu begreifen, dass wir, wenn wir diese Arbeit nicht gleichberechtigt übernehmen, der Hälfte der Gesellschaft eine nicht zu rechtfertigende Last aufbürden, dass dies zahlreiche Probleme schafft (die sogenannte »Pflegekrise«) und dass dadurch auch jene Menschen in ihrer Selbstverwirklichung beschnitten werden, die solche Aufgaben nicht übernehmen.

Doch vielleicht sind auch in Räumen männlicher Sozialisation Fähigkeiten entwickelt worden, die es zu reformieren und zu erweitern lohnt. Beispielsweise ist die Vorstellung, dass Menschen – Frauen und Männer –, die stärker sind (oder irgendwelche anderen Fähigkeiten besitzen), anderen helfen sollten, ein wichtiger moralischer Fortschritt, der von den Regeln maskuliner Höflichkeit deformiert und pervertiert wurde. Diese potenziell positiven Aspekte der eigenen Identität zu entdecken, sie von sexistischen Zuschreibungen zu befreien und zu universalisieren ist auch eine Möglichkeit, gemeinsame Projekte zu entwickeln, bei denen Männer herausfinden können, dass sie zu einer gleicheren Welt etwas beitragen können, ohne sich komplett neu erfinden zu müssen.

Ich glaube, dass die wachsende historische Gleichheit zwischen Frauen und Männern uns alltäglich den gelebten Beweis liefert, dass das egalitäre Projekt möglich und wünschenswert ist. Außerdem vermittelt sie uns eine Vorstellung von der enormen Komplexität eines politischen Vorhabens dieser Größe. Nicht nur, weil die sich ihm widersetzenden elitären Kräfte stark sind, sondern auch aufgrund seiner inneren, teilweise enormen Spannungen und Dilemmata. Die gute Nachricht ist, dass der Umgang mit den Widersprüchen der Gleichheit eine Bereicherung sein kann: Er führt uns zu einer besseren, tieferen und auch freieren Gleichheit. Er entfernt uns vom Egalitarismus aus Neid und hilft uns, die Gleichheit in eine Quelle der Selbstverwirklichung zu verwandeln. Im kommenden Kapitel werde ich ein Phänomen untersuchen, das unter umgekehrten Vorzeichen steht: den Umstand nämlich, dass einige gesellschaftliche Transformationen jüngeren Datums – die nicht direkt mit Arbeit und Ökonomie zu tun haben – eine Hürde für den Egalitarismus darstellen.

7. Gleichheit mit allen

Einer griechischen Legende zufolge erschufen die Götter im Olymp die Tiere, indem sie Erde und Feuer miteinander mischten. Als sie über die Beschaffenheit der Arten entscheiden mussten, achteten sie sehr darauf, Stärken und Schwächen ausgeglichen zu verteilen. Es war harte Arbeit, die vielen Tiere herzustellen, und die Götter wollten verhindern, dass einige starke Tiere die übrigen innerhalb weniger Tage verschlangen. Deshalb gaben sie einigen Krallen und Stoßzähne, anderen leichte Körper und schnelle Beine. Manche machten sie groß und wild, andere glatt und wendig, sodass sie sich in Ecken und Winkeln verstecken konnten. Die Götter vergaßen nicht, dass die Tiere Kälte, Regen und Sonne aushalten können mussten, und bedeckten ihre Körper deshalb mit Haaren, Federn oder Schuppen.

Die griechischen Götter waren aber auch ein bisschen zerstreut. Als sie mit den Tieren fertig waren und mit den Menschen anfangen wollten, stellten sie fest, dass sie die Aufteilung der Fähigkeiten falsch kalkuliert hatten und für die Menschen nichts übrig war. So fehlten diesen langgezogenen, dünnen zweibeinigen Wesen Flügel, Hufe und ausreichend Fell, um sich vor dem Winter zu schützen. Ein Desaster. Prometheus hatte Mitleid, raubte Athene etwas von ihrem Verstand und schenkte ihn den Menschen. So waren diese in der Lage, Häuser zu bauen, das Feuer zu nutzen und Kleider oder

Waffen herzustellen, um sich zu wärmen und zu verteidigen.

Unglücklicherweise war dies nicht genug. Da die Menschen isoliert voneinander lebten, wurden sie für den Rest der Tiere zur einfachen Beute. Gelegentlich versuchten sie, sich zu Gruppen zusammenzuschließen, doch sie konnten sich nicht einigen und stritten die meiste Zeit. Also musste Zeus, der Götterkönig, das Heft in die Hand nehmen und für das Überleben der Menschen sorgen. Er verlieh ihnen den Gerechtigkeitssinn, damit sie sich organisieren und zusammenleben konnten.

Zeus musste dabei eine wichtige Entscheidung treffen. Prometheus hatte Wissen und Talente ungleich verteilt. Er glaubte zu Recht, dass nicht alle Menschen gut in Musik, Medizin, Sport oder Mathematik sein müssen. Ein einziger Arzt kann viele Menschen heilen, ein einziger Komiker eine ganze Arena zum Lachen bringen. Vielleicht, so dachte Zeus, wäre es mit dem Gerechtigkeitssinn ebenso? Doch nein, er entschied sich anders. Es würde keine Experten für Gerechtigkeit geben. Alle Menschen sollten die gleiche Fähigkeit besitzen, zwischen gerecht und ungerecht zu unterscheiden.

Diese Legende wird in Platons Schrift *Protagoras* erzählt. Sie besagt nicht, dass alle individuellen Meinungen gleich viel wert seien, sondern läuft auf etwas Irritierenderes hinaus, das zugleich die Grundlage der Idee der Demokratie darstellt. Der einzige uns zur Verfügung stehende Mechanismus, um festzustellen, ob die unser Leben regelnden Normen gerecht sind, besteht darin, uns zu vergewissern, dass wir sie mit allen anderen gemeinsam vereinbart haben bzw. dass sie das Ergebnis eines inklusiven, deliberativen Prozesses gewesen sein könnten. Dabei müssen wir auch mit Leuten kooperieren, deren Ideen wir nicht schätzen oder von denen wir nie gedacht hätten, dass sie etwas zu sagen haben, und wir müssen die mit diesem Prozess einhergehenden Schwierigkeiten akzeptieren. Es ist ein wenig wie in einem Orchester: Man kann an der Klarinette oder Harfe sehr gut sein, doch eine Symphonie lässt sich nur mit anderen zusammen interpretieren, ob sie ihre Instrumente nun gut spielen oder schlecht.

Die Frage ist, was dieses »mit allen« bedeutet. Wie konstituiert sich diese Gesamtheit? Auf welchen Voraussetzungen und Verfahren beruht sie? Dies stellt ein gewaltiges Dilemma für jedwede Gemeinschaft dar, aber in modernen Gesellschaften nimmt es ein enormes Ausmaß an. Von der Antwort auf dieses Problem hängt der Erfolg einer egalitären, sprich demokratischen Politik ab. In diesem Kapitel erörtere ich, wie sich die wachsende Fragilität sozialer Beziehungen – die Auflösung gemeinschaftlicher Bindungen – auf die Gleichheit auswirkt. Die Schlussfolgerung aus den beiden Kapiteln, die der Reorganisation der Wirtschaft aus egalitärer Perspektive gewidmet waren, lautete, dass es, obgleich wir über ein großes Repertoire erprobter Alternativen zum Markt verfügen, kein einfaches Rezept gibt, um sie auf gerechte, effiziente und nachhaltige Weise miteinander zu kombinieren. In Anbetracht dieser intrinsischen Komplexität können wir uns nur einer Sache sicher sein: Unabhängig davon, wie das spezifische Arrangement der egalitären Optionen ausfällt, muss es dazu beitragen, die Ökonomie wieder in unsere sozialen Beziehungen zu integrieren. Wirtschaftliche Gleichheit kann vieles bedeuten, doch mit Sicherheit gehört dazu auch, Ökonomie als etwas zu begreifen, zu dem das Baden unserer kleinen Kinder ebenso gehört wie die Produktion von Energie oder Konsumgütern. Es handelt sich um ein Unterfangen, das genau deshalb mit sozialer und politischer Organizität, also mit dem Ineinander-verwoben-Sein einer Reihe einigermaßen kohärenter sozialer Beziehungen zu tun hat, die wir als gemeinsames Projekt verstehen können. Anders ausgedrückt: Wir stehen nicht vor der Alternative Herrschaft des Marktes oder Planung, sondern Herrschaft des Marktes oder Wirtschaftsdemokratie, wobei Letztere ihrerseits umfassende gesellschaftliche Bedingungen hat.

Gemeinsam?

Ein Verwandter erzählte mir einmal, dass ihm ein Polier vor vielen Jahren während des Baus einer Hafenanlage eine kleine Gruppe Arbeiter zuteilte, um Zementsäcke von einem Lkw zu entladen. Die Hilfsarbeiter betrachteten die Säcke unmotiviert und ließen den Vorarbeiter schließlich wissen, dass man die Arbeit nicht machen könne, weil die Säcke zu schwer seien. Der Polier wurde wütend und sagte: »Wie – das geht nicht?« Und um es ihnen vorzumachen, zog er die Jacke aus, krempelte die Ärmel hoch, warf sich einen Sack über die Schulter und trug ihn schwitzend und schnaufend vom Lkw herunter. »Was jetzt? Kann man die Säcke tragen oder nicht?«, fragte er die Arbeiter. Gelassen antwortete einer von ihnen: »Klar – wenn man sich anstrengt.«

Mir scheint diese Geschichte eine tiefe politische Lektion zu beinhalten. Wir wollen, dass der Prozess egalitärer politischer Deliberation ohne Anstrengungen verläuft. Deshalb werden in linken Bewegungen so gern organische oder gar botanische Metaphern verwendet: *Bottom-up*-Bewegungen, *grassroots*, Netze. Wir wollen, dass die Demokratie kommt, ohne dass wir uns in Athleten des Aktivismus verwandeln oder auf bürokratische Werkzeuge zurückgreifen müssen, die die Demokratie am Ende pervertieren. Wir wollen die Gesetze unserer Stadt mitgestalten, uns selbst regieren, aber nicht ununterbrochen mobilisiert sein müssen; wir wollen Zeit zum Lesen, für unsere Kinder, für Sport und zum Ausgehen mit den Freunden haben. Deshalb erweist sich der Aufruf zu politischem Heldentum letzten Endes als demobilisierend: Er bringt die Leute dazu, sich von der Politik abzuwenden. Wenn uns irgendein Braveheart während einer flammenden Rede fragt: »Was seid ihr – Männer oder Hasen?«, antworten wir: »Na, wenn du so fragst, eher Hasen.«

Ich glaube, dass das der Grund ist, warum die Idee des »Gemeinsamen« und der »Gemeinschaft« so große Anziehungskraft in unseren postmodernen, immer schwerer zu lesenden Gesellschaften ausübt: Sie bezieht sich auf ein gegenseitiges Verständnis, das zumindest bis zu einem gewissen Punkt von allen Mitgliedern einer Gruppe geteilt wird. Dabei handelt es sich nicht einfach um

Konsens, nicht um eine Vereinbarung zwischen grundlegend unterschiedlichen Positionen, die auf Verhandlungen und Kompromissen beruht, für die man »Stärke zeigen« muss. Wahrscheinlich besitzt der Begriff der Gemeinschaft deshalb fast ausschließlich positive Konnotationen – von der »Eigentümergemeinschaft« einer Immobilie einmal abgesehen. Es gibt unzählige Punk-Songs, die die »Gesellschaft« verachten und ihr alle möglichen Übel vorhalten; doch ich kenne nur ein Lied, das die Gemeinschaft attackiert. Adjektive wie »gemeinschaftlich« oder »gemeinsam« verleihen fast allen Dingen einen besänftigenden Beiklang. Deshalb startete eine galicische Bank mit einer von Korruptionsskandalen und Immobilienspekulation geprägten Firmengeschichte vor einigen Jahren eine Werbekampagne mit dem Slogan »Gemeinsam fühlen«.

Das Konzept der *comunidad* (Gemeinschaft) und das damit zusammenhängende Vokabular – *común* (gemeinsam), *procomún* (Gemeinwohl), Commons (Almende) – ist in den Wortschatz der sozialen Bewegungen eingegangen. Es hat sogar vielen linken Kommunalisten, darunter der Gruppe Barcelona en Comú, die mit Ada Colau die Bürgermeisterin von Barcelona stellt, ihren Namen gegeben. Die Idee des Gemeinsamen versucht, die besten Aspekte des egalitären Erbes sozialdemokratischer Politik aufzugreifen, ohne sich die bürokratischen und etatistischen Elemente zu eigen zu machen.

Doch es ist schwer zu definieren, was eine Gemeinschaft eigentlich ist, und wir tun dies fast immer in Abgrenzung: Gemeinschaft ist das, was vor dem Triumphzug von Markt und Individualisierung existierte. Als man in der Philosophie und den Sozialwissenschaften anfing, systematisch über Gemeinschaft zu reden, geschah dies auf problematische Weise: Sie wurde denunziert oder ihre Zerstörung gefeiert. Dabei beobachteten schon die klassischen Soziologen des 19. Jahrhunderts eine Tatsache, die wir niemals aus dem Blick verlieren sollten. Das, was viele traditionelle Gemeinschaften zusammenhält, ist die kulturelle und soziale Homogenität. Wir sollten uns also zunächst fragen, bis zu welchem Grad ein gemeinsames Selbstverständnis dieser Art mit urbanen und heterogenen Gesellschaften wie unseren kompatibel ist, in denen sehr unterschiedliche Lebensentwürfe koexistieren und wo ein hohes Maß individueller Freiheit als unverzichtbare Errungenschaft gilt.

Aus Sicht eines an entwickelte Demokratien angepassten Egalitarismus sind nicht alle Formen traditioneller kommunitärer Selbstregierung nützlich oder wünschenswert. Bei Weitem nicht alle. Oft haben solche Gemeinschaften Aberglauben, Patriarchat und kollektive Unterdrückung befördert, und ihre Stärkung hat mehr als einmal in der Geschichte schrecklichen Entwicklungen Vorschub geleistet. Beispielsweise wuchs der Nationalsozialismus in der Zwischenkriegszeit sehr viel schneller in jenen deutschen Städten, in denen es ein starkes Vereinsleben gab (wobei die Arbeiterklasse und die katholische Bevölkerung hier wichtige Ausnahmen bildeten). Der Grund hierfür ist, dass Personen, die zu festen Stammtischrunden gehörten, Mitglieder in Alpen- oder Wandervereinen waren oder in Chören sangen, mehr Möglichkeiten hatten, mit einem NSDAP-Mitglied in Berührung zu kommen.[1]

Trotz dieser Einwände glaube ich, dass hinter dem heute zu beobachtenden Interesse an der Gemeinschaft eine richtige und kluge Intuition steckt. Emanzipatorische Gleichheit bedarf nicht nur politischer und rechtlicher Instrumente – wie gefestigter demokratischer Institutionen – sowie materieller Voraussetzungen, sondern auch eines dichten Netzes stabiler sozialer Beziehungen. In liquiden und individualistischen Gesellschaften sind tiefgreifende emanzipatorische Prozesse schwer vorstellbar.

Im letzten Jahrzehnt hat sich in der politischen Linken die Sichtweise der 99 gegen das eine Prozent durchgesetzt, als ob eine sehr breite gesellschaftliche Mehrheit objektive Interessen teilte und egalitärer politischer Wandel ein konfliktfreier, konsensualer Prozess sein könnte. Dies ist in mehrerlei Hinsicht eine völlig falsche Idee. Eine deprimierende Schlussfolgerung vieler Analysen der Ungleichheit lautet, dass selbst aus heutiger Sicht radikal erscheinende egalitäre Maßnahmen zumindest kurzfristig nur einen sehr bescheidenen Effekt hätten. Anthony Atkinson, in der zweiten Hälfte des 20. Jahrhunderts der vielleicht wichtigste Experte für soziale Ungleichheit, schätzte, dass durch die Umsetzung von fünfzehn langfristigen

---

1 Vgl. Shanker Satyanath/Nico Voigtländer/Hans-Joachim Voth, »Bowling for fascism: Social capital and the rise of the Nazi party«, NBER Working Paper 19201 (Juli 2013), online verfügbar unter: {https://www.nber.org/system/files/working_papers/w19201/w19201.pdf}.

Maßnahmen zur Förderung der Gleichheit – darunter höhere Steuersätze für die oberen Einkommen, Steuererleichterungen für die Armen, Kindergeld und die Deckelung von Spitzengehältern – der Gini-Koeffizient[2] nur um 5,5 Prozent sinken würde, was weniger ist als die Zunahme der Ungleichheit in Westeuropa in den vergangenen dreißig Jahren.[3] Nur um die Folgen der neoliberalen Revolution umzukehren und zum Ausgangspunkt der Siebziger zurückzukehren, bräuchten wir also egalitäre ökonomische Maßnahmen, die uns heute beinahe utopisch erscheinen.

Die Moral der Geschichte lautet, dass materielle Gleichheit mehr als alles andere ein langfristiges politisches Ziel ist, dessen Realisierung eines eisernen kollektiven Willens bedarf. Es reicht weder, die Bedingungen zu verbessern, unter denen wir am Spiel der Marktkräfte teilnehmen, noch die Spielregeln zu modifizieren: Das Spiel selbst muss geändert werden. Wenn man die Gleichheit als Nebenprodukt einer auf Versöhnung abzielenden Politik versteht, die zwar mit tiefgreifenden Veränderungen einhergeht, aber große gesellschaftliche Erschütterungen ver-

---

2 Der Gini-Koeffizient ist ein Maß für die Ungleichverteilung von Einkommen, Vermögen oder anderen Gütern, er kann zwischen 0 und 1 liegen. Bei 0 haben alle Mitglieder einer Gruppe gleich viel von einer Ressource, bei 1 gehört alles einer Person. In Spanien beispielsweise lag der Gini-Koeffizient der verfügbaren Einkommen 2003 bei etwa 0,32, bis 2015 stieg er auf knapp 0,36 (Anm. d. Ü.).
3 Vgl. Anthony B. Atkinson, *Ungleichheit. Was wir dagegen tun können*, aus dem Englischen von Hainer Kober, Stuttgart: Klett-Cotta 2016.

meidet, dann verzichtet man von vorneherein auf die Gleichheit. Jede politische Transformation in diese Richtung impliziert Brüche, Kosten und Konflikte, also gesellschaftliche Risiken, die wir kaum eingehen werden, wenn wir nicht sicher sind, dass wir uns gegenseitig unterstützen und auch dann an diesem essenziellen Ziel festhalten werden, wenn die Dinge sich anders entwickeln als erwartet. Und in verschiedener Hinsicht wird es gewiss nicht so laufen, wie erhofft: Wie wir in den vorhergehenden Kapiteln gesehen haben, ähnelt materielle Gleichheit in modernen Gesellschaften einem komplexen Baukastensystem, das immer wieder neu angepasst werden muss. Deshalb gibt es für die Gleichheit nicht nur rechtliche Voraussetzungen, wie die liberale Tradition glaubte; und auch nicht nur materielle, auf denen die Marxisten insistieren. Sie beruht vor allem auf im gesellschaftlichen Sinne politischen Voraussetzungen, auf zwischenmenschlichen Bindungen, die verlässlicher sind als jene, die uns die liquiden postmodernen Gesellschaften bieten.

Die traditionelle Antwort der politischen Linken lautet, dass die Klasse diese Bindung ist, die Gemeinschaft der durch ihre Ketten vereinigten Lohnarbeiter. Da ist sicherlich etwas dran. Der Kapitalismus versetzt sehr viele Menschen in die Lage, über den Narzissmus kleiner Differenzen hinaus gemeinsame materielle Interessen zu erkennen und auf diese Weise universalistische Emanzipationsprozesse voranzutreiben. Doch gleichzeitig ist diese Betrachtung etwas kurzsichtig. Erstens sind die Gesellschaften heute sehr divers, und in ihnen überlagern sich verschiedene Lebensbedingungen, die ebenso objektiv sind wie das Lohnarbeitsverhältnis. Selbst im Bereich der Arbeit sind die Bedingungen, denen sich die verschiedenen Beschäftigtengruppen ausgesetzt sehen, nicht allein ein Effekt des Marktes, und die Unterschiede zwischen den Lohnabhängigen können genauso bedeutend oder sogar bedeutender sein als die Gemeinsamkeiten – wie sich beispielsweise in der geschlechtsspezifischen Ungleichheit zeigt. So wies die Historikerin Selina Todd darauf hin, dass die überwiegend weiblichen Haushaltsangestellten die größte Beschäftigtengruppe im Großbritannien der zwanziger Jahre des 20. Jahrhunderts stellten. Und das sogenannte »Bedienstetenproblem« – die steigende Zahl von Arbeitskonflikten mit Haushaltsangestellten – war ein entscheidendes Motiv, warum sich die Mittel- und Oberklasse angesichts der Forderungen der Arbeiterschaft Sorgen machte.[4]

Zweitens sind gemeinsame materielle Interessen nur selten ein Anreiz, um riskante politische Entscheidungen zu fällen. Gewöhnlich sind Menschen eher bereit, sich für die Verteidigung des Erreichten als für eine Verbesserung ihrer Lage einzusetzen. Kognitionspsychologen sprechen an dieser Stelle von »Verlustaversion«. In Experimenten haben sie herausgefunden, dass wir Verluste deutlich stärker empfinden als vergleichbare Gewinne. Gibt man Menschen 100 Euro und stellt sie vor die Entscheidung, ob sie lieber 40 Euro behalten oder sich auf ein Spiel einlassen wollen, bei dem sie mit einer jeweils 50-prozentigen

---

4 Todd, *The People*, a.a.O., Kap. 1.

Wahrscheinlichkeit die kompletten 100 Euro gewinnen oder aber verlieren, ziehen die meisten Menschen die erste, konservativere Option vor. Gestaltet man das Szenario hingegen so, dass sie entweder 60 der 100 Euro abgeben oder sich auf das gleiche Spiel einlassen müssen, entscheiden sich die meisten für die riskantere Option, obwohl sich statistisch gesehen nichts verändert hat.

In der Politik passiert etwas Ähnliches. In traditionellen Gesellschaften wurden Probleme dieser Art gelindert, weil sich die individuellen und kollektiven materiellen Erwartungen mit den gemeinschaftlichen Strukturen tendenziell im Großen und Ganzen deckten: Das Interesse, die eigene Situation zu verbessern oder das Erreichte zu bewahren, integrierte sich in eine kollektive Struktur aus Normen und Zugehörigkeitsgefühlen. Das ist es, was der Historiker E. P. Thompson als »moralische Ökonomie« der unteren Klassen beschrieben hat. Doch in den Gesellschaften der Gegenwart können sich objektive Interessen auf unterschiedliche Weise mit ideologischen und moralischen Strukturen überlagern. So sehr sich die Marxisten auch ins Zeug legen – das objektive Interesse der Lohnabhängigen ist, sobald der ideologische Nebel verflogen ist, keine sich selbst erklärende Position. Kollektives Handeln wird von Überzeugungen und Gefühlen hinsichtlich der eigenen objektiven Situation ebenso geprägt wie von strategischen Erwartungen hinsichtlich des Verhaltens der anderen. Verlustaversion wirkt sich besonders auf die Ungleichheit spektakulär aus, weil sich jede soziale Gruppe rational zwischen unterschiedlichen Bündnissen und Verbindungen entscheiden kann. Während des goldenen

Zeitalters der Immobilienspekulation waren viele Menschen in Spanien der Ansicht, dass sich ihr materielles Interesse, die eigene Familie abzusichern, mit den Interessen der oberen Klassen deckte. Die nach oben orientierte Mittelschicht interpretierte den Zugang zum Immobilieneigentum als eine konfliktarme Möglichkeit intergenerationaler Aufstiegsmobilität: Man verschuldet sich bis über beide Ohren, damit die eigenen Kinder eine Wohnung erben. Niemand war so dumm zu glauben, dass sich die eigenen objektiven Interessen tatsächlich mit denen des Bauunternehmers Florentino Pérez deckten, aber man war eben doch der Meinung, dass die konjunkturelle Überlappung in diesem Moment einen konsensualen Weg darstellte, um den eigenen Nachkommen Wohlstand zu hinterlassen. Und die Menschen hielten lieber an dieser vagen Hoffnung fest, als mit dem Ruf nach einer Neuordnung der Gesellschaft das Erreichte aufs Spiel zu setzen.

Das Beharren auf jenen materiellen Gemeinsamkeiten, die einen Großteil der Lohnabhängigen verbinden und sie von einer obszön kleinen privilegierten Elite unterscheiden, ist eine mächtige Waffe. Aber in gewisser Hinsicht beginnen die transformativen Veränderungen genau dann, wenn man diese Logik der gemeinsamen Interessen einmal ignoriert. Wenn viele Leute sich dazu entschließen, nicht aufgrund irgendeines individuellen Nutzenkalküls darauf zu achten, wie es anderen geht, sondern wenn sie dies tun, weil sie gemeinsame Pflichten anerkennen, die jedem Partikularinteresse vorausgehen: ein »Wir«.

Gleichheit und Kohäsion

Darüber hinaus gibt es eine enge empirische Verbindung zwischen gesellschaftlichem Zusammenhalt und Gleichheit. Eine Geschichte wird vielen Studienanfängern in Einführungsvorlesungen in die Soziologie von ihren Dozenten erzählt. Unabhängig von ihrer – ich vermute: zweifelhaften – historischen Faktentreue hat sie sich in die Thermopylen-Schlacht der Sozialwissenschaften verwandelt, in eine heroische Legende über die magischen Kräfte unserer Sitten. Die Geschichte beginnt Anfang der sechziger Jahre des vergangenen Jahrhunderts in den USA, als – wie in der Serie *Mad Men* – alle Menschen rauchten, tranken und Fett aßen, als gäbe es kein Morgen. Damals wurde entdeckt, dass die Inzidenz von Herzkrankheiten in einer in Pennsylvania gelegenen Kleinstadt namens Roseto signifikant niedriger war als im Rest des Landes. Die Stadt war im 19. Jahrhundert von italienischen Migranten aus einem sehr armen Apenninendorf gegründet worden, die, wie seinerzeit üblich, in ihrer neuen Heimat eine ethnisch homogene und nach außen geschlossene Gemeinschaft bildeten. Die Ärzte, die den Fall Rosetos untersuchten, stellten fest, dass der Anteil der Bevölkerung mit Herzproblemen bei den über 65-Jährigen nur halb so hoch war wie im US-amerikanischen Durchschnitt, die Sterblichkeitsrate 35 Prozent niedriger als im Rest des Landes und soziale Probleme wie Selbstmorde oder Alkoholismus marginale Erscheinungen darstellten.

Bei der Suche nach den Ursachen dieser statistischen

Anomalie räumte man zunächst die Möglichkeit aus, dass die Bewohner Rosetos sich gesünder ernährten oder regelmäßiger bewegten als der Rest der US-Amerikaner. Danach untersuchten die Forscher den Einfluss von denkbaren genetischen oder Umweltfaktoren. Sie stellten fest, dass einerseits Rosetiner, die umzogen, dieselbe Lebenserwartung hatten wie die durchschnittliche US-Bevölkerung und dass andererseits die Bewohner benachbarter Gemeinden keinerlei statistische Abweichung hinsichtlich ihrer Gesundheit aufwiesen. Weder besaßen die Menschen in Roseto angeborene physische Vorteile noch war die Umwelt besonders förderlich für die Gesundheit. Der differenzielle Faktor, der die hohe Lebenserwartung in Roseto erklärte, schien der soziale Zusammenhalt der Gemeinschaft zu sein. Roseto zeichnete sich durch ein intensives Nachbarschaftsleben aus, das sich sowohl in Vereinen als auch in informellen Praktiken äußerte. Außerdem war es normal, in großen Familien zusammenzuleben, und wie in vielen traditionellen Gemeinschaften dominierten egalitäre Werte, die das Zurschaustellen von Reichtum verhinderten.

Der Fall Rosetos ist sehr bekannt, weil er empirisch zeigte, wie soziale Bindungen so etwas wie ein Sicherheitsnetz schaffen, das enormen Einfluss auf unsere physische und psychische Gesundheit ausübt. Diesen Zusammenhang, der uns heute immer offensichtlicher erscheint, hatte bereits der Soziologe Émile Durkheim in seinen Pionierarbeiten über den Selbstmord im 19. Jahrhundert beobachtet. Sozialbeziehungen haben einen faszinierenden Effekt auf die Gesundheit. Die Deindustrialisierung

Asturiens in den achtziger Jahren hatte nicht nur enorme soziale, sondern auch individuelle Folgen. Depressionen, Angstzustände und Alkoholismus nahmen dramatisch zu. Wie heute waren die psychiatrischen Beratungsstellen voll mit Menschen, denen es schlecht ging und die nicht wussten, was mit ihnen los war. Ich erinnere mich daran, weil meine Eltern im psychiatrischen Gesundheitsdienst arbeiteten und zu Hause viel darüber gesprochen wurde. Meine Eltern und einige ihrer Kollegen erzählten, dass es manchen Patienten, die in psychiatrischer Behandlung gewesen waren, plötzlich spontan und auffallend besser zu gehen schien, wenn Arbeitskämpfe eskalierten. Es waren diejenigen, die sich aktiv an der Mobilisierung gegen Werksschließungen beteiligten. Agoraphobiker fuhren plötzlich auf dem Motorrad durch die Stadt, um Flugblätter zu verteilen, Menschen mit Angststörungen führten die Demonstrationen an. Tatsächlich handelt es sich dabei um einen allgemein bekannten epidemiologischen Zusammenhang. In mehreren Großstudien der WHO wurde festgestellt, dass es Personen mit einer diagnostizierten Schizophrenie in armen Ländern, in denen nach wie vor starke Solidarstrukturen existierten, deutlich besser ging als in wohlhabenden Staaten. In Ersteren verbesserte sich der Gesundheitszustand von 63 Prozent der Patienten signifikant innerhalb der ersten fünf Jahre, während es in den reichen Ländern je nach Studie nur zwischen einem Drittel und der Hälfte der Patienten war.[5]

---

[5] Ryan, *Civilized to Death*, a.a.O., S. 209.

Gleichheit und sozialer Zusammenhalt sind so eng miteinander verbunden wie physikalischer Druck und Temperatur – es ist bisweilen nicht ganz einfach, sie als unterschiedliche Phänomene zu beschreiben. Ein Indiz dafür ist der Umstand, dass das Auseinanderfallen der Gesellschaft ein fast automatischer Effekt wachsender Ungleichheit ist. Das hat unter anderem damit zu tun, dass Ungleichheit das Misstrauen gegenüber anderen nährt. Es fällt uns schwer, Dinge zusammen mit Menschen zu machen, die uns nicht gleichgestellt sind, und so beschränken wir uns darauf, sie gleichzeitig zu machen und uns dabei gegenseitig zu überwachen. Kolumbien beispielsweise ist eines der ungleichsten Länder der Welt. Der schwedische Soziologe Göran Therborn führt Schätzungen an, wonach in der kolumbianischen Hauptstadt Bogotá ein Zehntel der erwerbstätigen Bevölkerung im Wach- und Sicherheitsgewerbe arbeitet.[6] Die rasante Zunahme der Ungleichheit hatte in der ehemaligen Sowjetunion nach ihrem Übergang zur Marktwirtschaft einen ganz ähnlichen Effekt. Der polnische Journalist Jacek Hugo-Bader schreibt in einem Reisebericht über Russland:

> Was für eine Armee von Menschen notwendig ist, um alle, alles und überall zu bewachen! Denn es sind nicht nur die Autos. Sie bewachen Häuser, Menschen, Gärten, Felder, Wälder, Wald- und Zuchttiere … Dutzende, Hunderte, Tausende, Millionen Männer tun nichts, beaufsichtigen nur, sind achtsam, halten Wache, beschützen und passen auf, dass andere Männer nicht das stehlen, über was sie wachen. Millionen

---

6 Therborn, *The Killing Fields of Inequality*, a.a.O., S. 26.

Türsteher, Hauswarte, Wächter, Aufpasser und Bodyguards – nur dafür geboren, erzogen, ausgebildet, um irgendetwas zu bewachen.[7]

Umgekehrt sind Gemeinschaften mit großer Kohäsion und ausgeprägten Normen der Solidarität zumindest nach unseren Standards gewöhnlich auch von Gleichheit gekennzeichnet.

Kohäsion ist ein anderer Begriff für Normen der Reziprozität, die Gemeinschaften von Gleichen politisch hervorbringen. In dem Science-Fiction-Roman *Starship Troopers* schildert Robert A. Heinlein eine durchmilitarisierte Gesellschaft, in der man Militärdienst abgeleistet haben muss, um das volle Staatsbürger- und Wahlrecht zu erlangen. In gewisser Hinsicht ist Heinleins Roman eine kryptofaschistische Dystopie, doch er beschreibt auch die Realität vieler antiker Gesellschaften, in denen politische Partizipationsrechte an verpflichtende Gemeinschaftsarbeiten wie die Instandhaltung von Wegen oder die Nachbarschaftshilfe beim Hausbau gekoppelt waren. Wer den kollektiven Verpflichtungen nicht nachkam, durfte nicht auf den Versammlungen sprechen, auf denen die für alle wichtigen Entscheidungen getroffen wurden.

Soziale Bindungen sind der Zement der Gleichheit. Leider sind stabile traditionelle Gemeinschaften oder die politischen Bewegungen der Gegenwart zumindest mittel- und langfristig keine erfolgversprechenden Dispositive zur Förderung von Gleichheit. Die archaischen Gemein-

---

7 Jacek Hugo-Bader, *Ins eisige Herz Sibiriens*, aus dem Polnischen von Benjamin Voelkel, München: Piper 2014, S. 26.

schaften verschwinden, und dies ist nicht notwendigerweise eine schlechte Nachricht. Die politische Mobilisierung wiederum ist flüchtig: Fast das Einzige, was wir zu Beginn einer Protestbewegung – unabhängig von Ausmaß, Intensität und Radikalität – mit Gewissheit sagen können, ist, dass die Leute am Ende wieder nach Hause gehen werden. In unseren Gesellschaften wird kollektive Verbindlichkeit nicht in Gemeinschaften, sondern in großen Institutionen organisiert, die Reform und Intervention zudem auf weniger kraftvolle, dafür aber auf eine kontinuierlichere und stabilere Weise erlauben als Protestbewegungen.

Egalitäre Institutionen

Institutionen sind Wege, um sich stellende oder allmählich verändernde Aufgaben gemeinsam zu lösen. Sie können eher implizite Normengefüge und Muster des Zusammenlebens, aber auch festgeschrieben und in Organisationen verkörpert sein und ordnen (zumindest halbwegs) dauerhaft bestimmte Bereiche des sozialen Lebens. So können wir beispielsweise auch die Familie, den Markt, den Staat, eine spezifische Ausprägung des Erziehungssystems, die Religion usw. in gewissem Sinne als Institutionen begreifen. Institutionen sind große Generatoren und Artikulatoren gemeinsamer Verpflichtungen, sie ermöglichen und stärken diese Art der sozialen Beziehung. Offensichtlich haben sie nicht immer egalitäre Effekte. Im Gegenteil, viele Institutionen bestehen vor allem aus Systemen zur

Stabilisierung der Ungleichheit, wie es beispielsweise bei der Sklaverei oder bei autoritären Familien der Fall ist. Außerdem präsentieren diejenigen, die in einer institutionellen Umgebung eine privilegierte Position innehaben, den bestehenden Zustand – egal wie absurd und ungerecht dieser sein mag – stets als alternativlose, bestmögliche Realität und verwechseln den von ihnen ausgeübten Zwang tendenziell mit dem sozialen Zusammenhalt. Autoritäre Väter appellieren an die Einheit der Familie und das soziale Gleichgewicht, um ihre Privilegien gegenüber den Frauen zu rechtfertigen. Die Sklavenhalter im Nordamerika des 19. Jahrhunderts, die im Unterschied zur Praxis anderer Sklavenhaltergesellschaften in intensiver persönlicher Interaktion mit den Sklaven standen (die Sklaven lebten oft in Hütten direkt neben den Häusern ihrer Herren, die über die intimsten Aspekte ihres Lebens entschieden), waren der Ansicht, dass die Sklaverei die Grundlage einer harmonischen Beziehung zwischen Weißen und Schwarzen darstellte. Wie Corey Robin erwähnt, ging das so weit, dass »nach der Abschaffung der Sklaverei […] viele Weiße die Abkühlung im Verhältnis« zwischen den »Rassen« bedauerten.[8]

Deshalb gibt es eine starke Tendenz, jede Auseinandersetzung mit vererbten Privilegien als Kritik an der entsprechenden Institution zu denken, also als Angriff auf Familie, Arbeit, Bildungswesen oder Kultur. Der Grund hierfür ist unter anderem, dass wir Institutionen mit Or-

---

8 Corey Robin, *Der reaktionäre Geist*, aus dem Englischen von Bernadette Ott, Berlin: Ch. Links 2018, S. 28.

ganisationen zu verwechseln pflegen. Institutionen sind jedoch allgemeinere Praktiken oder Regeln, während Organisationen jene konkreten kollektiven Akteure darstellen, in die bestimmte Institutionen übersetzt werden. Da die Institution der Sklaverei aus moralischen Gründen abstoßend und inakzeptabel ist, gilt dies auch für jede Sklavenhalterorganisation. Hingegen bedeutet der Umstand, dass eine konkrete Universität – sprich, eine Organisation – verkommen, korrupt und unfähig ist, nicht unbedingt, dass die Institution Universität verkommen und korrupt sein muss. Und genau das trifft auch auf Familien, politische Parteien oder die Justiz zu. Wer auf ihre Reform verzichtet, überlässt denjenigen das Feld, die sich dort privilegierte Positionen anmaßen.

Letztlich ist ein System sozialer Gleichheit, das ohne institutionelle Struktur auskommt, also auf Pflichten, Normen und wechselseitige Verbindlichkeiten verzichtet, nur schwer vorstellbar. Es gibt kein antiinstitutionelles Außen der sozialen Gleichheit, weil uns die Institutionen gewöhnlich Grenzen setzen, innerhalb derer sich kollektives Handeln, und damit auch die Solidarität unter Gleichen, entfaltet. Der Institutionentheoretiker Hugh Heclo erklärte diesen Zusammenhang mithilfe einer Analogie aus dem Automobilbau: Man kann einen Motor entwerfen, der die Geschwindigkeit der Fahrzeuge stark erhöht, doch dies nützt nichts, wenn nicht auch ein dazu passendes Bremssystem entwickelt wird.[9] Die Verbindung beider Elemen-

---

9 Hugh Heclo, *On Thinking Institutionally*, Boulder: Paradigm 2008, S. 57.

te ist es, die Bewegungsfreiheit ermöglicht. Institutionen sind normative Strukturen, die ein delikates Spiel von Grenzen und Fähigkeiten in Gang setzen. Wenn die Gleichheit keinen Ausgangspunkt, sondern ein stets mit der Geschwisterlichkeit verbundenes Ziel darstellt, kann dieses Projekt nur über Reform und Institutionenaufbau bewältigt werden.

Eigentlich ist der institutionelle Charakter der Kohäsion und damit auch der Gleichheit fast schon eine Tautologie. Wenn dies in unserer Epoche nicht mehr der Fall ist, dann weil die Marktgesellschaft sich selbst – auf gewiss nicht sehr realistische Weise – als zutiefst ent-institutionalisierte Gesellschaft begreift, die allein auf freien Vereinbarungen zwischen Individuen beruht und in der deshalb praktisch alle Bindungen kontingent sind und mit einfachen Verfahrensschritten widerrufen werden können. Deshalb neigten viele Philosophen in den letzten fünf Jahrhunderten, immer wenn es galt, über die grundlegende politische Struktur unserer Gesellschaften nachzudenken, dazu, auf die Fiktion des Vertrags zurückzugreifen: eine freie und ausdrückliche Vereinbarung.

Dies ist eine funktionale, aber trügerische Erzählung. Was uns in Wirklichkeit miteinander verbindet, ist älter als jede Vereinbarung. Deshalb sind Beziehungen einvernehmlicher Unterwerfung so verbreitet: Die Subalternität entspringt aus der Aufrechterhaltung vorausgehender und schwer zu hinterfragender Sozialbeziehungen, die bestimmte – darunter auch einige freundliche und freiwillige – Modulationen und Anpassungen erlauben. In vielen traditionellen Gesellschaften war die Ehe praktisch universell, fast alle Menschen waren verheiratet, würden verheiratet werden oder waren verheiratet gewesen: Es war nicht unbedingt obligatorisch, aber es gab doch kaum eine andere Wahl. Genauso steht, bevor wir irgendeinen Arbeitsvertrag unterzeichnen, bereits fest, dass der Markt die grundlegende Organisationsform unserer Gesellschaft darstellt und dass dieser Raum unser Zusammenleben strukturiert. Nicht marktförmig leben wollen ist wie nicht in Familien leben wollen: eine gegenkulturelle Exzentrizität, die sich nur Erwachsene mit guter Gesundheit leisten können. Und diese Grundvoraussetzung etabliert genau wie die traditionelle Ehe ein Ensemble aus Normen und Verbindlichkeiten – also Institutionen –, die bereits im Vorfeld festlegen, was die Individuen im Rahmen von Vereinbarungen und freiwilligen organisatorischen Regelungen wahrscheinlich erhalten werden. Das Bemerkenswerte an der Marktgesellschaft ist, dass sie sich für etwas ganz anderes als frühere Gesellschaften hält und von sich selbst meint, der grundlegende Mechanismus der Soziabilität – der uns verbindende Kitt – sei ein reiner Akt der Freiwilligkeit: Wenn dir diese Arbeit nicht gefällt, dann geh doch – wer zwingt dich zu bleiben?

Tatsächlich ist das charakteristischste Merkmal des zeitgenössischen Kapitalismus zumindest im Westen nicht sein Antikommunitarismus, sondern seine Ablehnung alles Institutionellen. Die Marktliberalen haben nicht nur und nicht immer Konkurrenz- und Individualisierungsprojekte wie die Austeritätspolitik unterstützt. Sie haben es auch verstanden, Praktiken und Konzepte zu kooptieren, die wie Community-Empowerment, Partizipation oder soziale Innovation zu einem anderen Zeitpunkt ein kritisch-transformatorisches Potenzial hatten. Ihrer bemächtigt haben sie sich, indem sie diese Praktiken und Konzepte ihres institutionellen Gerüsts beraubten und sie in abstrakte, kooperative, mithilfe extraktiver Mechanismen ausbeutbare Energie verwandelten.

Der Kapitalismus ist durchaus mit gemeinschaftlichen Prozessen kompatibel, solange diese fragmentiert bleiben – ein Thema, das mit der sogenannten Sharing Economy an Aktualität gewonnen hat: Unternehmen, die ökonomischen Profit aus Alltagspraktiken zu ziehen versuchen. Anstatt Arbeiter in einem Betrieb zu versammeln und koordinierte Routinen zu etablieren, die Mehrwert generieren, versuchen Firmen wie Airbnb, Uber, Tinder oder der Essenslieferdienst Glovo, selbstorganisierte soziale Prozesse aufzuspüren – etwa unsere Anstrengungen bei der Wohnungs-, Partner- und Arbeitssuche, bei Mobilität oder Finanzierung – und sie mithilfe technologischer Plattformen so zu kanalisieren, dass sie lukrativ werden.

Tatsächlich hat der Markt immer nichtkommodifizierte gesellschaftliche Energien aufgesaugt. Das fängt mit der Reproduktionsarbeit an. Damit jeden Morgen Millionen Arbeiter in der bestmöglichen Verfassung an ihrem Arbeitsplatz erscheinen können, sind gewaltige Anstrengungen notwendig, die in der Bilanz keines Unternehmens auftauchen, weil sie von Familien und vom Staat kostenlos zur Verfügung gestellt werden: bevor wir uns – durch Erziehung und Bildung – in den Arbeitsmarkt eingliedern und während wir uns ihm gesund, gut ernährt und sauber zur Verfügung stellen. Dem kollaborativen Kapitalismus ist es gelungen, solche unbezahlten sozialen Prozesse in eine Quelle der Wertschöpfung zu verwandeln. Die Voraussetzung hierfür ist, dass diese sozialen Energien fluide bleiben, denn sobald sie institutionalisiert sind, verursachen sie Reibung in den ökonomischen Abläufen. Solange sie dynamisch, geschmeidig, innovationsfähig und offen für kreative Zerstörung bleibt, ist die extreme Kommodifizierung selbst mit den am wenigsten individualistischen Varianten von Solidarität und nichtmonetärer Kooperation kompatibel.

Stellen wir uns vor, wie dieses »kollaborative« Geschäftsmodell in einer institutionalisierten Umgebung aussehen könnte. Es ist nicht schwer, sich ein Airbnb auszumalen, das als strikt regulierte öffentliche Genossenschaft organisiert ist, um sowohl die Konzentrations- und Finanzialisierungsprozesse auf dem Markt für Ferienwohnungen als auch die negativen Effekte auf die Innenstädte zu vermeiden. Ein Drittel der Wohnungen, die in Spanien bei Airbnb angeboten werden, gehören Konzernen; auf den Balearen liegt der Anteil bei über 50 Prozent. Wahrscheinlich wäre der erste Effekt der Umwandlung von Plattformen in öffentliche Unternehmen, dass Immobilieninvestoren vollständig aus dem Geschäft gedrängt würden, da die Miete in den Händen von Genossenschaften verbliebe, die der öffentlichen Kontrolle und den von uns kollektiv als notwendig erachteten Regeln unterworfen wären.

2018 trat die Taxifahrer-Innung in mehreren spanischen Städten in den Streik, um sich gegen die unfaire Konkurrenz von Uber und anderen Vermittlungsplattformen zu wehren. Es handelte sich um einen Konflikt, in dem ein traditioneller Zusammenschluss von Selbstständigen, die sowohl der Selbstregulierung als auch Gesetzen unterworfen sind, und eine komplett deregulierte transnationale Plattform aufeinandertrafen, die Großunternehmen mit gewaltigen Fahrzeugflotten begünstigt und katastrophale Arbeitsbedingungen für die Beschäftigten mit sich bringt. Die meisten Linken konzentrierten sich zu Recht auf die Verteidigung der Arbeitsplätze der Taxifahrer gegen die drohende Prekarisierung. Doch das Problem ist komplexer. Wenn in den Streikwochen etwas sichtbar wurde, dann waren es die Auswirkungen des Taxigewerbes auf Verkehr und Luftverschmutzung – während der Streiktage waren die Busse, vor allem in der Innenstadt, sehr viel schneller unterwegs – sowie die sozialen Grenzen der entsprechenden Dienstleistungen: Das Taxiangebot ist auf die Innenstädte konzentriert und richtet sich an Personen mit großer Kaufkraft. Worüber nicht debattiert wurde, war die Option, den Taxisektor in eine öffentliche Infrastruktur umzuwandeln, die sich an Kunden aus der ganzen Stadt und mit besonderen Bedürfnissen richtet (Personen mit beschränkter Mobilität, die andere Verkehrsmittel nicht oder schlecht benützen können), und nicht wie heute ausschließlich an Wohlhabende, die sich ein Taxi leisten können.

Was wäre, wenn die öffentliche Hand die institutionalisierte Kooperation mit der gleichen Entschlossenheit unterstützen würde, mit der sich der Markt die informelle Kooperation zunutze macht? Man schätzt, dass es in den USA fünfzig Millionen Bohrmaschinen gibt, die im Verlauf ihrer gesamten Lebenszeit im Durchschnitt 13 Minuten lang benutzt werden. Vor einigen Jahren erörterte die südlich von Madrid gelegene Gemeinde Móstoles die Möglichkeit, ein Netzwerk öffentlicher Tauschläden aufzubauen: Orte, an denen wir Güter teilen können, die wir in unseren Häusern aufbewahren, aber in der Regel sehr selten verwenden. Es ist ein bescheidenes und lokales Projekt, das die informelle Praxis, Dinge zu teilen, verallgemeinert und reguliert; eine Praxis, die in manchen Bereichen viel verbreiteter ist, als es den Anschein hat – bei Kleidung und Spielzeug von Kleinkindern beispielsweise, wo Praktiken gegenseitiger Hilfe ganz alltäglich sind.

Auf den vorhergehenden Seiten habe ich zu zeigen versucht, dass es so etwas wie »soziale Voraussetzungen« der Demokratie gibt, die eng mit der Möglichkeit einer egalitären Reorganisation unserer materiellen Subsistenzmittel verknüpft sind. Die politische Tradition des Liberalismus hat immer hervorgehoben, dass funktionierende Demokratie auf formalen Voraussetzungen beruht – einem gefestigten Rechtsstaat, der Meinungs- und Organisationsfreiheit –, während die Sozialisten betonten, dass diese Rechte mit einem materiellen Substrat unterlegt werden müssen: einem echten Zugang zu Kommunikationsmitteln zum Beispiel, der die Meinungsfreiheit sicherstellt. Ich habe einige weitere Voraussetzungen erörtert, die mit der Stabilität sozialer Bindungen zu tun haben, ohne die sich die formalen und materiellen Bedingungen der Demokratie nicht entfalten können. Demokratische Gleichheit kann sich in einer gesellschaftlich verkümmerten, individualistischen Umgebung, wo sich Menschen den gemeinsamen Institutionen nicht verpflichtet fühlen, nur schwer entfalten. In diesem Sinne muss sich jedes realistische egalitäre Projekt mit einem komplexen Problem auseinandersetzen: der Notwendigkeit, soziale Bindungen zu schützen und zu stärken, die mit dem heute für unverzichtbar gehaltenen Grad an Freiheit und Selbstbestimmung kompatibel sind. Im Folgenden werde ich analysieren, wie der die Gegenwart prägende Zerfall der sozialen Beziehungen nicht nur die Möglichkeit einer egalitären Demokratisierung der Wirtschaft, sondern auch die Mechanismen politischer Partizipation und Deliberation einschränkt.

8. Politische Gleichheit und Partizipation

In der *Phänomenologie des Geistes* erklärt Hegel, es gebe schöne Seelen, die um der Reinheit ihrer Herzen willen darauf verzichten, in eine schmutzige Welt einzugreifen, weil dies notwendigerweise das Bild moralischer Größe beflecken würde, das sie von sich hegen. Eine beunruhigende Beobachtung, und zwar auch deshalb, weil die meisten Leser, die die letzten Seiten von Hegels narkotisierendem Text erreichen, sich selbst zu dieser Kategorie der reinen Seelen zählen dürften. Vor allem aber, weil diese Einschätzung uns an einen für die Moderne sehr charakteristischen Widerspruch erinnert: die allgemeine Panik vor politischem Engagement zugunsten von Freiheit und Gleichheit, die uns als legitimatorische Bedingungen der Demokratie gelten. Der für die kapitalistischen Gesellschaften der Gegenwart charakteristische De-Institutionalisierungsprozess hat die Mechanismen der demokratischen Repräsentation stark beschädigt und damit auch die Möglichkeit einer egalitären Politik beeinträchtigt. Das entscheidende Hindernis für egalitäre Politik ist nicht die Unterstützung für elitäre politische Projekte; vielmehr ist diese ein nicht intendiertes Resultat des Misstrauens gegenüber der Effizienz und Machbarkeit der Demokratie selbst.

Wir alle haben das schon einmal gedacht, wenn wir das rücksichtslose Verhalten anderer beobachtet haben: Wie ist es möglich, dass die Stimme dieser Person genauso viel zählt wie meine? Die eines Autofahrers, der mich beim Überholen fast umgebracht hat. Einer Alten, die sich in der Supermarktschlange vordrängelt. Des Klempners »mit oder ohne Umsatzsteuer?«. In Wirklichkeit sind wir alle manchmal so. Der Verfall der Demokratie sorgt für das politische Wunder, eine elitäre Haltung in ein universelles Projekt zu verwandeln. Wir sehen uns selbst so, wie die Reichen früher die unteren Schichten sahen: als gefährliche Klassen. Wir misstrauen ganz grundsätzlich unserer Fähigkeit zur Deliberation, sind skeptisch, wo es darum geht, im Rahmen gemeinsamer Erörterungen (Deliberation ist abgeleitet vom lateinischen Verb *deliberare*, erwägen, beratschlagen) vernünftige Lösungen zu finden und diese dann auch umzusetzen. Stattdessen verstehen wir die Demokratie als einen Wettbewerb zwischen persönlichen Präferenzen und nutzen das Eintreten für die Freiheit als Maske zum Schutz der Privilegien. Daher das uns lähmende Miasma des Zynismus. Die beste Analyse des Konformismus und fehlender politischer Ambitionen, die uns einfällt, ist ein halbwitziger Spruch: »Viel Spaß mit dem Wahlergebnis.«

Gleichzeitig war die zunehmende Abkehr der Wähler von ihren politischen Repräsentanten und Organisationen in den letzten Jahrzehnten im Westen eines der charakteristischsten Merkmale der demokratischen Politik. Der Fall Spaniens ist spektakulär: Seit Jahren werden Politiker und die Politik allgemein in Umfragen zu den drei größten Problemen des Landes gezählt. Damit nehmen sie nun die Position ein, die früher der Terrorismus oder die Drogen innehatten. Die politischen Parteien werden ähnlich gesehen wie die ETA oder Heroin; sie sind die am schlechtesten bewerteten Institutionen unseres Landes. Dieses Gefühl beruht auf Gegenseitigkeit: Laut einer niederländischen Studie aus dem Jahr 2011 halten sich 87 Prozent der holländischen Regierungselite selbst für innovativ, weltoffen und liberal und glauben von der Bevölkerungsmehrheit, diese sei traditionalistisch, nationalistisch und konservativ.[1]

Der sichtbarste Effekt dieser Distanzierung ist das, was Politologen wie Richard S. Katz und Peter Mair als »Kartellisierung« der Parteien bezeichnen. Dieser Theorie zufolge besteht das Hauptziel der führenden Parteien seit einigen Jahrzehnten nicht mehr darin, eine eigene politische Agenda durchzusetzen, sondern darin, Regierungsämter zu ergattern oder zu verteidigen, die ihre Finanzierung garantieren. Auf diese Weise professionalisiert sich die Politik, und im selben Maße, wie die Parteien ihre Mitglieder nicht mehr für ihr Überleben benötigen, zerbrechen auch die organischen Beziehungen zwischen Wählern und Volksvertretern. Große Parteien wollen vor allem politische Konkurrenten ausschalten, die ihrer Stellung gefährlich werden könnten. Auch hierin war Spanien ein Vorreiter. Das für die spanische Politik zwischen 1978 und 2008 charakteristische Zweiparteiensystem beruhte von Anfang an auf einer marginalen aktiven Beteiligung

---

1 Vgl. David Van Reybrouck, *Gegen Wahlen. Warum Abstimmen nicht demokratisch ist*, aus dem Niederländischen von Arne Braun, Göttingen: Wallstein 2016, S. 9.

der Wähler. Schon 1985 war nur einer von fünfzig Wählern der sozialdemokratischen PSOE auch Mitglied der Partei, während im Fall der österreichischen und schwedischen Sozialdemokratie einer von drei bzw. einer von zwei Wählern auch Mitglied war. Außerdem besetzte ein Großteil der PSOE-Mitglieder auch öffentliche Posten, was die Loyalität gegenüber der Parteilinie stärkte.

Die Berufspolitiker haben sich von den Repräsentierten emanzipiert und die Brücken abgebrochen, über die sie der gesellschaftlichen Mehrheit verpflichtet waren. Die Folgen für das, was Politikwissenschaftler »deskriptive Repräsentation« nennen, waren dramatisch: Angehörige der Arbeiterklasse sind wie die Frauen in Parlamenten und politischen Institutionen seit je unterrepräsentiert. Heute nimmt die Zahl der Frauen in politischen Führungspositionen spürbar zu, und das Thema spielt eine hervorgehobene Rolle bei den meisten progressiven Parteien. Dagegen sind politische Führungspersonen, egal ob Frauen oder Männer, aus einfachen Verhältnissen seltene Einzelfälle. Die Arbeiter des Tourismussektors machen fast vierzehn Prozent der Beschäftigten in Spanien aus, aber die Vorstellung, dass eine Kellnerin ins Parlament gewählt oder zur Ministerin ernannt werden könnte, erscheint wie aus einem Science-Fiction-Roman. Zumindest in der spanischen Politik kommt diese Transformation sogar in der physischen Erscheinung der Parteiführer zum Ausdruck: Die bekanntesten Politiker sehen immer mehr wie Schauspieler aus und sind körperlich beneidenswert gut in Form. Vor nicht allzu langer Zeit bezeichnete der *Guardian* den spanischen Regierungschef Pedro Sánchez

(PSOE) als »outrageously handsome« (unverschämt gutaussehend).

Das soziologische Pendant zum Prozess der Kartellisierung der Parteien ist die zentrale Bedeutung, die man der Mittelschicht als politischem Subjekt beimisst. Politiker können die Mehrheit ignorieren und sich darauf beschränken, eine sehr viel kleinere und ihnen viel nähere Gruppe so anzusprechen, als wäre diese das gesellschaftliche Ganze. Das ist ein Thema, das vor allem in den Reihen der Marxisten für Verwirrung sorgt und mit der umstrittenen Definition der Mittelschicht zu tun hat. Es gibt Wissenschaftler, die jemanden allein anhand seines Einkommens der Mittelschicht zuordnen. Von diesem Standpunkt aus betrachtet, besteht die Mittelschicht aus jenen 40 Prozent der Bevölkerung, die über ein mittleres Einkommen verfügen, also jeweils 30 Prozent über und unter sich haben. Es stimmt, dass die Angehörigen dieser gesellschaftlichen Gruppe einige Merkmale teilen. Doch über die unmittelbare und quantitative Aufteilung – die wenig darüber aussagt, ob sich die Gruppe anhand kultureller Merkmale auch als solche wahrnimmt – legt sich eine andere, viel komplexere und politisch bedeutendere. Tatsächlich kommt uns, wenn wir von Mittelschicht reden, nur selten die Lebensweise jener Menschen in den Sinn, die ungefähr über das Medianeinkommen verfügen (das laut Instituto Nacional de Estadística in Spanien 15 000 Euro jährlich beträgt).[2] Mit »Mittelschicht« assoziieren wir

---

2 In Deutschland lag das mittlere Nettomonatseinkommen 2016 für eine/n Alleinlebende/n bei knapp 1900 Euro; vgl. Judith Niehues/

viel eher den Lebensstil von Personen, die zu den oberen 30 Prozent gehören. Die Angehörigen dieser Schicht sind nicht unbedingt reich, auch sie besteht größtenteils aus Lohnabhängigen mit einem auskömmlichen Einkommen: In Spanien sind das etwa zwölf Millionen Menschen, die sich keinen Luxus leisten können, aber über ein relativ hohes Konsumniveau, eine gute Ausbildung, kulturelles Kapital sowie Beziehungen verfügen und einer qualifizierten Beschäftigung nachgehen. Ihre Lebensweise – die Art, wie sie die Welt sehen, die Konsumgewohnheiten, die ästhetischen Vorlieben – werden in den Medien oft gezeigt, und ihre Interessen und Sorgen sind in den Programmen der politischen Parteien überrepräsentiert. Sie sind nicht das eine Prozent Millionäre, die isoliert in Gated Communitys leben: Ein Rentnerehepaar, bei dem beide die höchste Pension beziehen, das seine Wohnung abbezahlt hat und niemanden versorgen muss, kann perfekt Teil dieser Gruppe sein.

Die intuitive Orientierung der statistischen Mittelklasse am Lebensstil des oberen Einkommensdrittels hat auch damit zu tun, dass das Konzept der »Mittelschicht« in politischer und kultureller Hinsicht stark von Absichten und Selbsteinschätzungen geprägt ist. Der Begriff beschreibt weniger ein Einkommensniveau als das Streben, wie die reichsten dreißig Prozent zu leben. Sich selbst als Mittelklasse zu bezeichnen bedeutet letztlich, sozialen und kulturellen Ballast abzuwerfen und die eigenen sozia-

---

Maximilian Stockhausen, »Einkommensverteilung nach sozioökonomischen Teilgruppen«, *IW-Kurzbericht* 53/2019 (Anm. d. Ü.).

len Aufstiegsmöglichkeiten zu erkennen. Deshalb zählen zu dieser teilweise fiktiven Kategorie sowohl die Angehörigen des obersten Einkommensdrittels – die wir in der Regel selten als »Oberklasse« begreifen – als auch diejenigen, die gern oben wären oder von sich glauben, es nach oben schaffen zu können. Wenige Arbeiter sind wirklich davon überzeugt, wie der Bauunternehmer Florentino Pérez oder der Zara-Eigentümer Amancio Ortega leben zu können, doch viele glaubten lange Zeit sehr wohl, sie könnten zu den erwähnten zwölf Millionen aufsteigen.

Die politische Zentralität, die diese imaginierte Mittelschicht im Diskurs der politischen Parteien innehat, erzeugt eine gesellschaftliche Totalität, die die unterschiedlichen materiellen Bedingungen und die subjektive Wahrnehmung verschiedener Bevölkerungsgruppen in einem allgemeinen Streben nach sozialem Aufstieg auflöst. Die Mittelschichtideologie legitimiert sowohl den Umstand, dass die Parteien sich ausschließlich an eine breite, aber minoritäre gesellschaftliche Gruppe mit hohen Einkommen richten und die prekäre Lage der gesellschaftlichen Mehrheit ignorieren, als auch die Tatsache, dass Arbeiter in öffentlichen Institutionen kaum vertreten sind. Politik machen wir nicht als diejenigen, die wir tatsächlich sind, sondern als diejenigen, die wir gern wären (und niemals werden können). Das wirkt sich nicht nur auf die soziale Lage der Bevölkerungsmehrheit, sondern auch auf die – als egalitäres Projekt verstandene – Demokratie katastrophal aus, da wir dazu neigen, die intrinsischen Fehler dieser Strategie für Probleme des politischen Systems selbst zu halten. Die Mittelschichtideologie hat die Krise der repräsentativen Demokratie nicht verursacht, aber beschleunigt.

Die Grenzen der direkten Partizipation

Der organische Verfall der politischen Repräsentationsmechanismen stellt ein enormes Problem für ein egalitäres Programm dar, da sich die repräsentative Demokratie – trotz einer deutlichen, bisweilen extremen Zunahme der materiellen Ungleichheit in weiten Teilen der Welt – in den letzten Jahrzehnten und vor allem seit dem Zusammenbruch des Ostblocks stark ausgebreitet hat.

Die egalitäre Antwort bestand darin, nach alternativen Formen der politischen und gesellschaftlichen Partizipation zu suchen, die direkter und horizontaler funktionieren als die Parteienherrschaft, die mehr Menschen erreichen und besser gegen die Professionalisierung und Kartellisierung der Politik geschützt sind. Dabei handelt es sich um ein ganzes Bündel von Strategien mit jeweils diversen Varianten. Das reicht von Vorschlägen, das Innenleben politischer Organisationen durch die Einführung offener Vorwahlen – jeder eingetragene Sympathisant einer Partei kann online teilnehmen – und durch neue Deliberations- und Konsultationsinstrumente zu demokratisieren, bis hin zu Prozessen der gesellschaftlichen Innovation und Bürgerbeteiligung wie kommunalen Bürgerhaushalten oder bei der Selbstverwaltung öffentlicher Räume. Die Resultate sind, um es freundlich auszudrücken, ambivalent.

Eines der international bekanntesten und beeindruckendsten Beispiele hierfür hat sich in Spanien abgespielt. Obwohl Podemos heute stark einer traditionellen Partei ähnelt, entstand die Organisation 2014 ausdrücklich mit dem Ziel, die am 15. Mai 2011 auf Plätzen überall in Spanien manifest gewordene soziale Empörung in ein Werkzeug des politischen Wandels zu transformieren. Podemos wollte die Energie der Proteste seit 2008 kanalisieren und in die Institutionen tragen. Die Ergebnisse waren anfangs spektakulär, zumindest in Europa hat es in der jüngeren politischen Geschichte nichts Vergleichbares gegeben. Nur wenige Wochen nach der Gründung von Podemos waren im ganzen Land Hunderte von Gruppen entstanden, Menschen strömten massenhaft in die Organisation und sprengten den von den Initiatoren, einer Handvoll Hochschuldozentinnen und Aktivisten, vorgegebenen Rahmen. Einige Monate nach der Parteigründung lag Podemos bei verschiedenen Meinungsumfragen auf Platz eins: Niemals seit der Demokratisierung Spaniens 1978 verfügte eine Organisation links der PSOE – und letztlich auch keine andere jenseits der beiden Mehrheitsparteien – über einen derartigen Zuspruch. Das Problem war, dass die Partei keinerlei gewachsene organisatorische Strukturen hatte: Ihr fehlten erfahrene Kader, territoriale Verankerung, Vertrauen und Dialog fördernde Verfahren sowie eine gemeinsame politische Kultur. Als Antwort griff man auf digitale Deliberations-, Abstimmungs- und Konsultationsmechanismen zurück.

Das Ergebnis war faszinierend. Es kam zu einer Debatte, an der sich Zehntausende beteiligten. In den internen

Foren wurde häufig darüber gewitzelt, dass man es wohl auf eine Million offener Threads bringen werde. Doch viele dieser Diskussionen verliefen chaotisch und fanden vor allem keine reale Übersetzung in einen Organisationsprozess. Die Tatsache, dass jeder Sympathisant, der sich online innerhalb weniger Minuten registriert hatte, bei den internen Entscheidungen mit abstimmen konnte, führte zu einer stark plebiszitären Tendenz. Es stellte sich heraus, dass die Debatten im Vorfeld einer Abstimmung nicht sonderlich wichtig waren. Die Positionen der medial präsentesten Parteiführer wurden fast immer angenommen. Die demokratische Unterstützung charismatischer Führer schwächte die kaum ausgebildeten organischen Beziehungen (zwischen Basis, Kadern und Abgeordneten) weiter und verlieh der Parteispitze, die ihr nahestehende Personen durchsetzen konnte, enorme Macht. Das Ergebnis waren Gremien mit einem erschreckend homogenen soziologischen Profil: Es dominierten Angehörige der Madrider Mittelschicht mit kulturellem Kapital sowie guten sozialen Beziehungen (*alle* Podemos-Gründer waren Madrilenen oder bewegten sich in der politischen Szene der spanischen Hauptstadt).

Die ereignisreichen ersten Lebensjahre von Podemos waren so etwas wie ein Reagenzglas, in dem sich Probleme beobachten ließen, die für kollaborative Initiativen auch in anderen Bereichen charakteristisch sind. Zum einen ist da die Klassenzugehörigkeit, die wesentlich darüber entscheidet, ob jemand politisch aktiv wird und welche Wirkung seine Partizipation entfaltet. Viele Menschen, die sich an politischen oder sozial innovativen Projekten beteiligen, verfügen über großes kulturelles Kapital, wertvolle politische Kontakte und eine familiäre ökonomische Absicherung, auf die bei Weitem nicht alle zurückgreifen können.

2007 kam es in Cañada Real, einer der ärmsten Siedlungen der Region Madrid, zu einem heftigen Konflikt. Die Regionalregierung wollte einen Großteil der 40 000 dort in kleinen selbstgebauten Häusern lebenden Menschen räumen lassen. Die Betroffenen waren in erster Linie Migranten ohne Papiere, denen man auch keine alternativen Unterkünfte anbot: Sie wurden praktisch auf die Straße gesetzt. An einem Samstagmorgen rief eine kleine Nachbarschaftsorganisation aus Cañada zu einer Demonstration in der Villa de Vallecas auf. Linke Organisationen und Einzelpersonen nahmen, um es diplomatisch auszudrücken, nur in bescheidenem Ausmaß daran teil; fast alle Anwesenden waren Migranten. Wir versammelten uns auf einem Platz, und als die Organisatoren uns aufforderten loszumarschieren, dachte ich, wir würden die Fahrbahn in Besitz nehmen. Aber ich täuschte mich. Sie führten uns zu einem breiten Bürgersteig, auf dem wir uns bewegten, bis der Protest einige Minuten später auch schon wieder beendet war. Zu keinem einzigen Moment besetzten wir die Straße oder unterbrachen den Verkehr. Am irritierendsten war jedoch, dass einige der Organisatorinnen, die meisten von ihnen nordafrikanische Frauen und Männer, den Müll aufsammelten, der am Rande des kleinen Umzugs liegen geblieben war: das eine oder andere Flugblatt, ein bisschen Einwickelverpackung. An diesem Morgen lernte ich über politische Partizipation etwas, das ich nie vergessen werde: Auf dieser Demonstration herrschte ein Gefühl der Unrechtmäßigkeit, als ob das Demonstrationsrecht – ein zentrales Recht moderner Demokratien – einen Luxus darstellt, den diese Menschen zu Unrecht für sich reklamierten.

Wir Linken nehmen andere gern soziologisch unter die Lupe, doch es fällt uns ausgesprochen schwer, genauso nüchtern ins Innere unserer Organisationen und Bewegungen zu blicken. Wir wissen, dass viele politische Führer (vor allem der Rechten) auf dieselben Schulen gingen. Besonders berühmt ist der Fall des Colegio del Pilar in Madrid, wo zahlreiche Protagonisten der politischen und ökonomischen Elite gemeinsam die Schulbank drückten – darunter konservative Regierungsmitglieder wie José María Aznar und José Ignacio Wert, die Journalisten Juan Luis Cebrián und Luis María Ansón, der Unternehmer Juan Villalonga sowie die ehemaligen sozialdemokratischen Minister Javier Solano und Alfredo Rubalcaba. Doch auch eine überraschend große Zahl derjenigen, die heute die sogenannte »neue Politik« in Spanien prägen, haben sich in der Schulzeit kennengelernt: auf einer Handvoll progressiver, staatlich kofinanzierter Privatschulen in Madrid und Barcelona. In der florierenden Genossenschafts- und Solidarökonomie gibt es nicht allzu viele Projekte, die sich an Kellnerinnen, Regalauffüller und Lagerarbeiter richten. Gelegentlich schlägt diese soziale Schieflage des Aktivismus in einen dogmatischen Proletkult, Masochismus und Selbstgeißelung um. In Wirklichkeit ist absolut nachvollziehbar, warum ein politischer Impuls vor allem bei denjenigen zu beobachten ist, die über die notwendigen diskursiven, theoretischen und Beziehungsressourcen verfügen und zudem daran gewöhnt sind, Gehör zu finden. Doch eine egalitäre Politik, die diese Situation nicht als vorläufigen und wenig wünschenswerten Ausgangspunkt erachtet, den man aktiv hinter sich lassen muss, kann nur ein schlechter Scherz sein. Die Mechanismen der direkten Partizipation sind kein sozialer Filter, der die Ungleichheiten beseitigt, sondern ähneln oft eher einem Lack, der der Oberfläche Glanz verleiht und die strukturellen Defizite verbirgt.

Ein zweites, eng damit zusammenhängendes Problem direkter Partizipation besteht darin, dass die von ihr geprägten Initiativen bisweilen zu willkürlichen Entscheidungen führen, die drängende soziale Bedürfnisse ignorieren oder gar moralisch zweifelhaft erscheinen. Bei einem Prozess der Bürgerpartizipation, den die Stadtregierung von Madrid organisierte, um den Platz vor unserer Wohnung neu zu gestalten, nahmen nur einige wenige Familien der Grundschule teil, auf die meine Kinder gehen und die an den Park angrenzt. Wie kaum überraschen dürfte, forderten wir mehr Schaukeln, Sitzbänke für Eltern, Brunnen und Schattenspender für den Sommer. Bei einem ähnlichen Projekt auf einem nahe gelegenen Platz waren nur Rentner anwesend, die der am Wochenende von Jugendlichen aus dem Viertel veranstalteten nächtlichen Trinkgelage überdrüssig waren und das Areal entsprechend umgestalten wollten. Man kann sich leicht vorstellen, welche Ideen eine kleine Gruppe Sportler oder Hundebesitzer für einen Platz hätte.

Es handelt sich ganz offenkundig um eine weitgehend

ungeeignete Vorgehensweise, um kollektive Bedürfnisse zu befriedigen. Vor allem bei sozialen Notlagen darf politisches Handeln nicht von der Mobilisierungsfähigkeit der Nutznießer abhängig gemacht werden. Erstens, weil die Interventionsmöglichkeiten auch in diesem Fall von sozialen Ungleichheiten unterschiedlicher Natur geprägt sind: Leute, die kein Geld haben, um die außerschulischen Aktivitäten ihrer Kinder im Grundschulalter zu bezahlen, haben gewöhnlich weniger Einfluss als diejenigen, die wünschen, dass auch außerschulische Aktivitäten wie Yoga auf Englisch und Robotik angeboten werden. Und zweitens, weil wir oft gar nicht genau wissen, was wir wollen. Die Anhänger des Kinder-Yoga sind selten egoistische Monster, wahrscheinlich würden die meisten von ihnen verstehen und akzeptieren, dass die Versorgung armer Familien Priorität haben sollte: Doch wir haben gewöhnlich ganz einfach nicht die deliberativen Instrumente, um diese Prioritäten kollektiv zu ermitteln.

Die meisten partizipativen Projekte betrachten die direkte Teilhabe der Bürger als Möglichkeit, dem Weihnachtsmann in der Gemeindeverwaltung einen Wunschzettel zu übermitteln; eine Flaschenpost ins Meer der öffentlichen Verwaltung zu werfen: direkt aus unserem Herzen zum Bürgermeister. Bemerkenswerterweise werden die Büros für Bürgerbeteiligung in vielen Gemeinden von Informatikern geleitet (warum nicht von Gewerkschaftern, Sozialarbeitern oder Geografen?). Das legt nahe, dass man die technische Verfahrensweise zur Aggregation individueller Präferenzen für das wesentliche Problem bei Partizipationsprozessen hält. Das Resultat ist ungenügend.

Man fragt uns individuell, und wir betonen in unserer Antwort, wenig überraschend, unmittelbare persönliche Präferenzen, die nur wenig mit jener umfassenden Vision städtischen Zusammenlebens korrespondieren, zu der wir gelangen würden, wenn wir über die passenden deliberativen Mechanismen verfügten. Deshalb verzichten wir auf demokratische Beteiligung, wenn die kollaborativen Prozesse zu bescheidenen oder absurden Ergebnissen führen, und setzen unsere Hoffnung auf einen Gesetzgeber, der die sozialen Bedürfnisse gemäß der von Experten formulierten Kriterien festlegt.

Von einem strikt theoretischen Standpunkt aus betrachtet, sind nichtdeliberative Entscheidungsprozesse, die auf das Aggregieren einfacher Stimmen oder harte Verhandlungen setzen, interessant, weil sie einer politischen Tradition recht zu geben scheinen, die gegenüber der Demokratie skeptisch eingestellt ist und der zufolge demokratische Abstimmungen insofern unzuverlässig sind, als diese im Wesentlichen von der jeweiligen Methode abhängen (verschiedene Wahlsysteme können ganz unterschiedliche Ergebnisse hervorbringen) und sich gar nicht sagen lässt, ob die Wahlergebnisse die privaten Intentionen der Teilnehmer verlässlich wiedergeben oder ob irgendwelche Manipulationen stattfanden. Eine verbreitete Antwort auf diese Skepsis lautet, dass Demokratie sowohl Abstimmungen als auch eine Diskussion unter Gleichen impliziert, mit der die Black Box politischer Entscheidungen geöffnet wird. Manche Ansätze halten Einstimmigkeit für tendenziell ideal; sogenannte ökonomische Demokratietheorien beharren auf den Ähnlichkeiten zwischen politischen Entscheidungen und der privaten Artikulation von Präferenzen, die dann mehr oder weniger kohärent von einem Markt aggregiert werden. Dabei unterschätzen sie jedoch einen maßgeblichen Unterschied: Öffentliches politisches Handeln hängt völlig von der Kommunikation zwischen Teilnehmern und nicht nur von strategischer Interaktion ab. Die Art der politischen Kommunikation in deliberativen Prozessen ist ein fester Bestandteil egalitärer demokratischer Praxis, und Mechanismen, die diese Diskussionsprozesse gewährleisten, sind genauso unverzichtbar wie beispielsweise die Organisationsfreiheit.

Grenzen der Deliberation

Rousseau glaubte, dass die Demagogie charismatischer Führer und die Neigung zum Konformismus große Gefahren für die Demokratie darstellen. Deshalb wollte er den Abstimmungsprozess schützen, indem er der Deliberation und vermittelnden Zusammenschlüssen sowie organisierten Interessen Grenzen setzte. Die Probleme, auf die Rousseau hinwies, sind real und können in jedem kollektiven Diskussionsprozess, selbst im kleinsten Rahmen, beobachtet werden – so werden bei geheimen Abstimmungen gelegentlich andere Ergebnisse erzielt, als wenn mit erhobener Hand abgestimmt wird. Wahr ist aber auch, dass man eine Versammlung niemals genauso verlassen sollte, wie man hineingegangen ist. Ein echter Deliberationsprozess ist kein politischer Supermarkt, den wir aufsuchen, um bereits feststehende individuelle Wünsche zu befriedigen, sondern ein Mechanismus, um unsere Prinzipien, unsere Präferenzen und die Beziehungen zwischen beiden kollektiv zu erarbeiten und zu verfeinern.

Technisch wird die Deliberation gewöhnlich als ein Prozess definiert, in dem Präferenzen durch Kommunikation endogener Veränderung unterworfen werden. Endogen bedeutet hier, grob gesprochen, dass unsere politischen Ideen nicht gegeben, bewusst und unveränderlich sind, sondern dass sie teilweise unsortiert und falsch definiert sein können, solange wir nicht mit anderen gleichberechtigt und kollektiv darüber nachgedacht haben. Das Defizit rührt nicht in erster Linie daher, dass es uns an den notwendigen technischen Informationen fehlt, um schwierige Probleme zu verstehen – obwohl auch das der Fall sein kann –, sondern dass unsere Wünsche relativ unbestimmt sind und durch den jeweiligen Kontext, ja unter Umständen durch die Gestaltung eines Formulars oder durch die Formulierung einer Frage stark beeinflusst werden. Ein sehr bekanntes Beispiel ist die Organspende. Spanien ist eines der Länder mit der höchsten Zahl an Organspendern. Der Grund hierfür ist ein – organisatorisch, logistisch und materiell – extrem gut durchdachtes System, das auf der Figur der stillschweigenden Einwilligung beruht. Der spanische Gesetzgeber geht davon aus, dass alle Menschen potenzielle Organspender sind, und verlangt von den Angehörigen, die Organspende ausdrücklich zu verweigern, falls dies gewünscht wird. In anderen Ländern hingegen wird erst einmal niemand als Organspender betrachtet, solange die Familie nicht ausdrücklich zustimmt. Konzeptionell ist es exakt dasselbe, die ausdrückliche Zustimmung zu verweigern oder der stillschweigenden Einwilligung zu widersprechen – der materielle Aufwand ist der gleiche: Man muss ein Kästchen auf einem Formular ankreuzen –, doch die Verhaltenspsychologie und die Praxis beweisen, dass die zweite, in Spanien praktizierte Option die Anzahl der Organspenden deutlich erhöht.

Ganz ähnlich gibt es auch – diskursive, institutionelle und materielle – politische Kontexte, die eine rationalisierende Rückkoppelung von Wünschen, Überzeugungen und Prinzipien begünstigen. Selbstverständlich leiden egalitäre deliberative Prozesse nicht nur unter dem von Rousseau erwähnten Problem der Demagogie. Die größte Schwierigkeit ist zweifellos, überhaupt erst einmal zu definieren, worin die deliberative Vernunft eigentlich besteht und welche Voraussetzungen und Grenzen sie hat. Viele Kritiker der Deliberation betonen völlig zu Recht, es gebe schlichtweg keine Garantie dafür, dass eine Debatte zu Ergebnissen führt, die in irgendeiner Hinsicht besser wären als einfache Mechanismen der Präferenzaggregation, wie wir sie bei Wahlen haben. In deliberativen Prozessen können inkommensurable, sich gegenseitig ausschließende Weltsichten miteinander konkurrieren, und es steht nicht fest, ob der kollektive Dialog systematisch moralisch abstoßende Entscheidungen verhindert. Möglicherweise wirkt die Deliberation iatrogen, also wie ein ärztlicher Behandlungsfehler, der eine Krankheit überhaupt erst auslöst, und setzt Projekte auf die Tagesordnung, die aus einer stärker formalisierten liberalen Sichtweise kaum in Betracht gezogen würden. So haben beispielsweise Staatszerfall und extreme Unsicherheit in Teilen Südamerikas zur Verbreitung brutaler Lynchmorde an mutmaßlichen Kriminellen geführt. Ist die Rechtfertigung des Lynchmords das Ergebnis irgendeiner Form von Deliberation oder könnte sie es sein? Wenn man die Deliberation aus emanzipatorischer und aufgeklärter Perspektive auf einen »vernünftigen Pluralismus« beschränken will, müsste man sich zuvor auf den ethischen Ausschluss einiger Themen und Lösungsvorschläge verständigen, doch die Kriterien einer solchen Auswahl ergeben sich keineswegs von selbst.

Die Verteidiger der Deliberation erwidern häufig, dass ihr ein Mechanismus der Autokorrektur innewohnt. Und tatsächlich ist dies eine Annahme, die mit der historischen Erfahrung des moralischen Fortschritts in den vergangenen zwei Jahrhunderten übereinstimmt: dem Zugewinn an Freiheiten, der Stärkung demokratischer Systeme, aber auch der Inklusion zuvor ausgeschlossener politischer Subjekte. Es ist, als öffnete die Deliberation einen Wasserlauf demokratischer Rationalität, der danach nur schwer wieder verschlossen werden kann und zu einem mächtigen Strom anschwillt. In Irland erwies sich die Einführung deliberativer Mechanismen durch eine Bürgerversammlung, deren hundert Mitglieder man per Los bestimmt hatte, als wichtige Voraussetzung für das Referendum von 2018, das die Abtreibung in diesem Land legalisierte und damit eine Verfassungsänderung ermöglichte, die wenige Jahre zuvor noch unvorstellbar erschienen war. Eine ganz ähnliche Erfahrung machte man in Texas, wo ebenfalls einige Bürger ausgelost wurden, um »um über saubere Energie zu diskutieren, nicht gerade ein naheliegendes Thema für einen Ölstaat. Infolge dieser Beratungen mit ausgelosten Bürgern stieg der Anteil der Personen, die sich bereit erklärten, etwas mehr für Wind- und Sonnenenergie zu bezahlen, dort von 52 auf 84 %!«[3]

Doch wie funktioniert dieser Prozess der Autokorrektur? Entsteht er aus Zwang und Konformismus, also aus dem, was Jon Elster als die »zivilisatorische Kraft der Heuchelei« bezeichnete (die Anhänger der Sklaverei und der Homophobie merken, dass ihre Ansichten unpopulär sind, und unterwerfen sich der Selbstzensur)? Eine andere, sehr bekannte Antwort ist die des Philosophen Jürgen Habermas, der die Ansicht vertritt, die pragmatischen Bedingungen des Dialogs selbst würden den Sprechakt in Richtung einer tendenziellen Zunahme der politischen Vernunft bewegen. Festgefahrene Diskussionen ließen sich auflösen, wenn sich die Streitenden auf bestimmte Kriterien einigen (etwa bezüglich der Verallgemeinerbarkeit von Argumenten oder der Symmetrie der Beteiligung), wie sie in einer idealen Sprechsituation gegeben wären, sodass sich der Einfluss der jeweiligen Position (reich oder arm, Mann oder Frau, jung oder alt) verflüchtigt. Die Bereitschaft, an einem genuin deliberativen Dialog teilzunehmen, impliziere demnach letzten Endes, das Streben nach persönlichem Vorteil oder nach Einfluss den Bedingungen einer rationalen Diskussion unterzuordnen.

Ich glaube, dass der Standpunkt von Habermas inso-

---

3 Van Reybrouck, *Gegen Wahlen*, a. a. O., S. 94.

fern richtig ist, als die kommunikativen Vorbedingungen eine pragmatische Realität darstellen. Unsere politischen Räume benötigen dialogische Voraussetzungen – wir behandeln uns zumindest rhetorisch als freie, gleiche und gleichermaßen vernunftbegabte Wesen –, ohne die Partizipation sinnlos wäre, und sicherlich wirkt sich die institutionelle Struktur tendenziell auf das Ergebnis aus. Doch gleichzeitig ist die Position von Habermas zu kategorisch: Dass aus Deliberation politischer Unsinn resultieren kann, hat nicht notwendigerweise mit strukturell nicht gegebenen idealen Voraussetzungen zu tun, und es existiert im Gegenteil ein weites Feld alltäglicher Situationen, wo man nicht haarfein zwischen eigennützigen und am Gemeinwohl orientierten Präferenzen unterscheiden kann, sondern wo diese sich überlappen, vermischen oder wo es zwischen beiden zu Rückkopplungen kommt.

Deliberation als demokratische Sozialisation

In der Praxis haben die tendenziell positiven Effekte der Deliberation möglicherweise mehr mit ihrer empirischen Realität als mit ihrer normativen Struktur zu tun. Wie der Philosoph Joshua Cohen angemerkt hat, wirkt sich die politische Deliberation – im Unterschied zu Marktverhandlungen oder aggregativen Demokratiekonzepten – auf die soziale Identität der Bürger aus und formt ihre Interessen in Richtung einer Übereinkunft unter Gleichen. Es gibt eine enge – nicht notwendigerweise positive – Verknüpfung zwischen der Bereitschaft zur Deliberation und dem Verständnis der Demokratie als eine gemeinsam erarbeitete und verbindliche Entscheidung.[4] In diesem Sinne besteht der intuitive Vorteil der Deliberation gegenüber weniger lebendigen und nicht so stark in unserem Lebensalltag verankerten Konzepten der politischen Partizipation darin, dass sie uns zu verstehen hilft, weshalb wir Demokratie als kollektive und universelle Verpflichtung und nicht in erster Linie als individuelles Recht begreifen sollten. Nicht nur aus Gründen der besseren Argumentation – in dem Sinne, dass sie von uns verlangt, Begründungen zu entwickeln, die auch für andere freie, gleiche und von den Entscheidungen betroffene Bürger nachvollziehbar sind –, sondern auch aus soziologischen Motiven, die viel mit einem effektiven Egalitarismus zu tun haben. Deshalb ist die Kartellisierung der Politik historisch immer mit wachsender Ungleichheit verknüpft.

Die Deliberation ist nicht nur ein Verfahren, um Entscheidungen zu treffen, sondern sie bietet uns auch die Erfahrung demokratischer Vergesellschaftung unter Gleichen: Sie prosperiert in Räumen dichter Interaktion, und zwar häufig durch oder im Rahmen von intermediären Organisationen, die unsere individuellen Präferenzen artikulieren und in größere Projekte der Bildung, Umwelt, Arbeit, Pflege, Mobilität usw. einfügen.

Habermas selbst hat in einer sehr bekannten Untersu-

---

4 Joshua Cohen, »Democracy and liberty«, in: Jon Elster, *Deliberative Democracy*, Cambridge: Cambridge University Press 2012, S. 185-231.

chung analysiert, wie sich die protodemokratische öffentliche Sphäre zu Beginn der Moderne als Produkt sehr spezifischer historischer Bedingungen herausbildete. Ende des 18. Jahrhunderts entstanden nicht nur neue Kommunikationsmittel wie die Zeitungen, die enorme Wirkung auf die öffentliche Meinung entfalteten, sondern auch neue Foren wie etwa die Londoner Cafés, die deutschen Bierhäuser oder die Pariser Salons, die Räume egalitärer persönlicher Beziehungen eröffneten, vererbte Privilegien zurückdrängten und damit die Voraussetzungen für eine produktive Debatte schufen.[5] Eine erstaunliche Anzahl demokratischer Initiativen wurde buchstäblich in Kneipen, Bars, Pubs und Vereinen wie den sozialistischen Klubs in Großbritannien (dem Blue Post in der Newman Street, dem Rose Street Club oder der Marylebone Radical Association), in den Cafés der Ende des 19. Jahrhunderts in der Schweiz exilierten französischen Kommunarden oder in spanischen anarchistischen Zusammenschlüssen erdacht und lanciert. Viele vehemente Verteidiger der Arbeiterlinken vergessen, dass Gewerkschaften und Parteien nicht nur Orte des Klassenwiderstands, sondern auch der politischen Sozialisation unter Gleichen waren. Egalitäre Partizipation kann nur auf der Grundlage bereits bestehender Beziehungen entwickelt werden, die ihrerseits das deliberative Handeln transformieren.

Es gibt zwei sehr spezifische Probleme der deliberati-

---

[5] Jürgen Habermas, *Strukturwandel der Öffentlichkeit. Untersuchungen zu einer Kategorie der bürgerlichen Gesellschaft*, Frankfurt am Main: Suhrkamp 1991 [1962].

ven Soziabilität. Das Erste ist, dass die von ihr ausgelösten Transformationen der persönlichen Identität auch negativ sein können. Zunächst scheint es plausibel, dass sich Deliberationsprozesse ermächtigend auf die Beteiligten auswirken, doch das Gegenteil ist ebenfalls vorstellbar, nämlich dass die Deliberation unsere Selbstwahrnehmung unterminiert und subalterne Identitäten produziert. Ein zweites, gravierenderes Problem ist die Gefahr von Lobbyismus und Fraktionierung. Im Vergleich zu Einzelpersonen wirken kollektive Akteure wie Unternehmen, Lobbygruppen oder NGOs in Deliberationsprozessen wie organisierte Oasen in einer gesellschaftlichen Wüste, zumal sie über eine viel durchschlagskräftigere Interventionsfähigkeit verfügen als Einzelpersonen oder kleine Gruppen von Bürgern. Die Verantwortlichen einer spanischen Mittelmeerstadt berichteten mir, dass bei den ersten Bürgerhaushalten absurd viel Geld dafür ausgegeben wurde, Kunstrasen auf Fußballfeldern zu verlegen. Das lag daran, dass die örtlichen Fußballvereine, in denen viele Menschen, aber bei Weitem nicht die Mehrheit der Bürger organisiert waren, ihre Mitglieder zur Beteiligung an den Abstimmungen mobilisiert hatten. Ganz ähnlich sprachen sich einige Nachbarn des Madrider Stadtteils Chamberí 2018 ab, um Fahrradweg und Fußgängerzonen im Viertel abzuschaffen. Sie brachten die Initiative in den Bürgerversammlungen vor, wo sie die Unterstützung einer knappen Mehrheit der Repräsentanten erhielten. Wie so häufig handelte es sich bei den Gegnern der Fußgängerzone um eine kleine, aber sehr aktive Gruppe, während die Befürworter der Verkehrsberuhigung wahrscheinlich zu einer stillen Mehrheit gehörten, die wenig Interesse an den Tag legte, sich für eine (von ihr nicht für zentral gehaltene) Angelegenheit zu engagieren. Der Einfluss von Interessengruppen kann in systemrelevanten, aber weniger sichtbaren Bereichen enorm sein: Menschen demonstrieren relativ schnell gegen die Schließung eines Krankenhauses, aber es ist sehr viel schwieriger, die Bevölkerung gegen die Privatisierung der medizinischen Erstversorgung oder von Labordiensten zu mobilisieren.

Wenn die demokratische Sozialisation nicht tendenziell universell und egalitär verläuft, können sich Partizipation und Deliberation in eine politische Pathologie verwandeln. Zumindest in Spanien, wo die Bereitschaft, sich in Vereinen und Initiativen zu organisieren (mit Ausnahme des Baskenlandes und, in geringerem Ausmaß, Kataloniens), eine der niedrigsten Raten in Europa aufweist – nur 29 Prozent gegenüber 42,5 Prozent im europäischen Mittel –, ist das kein nebensächliches Problem. Wenn wir die Länder mit der höchsten Organisationsbereitschaft (91 Prozent in Dänemark, 83 Prozent in Schweden) als Vergleich heranziehen, ist die Kluft enorm. Eine der hartnäckigsten Hinterlassenschaften der Franco-Diktatur besteht darin, dass diese uns in ein gesellschaftlich desartikuliertes Land verwandelt hat, in dem es zwar eine große Familiensolidarität und eine starke Tendenz zu sporadischen Massenprotesten gibt, aber zivilgesellschaftliche Strukturen eher schwach ausgebildet sind. Dies ist der perfekte Nährboden für kollektive Irrationalität. Ein weiteres und damit zusammenhängendes Problem im fragmentierten gesellschaftlichen Ökosystem Spaniens ist die abnehmende Partizipation. Eine Gruppe baskischer Sozialarbeiter erzählte mir, dass sie gelegentlich mit sehr lauten, aber wenig organisierten Initiativen zu tun hätten, die die Selbstverwaltung öffentlicher Räume einforderten. Anfangs hatten die Gemeindebeamten, die über die Umwandlung in ein selbstverwaltetes Projekt verhandeln sollten, es mit sehr dynamischen Gruppen von manchmal Hunderten engagierter Personen zu tun. Doch wenn sie nach einigen Monaten zurückkehrten, um die Entwicklung zu beobachten, stellten sie fest, dass die Initiative in beeindruckender Geschwindigkeit geschrumpft war und manchmal nur noch aus zwei oder drei Personen bestand, die die öffentlichen Gelder mehr oder weniger gut verwalteten. Inwiefern ist diese Praxis demokratischer und egalitärer als die direkte Verwaltung durch die Gemeinde? Kurz gesagt: Sie ist es nicht.

Die abnehmende Bereitschaft, sich in Vereinen und Projekten zu organisieren, stellt ein großes Hindernis für egalitäre Partizipationsprozesse dar und ist ihrerseits Symptom eines gravierenderen Problems: der Fragilität des zivilgesellschaftlichen Lebens, aus dem sich die Organisationen speisen. Die Räume formeller oder informeller Zusammenschlüsse sind sekundärer Ausdruck einer Bürgerkultur, die die Demokratie normalisiert, indem sie sie in die Alltagserfahrung einbaut. Die egalitäre politische Beteiligung ist nicht nur ein System institutionalisierter Regeln und Praktiken, sondern auch, um einen soziologischen Fachbegriff zu verwenden, ein *Habitus.* Bourdieu verwendete diesen Ausdruck, um eine Form der sozialen Praxis zu beschreiben, die zwischen dem bewussten Handeln – etwas im Supermarkt einkaufen gehen – und dem strikt unbewussten Verhalten – wie etwa unseren regionalen Dialekten – verortet ist. Es ist jener Mechanismus, der dafür sorgt, dass der unserer Selbstwahrnehmung zufolge frei gewählte und für uns so wichtige ästhetische Geschmack üblicherweise eng mit unserer sozialen Klasse verknüpft ist. Menschen mit ähnlichen Einkommen, Bildungsniveaus und Berufen haben gewöhnlich auch überraschend ähnliche musikalische und kulinarische Vorlieben. Man kann das Konzept des Habitus auch anhand des Sports veranschaulichen: Trainer wissen, dass es meistens sinnlos oder gar kontraproduktiv ist, das gewünschte Resultat direkt erzielen zu wollen – eine bestimmte Rückhand im Tennis zu spielen zum Beispiel. Deshalb suchen sie nach einer Strategie, die es dem Körper des Sportlers erlaubt, die Bewegung zu internalisieren. Unsterblich wurde diese Idee in meiner Generation durch den Satz »wax on, wax off« im Film *Karate-Kid*, in dem ein japanischer Karatelehrer seinem Schüler Kampftechniken mithilfe alltäglicher Schreiner- und Putzarbeiten beibringt, ohne dass der Schüler dies bemerkt.

Die formalistischsten Konzepte der Demokratie ähneln ein wenig den Trainern, die ihren Spielern zurufen: »Spiel eine gute Rückhand!« Die deliberative Partizipation ist das *wax on, wax off* substanzieller politischer Gleichheit. Der Politologe Robert Fishman hat überzeugend dargelegt, dass die unterschiedlichen Demokratisierungspfade, die Spanien und Portugal einschlugen, sehr verschiedene politische Kulturen hervorgebracht haben, die sich in den Arbeitsbeziehungen, dem Bildungs- und

Justizwesen, aber auch im Verhalten der politischen Klasse und ihrer Art widerspiegeln, gesellschaftliche Proteste wahrzunehmen und auf diese zu reagieren.[6] In Spanien war die Demokratisierung durch ein »Schwamm drüber« charakterisiert, also durch den kollektiven Versuch, die vierzig Jahre der Diktatur einfach zu vergessen. Portugal hingegen nahm einen echten Prozess der Übergangsjustiz in Angriff: Die jüngere Geschichte wurde aufgearbeitet, und man hat politische sowie rechtliche Mechanismen entwickelt, die den Regimewechsel unterstützten. Das Ergebnis waren weniger grundlegend andere Gesetze als vielmehr eine demokratischere politische Kultur, in der beispielsweise Straßenproteste und Massendemonstrationen als legitime politische Ausdrucksmittel gelten, die Regierung und Massenmedien nicht einfach ignorieren können. Dies ist eine wichtige Lehre, die zum Verständnis der egalitären politischen Partizipation beiträgt. Deliberation ist nicht nur ein Verfahren, sondern auch eine Sozialisationserfahrung, die sich in sehr unterschiedlichen Zusammenschlüssen entfaltet: in gewerkschaftlichen, politischen und kulturellen Organisationen, aber auch in Nachbarschafts- und Sportvereinen. Die soziale Praxis, Argumente gegenüber Personen vorzubringen, die wir als Gleiche anerkennen, ist eine Form, richtigere und legitimere Entscheidungen zu treffen, aber auch ein Instrument, um die politische Gleichheit im sozialen Leben ma-

---

6 Robert Fishman, »Democratic practice after the revolution: The case of Portugal and beyond«, in: *Politics & Society* 39/2 (2011), S. 233-267.

teriell werden zu lassen. Es ist, wie Tawney sagte, eine Form, um die Demokratie in eine Lebensweise zu verwandeln.

9. Bürokratische Gleichheit und Gewalt

Als Kind las ich einmal einen Science-Fiction-Roman, an dessen Titel ich mich nicht mehr erinnere. Er war nicht besonders originell, die Menschheit war in Gefahr, und die Erdlinge schickten als letztes Mittel einige kleine Kinder in einem Raumschiff los, um neue Planeten zu entdecken. Sie reisen allein, werden nur vom Bordcomputer beaufsichtigt und erzogen. In Wirklichkeit ist die Suche nach einem neuen Planeten ein vorgeschobenes Motiv. Die eigentliche Idee besteht darin, dass die frei von jedem Erziehungszwang lebenden Kinder neue wissenschaftliche und philosophische Theorien entwickeln sollen, die der Menschheit weiterhelfen. Und genau dies geschieht auch. Die Reise durchs All erlaubt es den Kindern, ihre kreative Energie ohne Einschränkungen auf bis dahin unvorstellbare Weise zu entfalten. Ich glaube, dass diese Geschichte so etwas sein könnte wie der Gründungsmythos einiger heute dominanter antibürokratischer Strömungen.

Was die Ablehnung der bürokratischen Ungleichheit und der Privilegien von Funktionsträgern in staatlichen Verwaltungsstrukturen, politischen Parteien und großen Wirtschafts- und Kultureinrichtungen angeht, gibt es einen breiten gesellschaftlichen Konsens. Auf den ersten Blick erscheint diese Haltung ein vielversprechender Nährboden für egalitäre Werte, ganz ähnlich wie die veränderten Beziehungen zwischen Männern und Frauen: Die wirtschaftliche Ungleichheit mag unsere Herzen durchdrungen haben, aber wir empfinden nach wie vor eine natürliche Abscheu gegenüber bürokratischen Pfründen. In diesem Kapitel werde ich darlegen, inwiefern sich die Dinge komplizierter verhalten. Pathologische Bürokratien existieren und sind eine wichtige Ursache der Ungleichheit. Zum Beispiel wären die Zerstörung des Wohlfahrtsstaates und die Privatisierungspolitik, wie sie ab den siebziger Jahren zu beobachten waren, ohne die Komplizenschaft der politischen Oligarchie und hoher Staatsbeamter mit den Wirtschaftseliten unmöglich gewesen. Doch gleichzeitig ist die Bürokratie im weiteren Sinne, nämlich als eine auf klaren Regeln und unpersönlichen Verfahren beruhende Rationalisierungsform großer – nicht nur staatlicher – Organisationen, ein unentbehrliches und unverzichtbares Werkzeug für einen echten Egalitarismus.

Licht und Schatten der Bürokratie

Es gibt wenige Begriffe, die in unserer politischen Kultur so negativ konnotiert sind wie jener der »Bürokratie«. Tatsächlich ist es faszinierend, wie einmütig Menschen, die in anderen Fragen radikal entgegengesetzte Positionen vertreten, administrative Verfahren verachten. In den letzten Jahrzehnten wurde die Bürokratie nicht nur von radikalen Systemoppositionellen, sondern vor allem von Management-Gurus attackiert, die eine flexiblere und weniger rigide Regulierung der Geschäftswelt durchsetzen wollen. Linke betrachten die Bürokratie, nicht ganz unbegründet, als ein totalitäres Experiment, das für Hierarchisierung und soziale Kontrolle sorgt. Die neuen Theoretiker des freien Unternehmertums klagen über die Bürokratie als organisatorischen Flaschenhals, der den freien Fluss der kollektiven Kreativität erschwert: eine Orgie normativer Rituale, die Innovation verhindern.

Diese seltsame Übereinstimmung zwischen Systemopposition und Marktliberalismus hat, wie Thomas Frank in *The Conquest of Cool* darlegt, eine Vorgeschichte, die bis zu den Transformationen von Kultur und Unternehmertum in den sechziger Jahren zurückreicht. In gewisser Weise ergänzten sich das Entstehen einer politisierten, von Jugendlichen getragenen Gegenkultur und die Entwicklung von Unternehmenspraktiken, die bürokratischen Konzernen kritisch gegenüberstanden und mit der Ideologie von Kreativität und permanenter Erneuerung sympathisierten. Anfang der Siebziger verwies der Vorstandsvorsitzende der Autovermietung Avis in einem sehr erfolgreichen Buch auf Ho Chi Minh, von dessen Widerstand gegen die Großmächte innovative Unternehmer lernen sollten. Zwei Jahrzehnte später, nämlich 1996, schrieb ein Werbetexter von Nike: »Wozu machen wir diese Art von Werbung, wenn nicht, um das Volk zum Aufstand anzustacheln?«[1]

Diese Position ist heute so normal, dass es uns schwerfällt, ihre offensichtlichen Schwachstellen zu erkennen. Erstens bedeutet Bürokratie im Sinne Hegels oder Max

---

[1] Zit. n. Thomas Frank, *The Conquest of Cool. Business Culture, Counterculture, and the Rise of Hip Consumerism*, Chicago/London: The University of Chicago Press 1997, S. 1.

Webers ganz einfach den Versuch, bestimmte gesellschaftliche Bereiche durch effiziente, unpersönliche und universell anwendbare Normen zu rationalisieren. Dabei handelt es sich um ein Vorhaben, das zumindest anfangs in enger Beziehung zur egalitären Kultur der aufgeklärten Moderne stand. Wenn wir von Bürokratie sprechen, kommt uns ein Schalter in den Sinn, an dem ein unmotivierter und miesepetriger Beamter rätselhafte Formulare und unverständliche Bescheide verlangt. Ein sehr viel korrekteres Bild dessen, was die moderne Bürokratie – hinsichtlich ihrer Stärken und Schwächen – auszeichnet und worin sie sich von anderen Organisationsformen kollektiver Tätigkeiten unterscheidet, vermitteln uns ein Operationssaal oder das Cockpit eines Linienflugzeugs, also Orte, an denen Aufgaben detailliert geplant sind und strikt arbeitsteilig erledigt werden und wo technische Kompetenz sowie maximale Effizienz eine unbarmherzige Herrschaft ausüben. Adelstitel oder Vermögen spielen keine Rolle, wenn es darum geht, ein Flugzeug zu steuern, ein Gebäude zu errichten oder jemanden zu operieren; stattdessen muss man seine Fähigkeiten mithilfe verschiedener Verfahren unter Beweis stellen, die für alle gleich sind. Auch das ist Bürokratie.

1982 drehte Clint Eastwood den Film *Firefox*, in dem er selbst einen US-Piloten spielt, der mit einer gefährlichen Mission beauftragt ist. Die Sowjets haben einen ausgefeilten Kampfjet gebaut, der per Gedankenübertragung gelenkt werden kann. Briten und Amerikaner, die mit einer derartigen Technologie nicht aufwarten können, entsenden einen Agenten, um den Prototyp der Maschine von einem russischen Luftwaffenstützpunkt zu stehlen. Die kapitalistische Antwort auf die überlegene sozialistische Technologie besteht in Industriespionage. In der Frühzeit des Neoliberalismus traute man Bürokratien also durchaus noch etwas zu, der Realsozialismus wurde als ein hoch entwickeltes und effizientes, aber *genau deshalb* auch als autoritäres, von Zwang beherrschtes System betrachtet. Wir glaubten, dass der Verzicht auf die Freiheit der Preis für eine perfekte organisierte Gesellschaft sei.

Es fällt uns schwer, den Autoritarismus mit Chaos, Desorganisation und Willkür in Verbindung zu bringen, obwohl genau das in Wirklichkeit sehr oft der Fall ist. Dementsprechend sind »Effizienz« und »Organisation« auch nicht die ersten Begriffe, die uns einfallen, wenn wir an die egalitäre Demokratie denken. Der Soziologe George Ritzer machte vor einigen Jahren den Begriff »McDonaldisierung« populär, um zu beschreiben, wie bürokratische Organisationsmodelle – die ursprünglich für innovative staatliche Unternehmen wie die Post entwickelt worden waren – auf neue Bereiche ausgeweitet wurden, die sich der Massenproduktion eigentlich widersetzen: Restaurants, die Möbelfertigung etc. Der Erfolg von McDonald's oder Ikea hat mit der Anwendung von Rationalisierungsverfahren zu tun, die eine Standardisierung der bis dahin auf informelle Praktiken beschränkten Güter- und Dienstleistungsproduktion erlauben.

Gewöhnlich ist der Begriff McDonaldisierung negativ konnotiert, da er völlig zu Recht mit Konsumismus, der Ausbreitung ungesunder und qualitativ minderwertiger Produkte sowie der Ausbeutung der Beschäftigten assoziiert wird. Doch in einem umfassenderen Sinne verweist das Konzept auch auf die Möglichkeit, ganz unterschiedliche organisatorische Prozesse zu vereinheitlichen, und dies mit gewaltigen Folgen. Es gibt keinen Grund, warum diese bürokratischen Bemühungen – natürlich mit denselben Einschränkungen wie in allen anderen Bereichen – nicht auch auf egalitäre Projekte beispielsweise im öffentlichen Nahverkehr, in der allgemeinen Gesundheitsversorgung, der regionalen Landwirtschaft oder bei der Demokratisierung von Betrieben angewandt werden sollten. Tatsächlich gibt es emanzipatorische Veränderungen, die durch den Staat ohne vorhergehende Massenproteste von oben nach unten durchgesetzt wurden. Ein erhellendes Beispiel hierfür ist das von der PSOE-Regierung unter José Luis Rodríguez Zapatero verabschiedete Gesetz zum Schutz der Rechte von Homosexuellen. Von einer gesellschaftlichen Mobilisierung für dieses Gesetz, das progressiver ist als entsprechende Regelungen in anderen Ländern mit längerer demokratischer Tradition, kann keine Rede sein. Das neue Gesetz war nicht das Ergebnis von Demonstrationen. Vielmehr war es so, dass die Initiative des Staates den Aktivismus normalisiert und gefördert hat. Die Aktivisten spielten allenfalls insofern eine wichtige Rolle, als sie zum Führungspersonal der Regierungspartei gehörten. Die LGTBI-Bewegung existierte selbstverständlich schon vorher und trug maßgeblich dazu bei, die Diskriminierung sichtbar zu machen und Lösungen aufzuzeigen, aber sie war, darüber darf man sich keine Illusionen machen, gesellschaftlich in der Minderheit. Hier zeigt sich also – bei aller berechtigten Skepsis gegenüber bürokratischen Apparaten – ein emanzipatorisches Potenzial, auf das wir bei großmaßstäblichen Herausforderungen wie etwa auch dem Klimawandel kaum verzichten können.

Eine verbreitete Folge antibürokratischer Flexibilisierung ist weniger die Freiheit als die Willkür. Deshalb zerstörten die Nazis nach ihrer Machtübernahme mit großer Geschwindigkeit das Gerüst der deutschen Bürokratie, um diese dem Ermessen des charismatischen Führers zu unterwerfen. Der Politikwissenschaftler Franz Neumann erinnert in seinem Buch *Behemoth* an einen Nazi-Juristen, der den NS-Staat mit zwei Gebäuden verglich. Er habe den Charakter »›eines Führerbaus‹, der sich durch ›künstlerische Vielgestaltigkeit‹ auszeichnet, […] ›und eines Verwaltungsbaus‹, der von ›strenger Sachlichkeit und nüchterner Zweckmäßigkeit‹ beherrscht ist«.[2] Nein, die Marketing-Experten von Nike und die Management-Theoretiker waren nicht die Ersten, die Kreativität und die für Eliten vorteilhafte technische Verwaltung miteinander in Einklang bringen wollten. Es ist ein Phänomen, das Millionen Arbeiter und vor allem die Beschäftigten der als »innovativ« geltenden Branchen am eigenen Leib erlebt haben: Alle wissen, dass ihre Vorgesetzten von ihnen etwas sehr Konkretes erwarten, aber ihnen wird nicht gesagt, was; stattdessen ermahnt man sie, kreativ, spontan und kooperativ zu sein. Diese Spannung ist in der kapitalistischen Gegenwart eine enorme Quelle von Angst und Unzufriedenheit bei der Arbeit.

---

2 Franz Neumann, *Behemoth. Struktur und Praxis des Nationalsozialismus*, Frankfurt am Main: Fischer 1988 [1942/44], S. 111.

Frühe Bürokratietheoretiker wie Max Weber waren sich der Grenzen und Defizite der Bürokratie sehr wohl bewusst, etwa ihrer Ineffizienz oder der durch sie beförderten Oligarchisierung. Es gibt eine sehr spezielle Form der bürokratischen Irrationalität: Die Normen werden zu so etwas wie einem religiösen Ritual, stellen nur noch einen Selbstzweck dar und haben nichts mehr mit dem zweckgebundenen Verfahren zu tun, das sie ursprünglich gewährleisten sollten. Das ist eine bisweilen schreckliche Realität, die das kollektive Leben von Organisationen enorm belasten kann, weil sie für ein allgemeines Entfremdungsgefühl sorgt. Ähnlich verbreitet ist allerdings etwas, das wir als organische Irrationalität bezeichnen können und das eintritt, wenn persönliche Beziehungen mit den Zielen der zu einem anderen Zweck gegründeten Organisation verwechselt werden. Ich erinnere mich, wie ich das erste Mal das Medialab von Madrid betrat (eine kommunale Einrichtung zur Technologieförderung), um an einer Veranstaltung über Kulturmanagement teilzunehmen. Mich beeindruckte der Umstand, dass sich alle außer mir zu kennen schienen und es offenbar niemanden gab, der die Veranstaltung organisierte – zumindest war ich nicht in der Lage, die Person zu identifizieren. Irgendwann ging einer der Teilnehmer an einen Kühlschrank, der hinter einer Sichtblende versteckt war, und schenkte sich ganz entspannt einen Saft ein. Die Person sah nicht aus wie ein Angestellter des Medialab, aber es gab auch nichts, das darauf hinwies, dass jemand anderes es ihm nachmachen und sich ebenfalls einen Saft einschenken könnte. Ich bin mir sicher, dass die Organisationsform für ein offenes, antibürokratisches und hierarchiefreies Klima sorgen sollte und dies für einige sicherlich auch tat. Auf andere Leute, darunter auch auf mich, übte sie die gegenteilige Wirkung aus: Sie vermittelte das Gefühl, sich in eine Privatfeier geschlichen zu haben.

In einem sehr provokativen Aufsatz verteidigte der Soziologe Paul du Gay die Bürokratie als eine Grundlage der vernünftig-legalen Ordnung unserer demokratischen Gesellschaften.[3] Das wirkt wie eine konservative These, tatsächlich waren aber die meisten Revolutionäre des 20. Jahrhunderts der Ansicht, dass die großen bürokratischen Instrumente – wie die Post – für emanzipatorische Projekte genauso wunderbare und nützliche Erfindungen darstellten wie die Dampfmaschine. So schrieb Lenin kurz vor der russischen Revolution:

> Ein geistreicher deutscher Sozialdemokrat der siebziger Jahre des vorigen Jahrhunderts bezeichnete die Post als Muster sozialistischer Wirtschaft. Das ist durchaus richtig. Gegenwärtig ist die Post ein Betrieb, der nach dem Typ des staatskapitalistischen Monopols organisiert ist. Der Imperialismus verwandelt nach und nach alle Trusts in Organisationen ähnlicher Art. […] Unser nächstes Ziel ist, die gesamte Volkswirtschaft nach dem Vorbild der Post zu organisieren, und zwar so, dass die unter der Kontrolle und Leitung des bewaffneten Proletariats stehenden Techniker, Aufseher, Buchhalter sowie alle beamteten Personen ein den »Arbeiterlohn« nicht übersteigendes Gehalt beziehen.[4]

---

3 Paul du Gay, *In Praise of Bureaucracy. Weber – Organization – Ethics*, London: Sage 2000.
4 W. I. Lenin, *Staat und Revolution*, Werke, Bd. 25, S. 393-507, Berlin: Dietz 1972 [1918], S. 439 f.

Selbstverständlich steckt in Lenins Vorhaben auch eine extrem gefährliche organisatorische Naivität und eine ebenso gefährliche autoritäre Faszination. Sehr häufig sorgt die Bürokratie für Probleme, sie befördert Ungleichheit oder nimmt uns die Kontrolle über unser Leben. Doch die Bürokratie hat auch ein emanzipatorisches Potenzial. Für Lenin, aber selbst für Kropotkin und andere Anarchisten wäre der Verzicht auf bürokratische Organisation ebenso absurd gewesen wie die Forderung, Kleider nur noch mit der Hand zu waschen oder auf Kühlschränke zu verzichten. Die Bürokratie besteht nicht nur aus einer Vielzahl von Regeln: Wie du Gay betont, besitzt sie insofern auch eine moralische Dimension, als sie für Gleichbehandlung bürgt und eine Reihe unverzichtbarer Bedingungen für das normale Funktionieren eines demokratischen, der sozialen Gerechtigkeit verpflichteten Regimes garantiert.

Die Studien zur Ungleichheit von Männern und Frauen in der Arbeitswelt zeigen, dass die Folgen der Bürokratisierung komplex sind. Bürokratische System sind männerdominiert und verleihen den Männern an ihrer Spitze große Macht. Flexiblere Systeme können jedoch ebenfalls zu Ungleichheit führen, da es dort nicht so transparente und strikte Rekrutierungs- und Aufstiegsregeln gibt wie in der öffentlichen Verwaltung. Im Allgemeinen sorgt die Bürokratie zumindest unter bestimmten Voraussetzungen für egalitäre Mindestgarantien gegenüber den fürchterlichen Effekten des Vitamin B, also der persönlichen Verbindungen. Anonyme Verfahren können in Entfremdung und Irrationalität münden, aber auch sicherstellen, dass egalitäre Projekte skalierbar sind und schnell eine transformatorische Wirkung entfalten. Deshalb enden antibürokratische Alternativen zur Partei – der rationalen politischen Organisationsform der Moderne – fast immer entweder in überschaubaren Gruppen mit starken sozialen Bindungen, die deliberative Prozesse verformen und Druck auf Minderheiten ausüben, oder in charismatischer Führung, die sich auf plebiszitäre Mechanismen stützt. Die Parteienherrschaft ist der Misthaufen der Demokratie, aber der Verzicht auf klare Diskussionsregeln und auf die strukturelle Begrenzung der Macht führt zum Tod der Deliberation.

Natürlich gibt es gute Gründe, der Bürokratie zu misstrauen. Zunächst ist da ihr expansiver und entmündigender Charakter: Die Bürokratie erlaubt uns zwar, neue kollektive Aufgaben in Angriff zu nehmen, sie verwandelt uns aber auch oft in Kinder, die plötzlich an Aufgaben scheitern, die wir zuvor problemlos selbst erledigen konnten. Die bürokratische Universalisierung von Bildung und Gesundheit hilft uns nicht nur, diese Bereiche besser zu organisieren, sondern hat auch den Effekt, dass sie uns unserer traditionellen Fähigkeit, sie zu organisieren, beraubt, was neue, zuvor unbekannte Probleme erzeugt. In dieser Hinsicht haben die Institutionenkritiker völlig recht. Aber das bedeutet nicht, dass jede Form der Bürokratie diese Wirkung hätte. Ivan Illich unterschied zwischen Institutionen des »Zusammenlebens« und Institutionen der »Manipulation« und betrachtete diese als die Extreme eines bürokratischen Kontinuums. Erstere beruhen wie Parks, Bibliotheken oder das Postwesen auf dem universellen Zugang und sind nicht expansiv, sondern vielmehr selbstbegrenzend: Sie fördern nicht geplant den Konsum dessen, was sie produzieren, sondern erleichtern spontane Beziehungen. Letztere hingegen begrenzen die Freiheit der Nutzer und verlangen nach wachsendem Konsum. Illich meinte, das beispielsweise bei den modernen Gesundheitssystemen zu erkennen: Bis zu einem gewissen Punkt verbessert die Medizin unsere Lebensqualität stark, aber dann verursacht sie mehr Leid, als sie verhindert. Die Gesundheitssysteme verwandeln sich in Brutstätten bürokratischer Kontrolle, monopolisieren die Instrumente zur Befriedigung eines bestehenden Bedürfnisses, nämlich eines gesunden Lebens, und produzieren eine wachsende, tendenziell unbegrenzte Nachfrage nach professioneller Pflege. Die bürokratisierte Gesundheit wäre demzufolge nicht unser Naturzustand, sondern ein vorgefertigtes Produkt, das wir als Medizinkonsumenten in Krankenhäusern und Kliniken erhalten.[5] Die Diagnose Illichs ist scharfsinnig, erscheint jedoch angesichts der Erfahrungen mit der Pandemie offenkundig unvollständig. Covid-19 hat seit 2020 nicht nur die materielle Unterversorgung unserer öffentlichen Gesundheitssysteme offenbart. Die Jahrzehnte der Kürzungen und Privatisierungen haben auch die Bürokratie stark zersetzt. In Spanien oder

---

[5] Ivan Illich, *Die Nemesis der Medizin. Von den Grenzen des Gesundheitswesens*, aus dem Englischen von Thomas Lindquist und Johannes Schwab, Reinbek: Rowohlt 1981; Humberto Beck, *Otra Modernidad es posible. El pensamiento de Iván Illich*, Barcelona: Malpaso 2017.

Italien fehlten neben Intensivbetten, Pflegekräften und Beatmungsgeräten auch klare und effiziente Verfahren mit eindeutig definierten Befehlsketten und verlässlichen Informationssystemen.

Es wäre naiv zu meinen, dass es ein einfaches Rezept gebe, um die positiven Effekte der Bürokratie in puncto Effizienz und Universalität zu bewahren und gleichzeitig ihre autoritären Aspekte und irrationalen Tendenzen einzuhegen. Damit bürokratische Apparate ihr egalitäres und demokratisches Potenzial auch entfalten, sind sie auf die institutionelle Loyalität der Mitarbeiter angewiesen; solche Einstellungen sind allerdings stets flüchtig. Für mich ist es eine irritierende und zugleich ermutigende Entdeckung, dass Menschen mit politischen Ideen, die sich von meinen stark unterscheiden, sehr gute Arbeit in verantwortlichen Positionen der öffentlichen Verwaltungen leisten können (leider ist das Gegenteil ebenfalls bisweilen der Fall). Insgesamt bin ich jedenfalls überzeugt, dass es aus der Perspektive eines auf Ergebnisgleichheit abzielenden Egalitarismus wichtig ist, die Bürokratie mit Inhalt zu füllen und da zu stärken, wo sie zu mehr Gleichbehandlung führt und den Effekten einer Expertenoligarchie entgegenwirkt.

Das ist genau die Lektion, die sich aus den gemischten Erfahrungen jener deliberativen Verfahren ziehen lässt, bei denen per Los ausgewählte Bürgerinnen zumindest an einigen politischen Entscheidungen beteiligt werden. Hierbei handelt es sich um einen sehr alten Mechanismus zur Demokratisierung öffentlicher Einrichtungen, der mindestens bis zur griechischen Demokratie zurückreicht und im Aragonien des 14. Jahrhunderts *insaculación* (Losentscheid) genannt wurde. Er stellt letztlich ein Instrument zur Beschränkung der Macht von Experten, Berufspolitikerinnen und Verwaltungsmandarinen dar, aber auch ein Mittel zur Weiterentwicklung von Partizipations- und Entscheidungsprozessen. Manchen Leuten mag das als verrückte Idee erscheinen, aber das Losprinzip wird bei einer so heiklen Institution wie der Justiz in vielen Ländern schon lange angewandt: Wir lassen es zu, dass neun zufällig ausgewählte Bürger über Unschuld und Schuld von Menschen urteilen, die so schwerwiegender Verbrechen wie des Mordes angeklagt sind. Weshalb wenden wir entsprechende Verfahren nicht auch in anderen Bereichen der politischen Entscheidungsfindung an, die durch die bürokratische Oligarchie blockiert sind?

Die auf Los beruhenden Deliberationsmodelle, wie sie einige Politologen heute vorschlagen, sind viel ausgefeilter als die des alten Griechenland. Es handelt sich gewöhnlich um mehrstufige Prozesse, an denen sowohl ausgeloste Personen als auch Expertinnen und Mandatsträger beteiligt sind. Das Ziel besteht darin, sowohl die willkürlichen und schlechtinformierten Entscheidungen direkter nichtdeliberativer Verfahren – wie etwa bei digitalen Abstimmungen – als auch die Expertenherrschaft zu vermeiden, in der eine Gruppe von Technokraten selbstständig und mit oft katastrophalen Folgen entscheidet, was das Beste für uns ist. Beispielsweise teilt das deliberative Modell von Terry Bouricius, einem Unterstützer von Präsidentschaftskandidat Bernie Sanders und ehemaligen Abgeordneten des Repräsentantenhauses von Vermont, den gesetzgebenden Prozess auf sechs Organe auf, an denen per Los ausgewählte Personen in unterschiedlicher Weise teilnehmen. Jedes Organ konzentriert sich auf andere Aspekte des politischen Entscheidungsprozesses: die Definition der zu behandelnden Probleme, die Ausarbeitung von Gesetzesvorschlägen, die Revision durch Experten, die Verfahrenskontrolle usw.[6] Unabhängig von den Problemen bei der Umsetzung und den möglichen, keineswegs zu vernachlässigenden negativen Effekten lässt sich eine interessante Lektion aus dem Einsatz des Losentscheids bei der politischen Deliberation ziehen: Es gibt positive Rückkoppelungen zwischen bürokratischer Rationalität und Gleichheit. Der Egalitarismus kann die Transformation formaler Strukturen in leere und fetischisierte Rituale bremsen oder sogar verhindern: Die Aufmerksamkeit für die möglichen oligarchischen Tendenzen der Bürokratie hilft uns, deren eigentlichen Zweck und ihre politische Funktion nicht aus den Augen zu verlieren. Man kann die Tendenz der Bürokratie zu Elitismus, Entmenschlichung und absurden Auswüchsen stoppen, wenn man ihre Funktionsweise durch egalitäre Mechanismen ergänzt. Die Gleichheit kann die bürokratische Maschinerie ölen und sie in ein Werkzeug zur »McDonaldisierung« des Gemeinwohls verwandeln. Dies ist ein sehr wichtiger Aspekt, wenn es – wie in den folgenden Kapiteln – darum geht, die egalitären Potenziale von Bildung und Kultur zu erkennen. Oft heißt es, die Bildungsprobleme unserer

---

6 Van Reybrouck, *Gegen Wahlen*, a.a.O., S. 115-123.

Zeit hätten vor allem mit der Bürokratisierung der pädagogischen Einrichtungen – der Schulen und Universitäten – zu tun, durch die deren eigentliche Funktion, nämlich die Förderung der Chancengleichheit, beeinträchtigt werde. Möglicherweise ist es zumindest teilweise andersherum: Die Inklusion der Bildung in ein großes egalitäres Projekt kann die bürokratische Irrationalität überwinden helfen.

Gleichheit und Stärke

Kurioserweise trauen sich die radikalen Kritiker der Bürokratie selten, ihre Argumentation zu Ende zu denken und sie auf alle gesellschaftlichen Bereiche anzuwenden. So würde vermutlich niemand, der halbwegs bei Verstand ist, infrage stellen, dass legitime Gewaltausübung umfassend bürokratisiert sein muss. Wenige Menschen sind verrückt genug zu fordern, dass Polizisten und Militärs beim Einsatz von Gewalt unbürokratisch, kreativ und innovativ vorgehen sollen. Wo es um die Aufrechterhaltung von Sicherheit und Ordnung geht, liefe kreative Zerstörung auf das Szenario eines postapokalyptischen Videospiels hinaus. Wir verstehen, dass das Gewaltmonopol in den Händen des Staates liegen sollte, der dieses Recht auf der Grundlage klarer und transparenter Normen, präziser Hierarchien und umfassender Kontrollmechanismen ausüben und den Spielraum für Willkür so weit wie möglich einschränken muss. Doch obwohl es sehr gute Gründe für das staatliche Gewaltmonopol gibt, resultiert aus ihm oft eine politische Ohnmacht derjenigen, die nicht auf diese Mittel zugreifen können.

In den neunziger Jahren kam es in Spanien einmal zu einem monatelangen Streik. Irgendwann wurden drei Vertreter der Arbeiter zu einem nichtöffentlichen Treffen mit dem Minister für Infrastruktur in den Regierungspalast eingeladen. Als sie eintraten, salutierte der wachhabende Polizist mit einem militärischen Gruß. Der Gewerkschafter an der Spitze zuckte zusammen und schützte sein Gesicht mit dem Arm. »Ich dachte, er wollte mir ins Gesicht schlagen«, erzählte er mir später. Mich erinnerte das an eine Studentendemonstration, an der ich als 18-Jähriger kurz nach meinem Umzug nach Madrid teilgenommen und auf der ich das Gegenteil erlebt hatte: Wir wiederum konnten uns nicht vorstellen, dass die Polizei willkürlich Gewalt einsetzen würde. Am Ende der Demonstration machte eine Gruppe von mehreren hundert Jugendlichen, viele von ihnen minderjährig, eine Sitzblockade auf der Gran Vía. Wenige Minuten später begann die Polizei, den Protest mit Knüppeln aufzulösen. Das Unglaubliche war, dass niemand reagierte. Alle warteten gehorsam darauf, an die Reihe zu kommen. Die Ursache hierfür war kein Heroismus à la Gandhi, sondern der Umstand, dass niemand glauben zu können schien, ein doppelt so alter und doppelt so schwerer, ein trainierter und gut ausgerüsteter Polizist werde einem friedlich auf dem Boden sitzenden Jugendlichen brutal auf den Kopf schlagen würde – und zwar selbst dann noch nicht, als die Person vor einem schon in Strömen blutete und vor Schmerz schrie.

Wir geben uns lieber der Vorstellung hin, so etwas wie

Machtmissbrauch existiere nicht. Aus einer egalitären Perspektive ist dies ein schrecklicher Irrtum. Um die Legitimität und das rationalisierende Potenzial der bürokratischen Verwaltung der Gewalt anerkennen zu können, muss man auch ihre Grenzen, Schattenseiten und Irrationalitäten sowie die Legitimität des Widerstands gegen staatliche Übergriffe anerkennen, wenn die bürokratische Macht auf dramatische Weise scheitert. Und da der antibürokratische Nihilismus nichts zu bieten hat, was eine organisierte Antwort auf staatliche Übergriffe ermöglichen würde, unterwirft man sich entweder fröhlich der Macht oder pflegt einen Gewaltfetisch als Garanten der Gleichheit.

Zwei der gravierendsten Gefahren für die Gleichheit sind zum einen die erlernte Ohnmacht gegenüber der Gewalt der Stärkeren, zum anderen die Idealisierung der Gewalt. Vor allem der konservative Elitismus hat Gewalt immer als eine Praxis der Selbstverwirklichung begriffen. Ein grundlegendes Merkmal der meisten reaktionären Projekte ist die Verherrlichung des Krieges als eine Bühne, auf der sich Exzellenz inszenieren und die Ungleichheit rechtfertigen lässt. Die radikale Linke, die sich selbst für eine Avantgarde, für eine aktivistische, die Massen führende Elite hielt, pflegte während eines großen Teils des 20. Jahrhunderts eine abstoßende Romanze mit der Waffengewalt. Diese Neigung war von Narzissmus und einem Kitsch geprägt, über den man lachen müsste, wenn er nicht so viel Blut und Schmerz verursacht hätte: Der Mitbegründer der italienischen Roten Brigaden Renato Curcio berichtete einmal, dass die Mitglieder ihrer Kommandos immer etwas Salz im Gepäck gehabt hätten, weil in Che Guevaras Tagebuch stand, Salz gehöre notwendigerweise in den Rucksack jedes Guerilleros.

Dieses Erbe wirkt auch heute noch nach. In den Jahren unmittelbar nach den Platzbesetzungen der *Indignados* von 2011 verbreitete sich unter den entschlossensten Jugendgruppen, die an den Demonstrationen gegen den Sozialabbau teilnahmen, die Parole »Más barricadas y menos batucadas« (Mehr Barrikaden und weniger Trommeln). Ich misstraue den Motiven dieses Faibles für Benzingeruch und brennende Reifen. Vor Jahren war ich auf einer Demonstration bei einer bestreikten asturischen Fabrik. Der Plan lautete, die Zufahrt zur Autobahn mit Reifen und großen, über die Straße gespannten Ketten zu sperren. Als wir eintrafen, erwartete uns eine Einheit der Bereitschaftspolizei – die Wache war nur 200 Meter entfernt. Viele Arbeiter stürmten sofort auf die Uniformierten zu, und es kam zu einer längeren, mit Fäusten ausgetragenen Schlägerei. Das Kuriose an diesem Verlauf war, dass die Polizisten über sehr viel Material zur Riot-Bekämpfung verfügten – Gummigeschosse, Rauchgranaten und selbstverständlich Knüppel und Schilder –, während die Demonstranten mit Steinen, Feuerwerkskörpern und Zwillen bewaffnet waren. Doch diese Ausrüstung wurde zunächst gar nicht genutzt. Beide Seiten wollten sich einfach ganz buchstäblich prügeln.

Kinder wissen etwas, das wir Erwachsenen oft zu vergessen versuchen und das Reaktionäre bewusst ausbeuten: Es gibt Menschen, die sich gerne prügeln und denen die Gewalt Freude bereitet, während sie andere lähmt, und dies verschafft Ersteren in manchen Situationen einen Vorteil gegenüber Letzteren. In meiner Jugend machte sich eine Gruppe Gleichaltriger aus meiner Schule samstagabends ein Vergnügen daraus, in der Diskothek ein Glas Leitungswasser an den Tischrand zu stellen. Wenn jemand es streifte und es zu Boden fiel, stürzten sie sich auf ihn und prügelten los.

Die meisten Eltern beten ihren Kindern mantraartig vor: »Man schlägt sich nicht.« Wahrscheinlich, weil uns der Gedanke Angst macht, die Kinder könnten sich in Schläger verwandeln, in Jugendliche, die sich am Samstagabend einen Spaß daraus machen, andere zu verdreschen. Doch das ist eine konfuse Botschaft, weil Kinder in einer Welt leben, in der sehr oft geschlagen wird. Und falls wir eigentlich sagen wollten, »Man *sollte* sich nicht schlagen«, ist auch das nicht wirklich korrekt. Denn es gibt Fälle, in denen es richtig ist, zu schlagen: Wenn wir uns gegen einen Angriff verteidigen zum Beispiel oder jemanden vor einem offensichtlichen Missbrauch schützen wollen. Die kategorische Ablehnung der Gewalt eliminiert die Möglichkeit, Kindern Mittel zum bewussten Umgang mit Gewalt an die Hand zu geben: Normen der Verhältnismäßigkeit (Schlag nicht jemanden ins Gesicht, der dich nur geschubst hat) oder kategorische Grenzen (Schlag nie, niemals einen Kleinen und beteilige dich nicht am Mobbing). Vielleicht wäre es vernünftiger, Ratschläge zu erteilen, wie sich die erlernte Ohnmacht vermeiden lässt. Kinder haben das Recht zu wissen, dass sie sich gegen Angriffe verteidigen dürfen und dass verteidigen vieles bedeuten kann, nicht nur eine individuelle und heroische

Reaktion, wie man sie in Hollywood-Filmen sieht. Verteidigen heißt auch davonlaufen, die Vermittlung eines Älteren suchen oder sich mit Gleichen zusammentun, um auf einen Angriff zu reagieren.

Etwas Vergleichbares geschieht auch unter Erwachsenen. Da es keine zulässige, durch Normen bestimmte Schwelle für den Widerstand gegen Gewalt gibt, scheinen blindes Vertrauen in die bürokratische Macht oder aber die nihilistische Gewalt die einzigen Alternativen zur Ohnmacht zu sein. Es ist schlichtweg falsch, dass – wie häufig behauptet wird – die Teilhabe am Recht zur Gewaltausübung (also beispielsweise das Recht, Waffen zu tragen) die Grundlage politischer Gleichheit darstellt. Es ist genau umgekehrt: Egalitäre Interventionen zur Begrenzung von Waffenbesitz und Gewalt tragen dazu bei, diese in ein randständiges und weniger willkürliches Phänomen zu verwandeln. In diesem Sinne besitzt ihre Regulierung durch rationale und unpersönliche Verfahren – wie sie die modernen Polizeikräfte charakterisieren – eine starke ethische und nicht nur pragmatische Dimension. Es gibt zudem sehr gute, nicht nur moralische, sondern auch strategische Motive, warum man sich der Versuchung der Kriegslogik widersetzen sollte: Gewalt schreckt die meisten Menschen von der Teilnahme an Demonstrationen ab und produziert toxische Effekte, da sie zur Verbreitung einer mit der Deliberation unvereinbaren Freund-Feind-Logik beiträgt und dadurch den Autoritarismus stärkt.

Doch die Alternative zum militaristischen Elitismus kann nicht in der Weigerung bestehen, ernsthaft darüber nachzudenken, wie und wann Gewalt eingesetzt werden darf und wer dies tun sollte. Erstens stellte diese Versuchung historisch ein Hindernis für viele egalitäre Projekte dar, die nicht in der Lage waren, ein realistisches Konzept von Sicherheit zu entwickeln. Der Egalitarismus hat unermüdlich und völlig zu Recht darauf hingewiesen, dass Polizeiorgane, Gefängnisse und die Strafgesetzgebung reformiert werden müssen. Das ist nicht naiv oder trivial: In unseren Gefängnissen sitzen sehr viele Menschen, die niemals hätten eingesperrt werden dürfen (zuletzt waren bis zu 80 Prozent der Gefangenen wegen Drogendelikten verurteilt), und anders, als viele meinen, hat Spanien eine der härtesten Gesetzgebungen und mit die schärfsten Strafen in Europa (unsere Kriminalitätsrate ist um 26 Prozent niedriger als der europäische Durchschnitt, aber der Anteil der Gefängnisinsassen an der Bevölkerung um 32 Prozent höher). Doch obwohl Spanien ein im internationalen Vergleich sehr sicheres Land ist, gibt es dennoch Kriminalitäts- und Sicherheitsprobleme, die einer unmittelbaren polizeilichen Antwort und nicht nur langfristiger Bildungs- oder Mediationsmaßnahmen bedürfen. Zudem ist allgemein bekannt, dass Arme viel stärker unter Kriminalität leiden als Reiche. Trotzdem ist es dem Egalitarismus kaum gelungen, gemeinsame Vorschläge für eine alternative Organisation der Sicherheitskräfte, eine effiziente Kriminalitätsbekämpfung oder den Umgang mit der sehr kleinen Minderheit nicht resozialisierbarer Krimineller zu entwickeln. Damit hat man den reaktionären und elitären Bewegungen der extremen Rechten das Feld überlassen, deren ultrarepressive und fast immer auf Lügen oder dem manipulativen Aufbauschen einzelner Verbrechen beruhende Vorschläge viel Zustimmung bei Angehörigen der unteren Klassen finden, die das Gefühl haben, dass die radikale Rechte ihre Sicherheitsprobleme immerhin nicht leugnet.

Zweitens ist Gewaltlosigkeit, wenn sie zur Scheuklappe wird, ein One-Way-Ticket in die Subalternität. Wenn wir uns gar nicht mit Fragen der Gewalt befassen, überlassen wir die Definition der illegitimen Gewaltanwendung der Instanz, die das bürokratische Gewaltmonopol innehat, und unterwerfen uns in gewissem Sinne begeistert und ohne Zögern ihren Befehlen. Eine Sitzblockade auf einer Straße, die Verhinderung einer Zwangsräumung, eine nichtangemeldete Demonstration, die Blockade einer Zugstrecke, die Protestversammlung vor dem Wohnhaus eines Abgeordneten, die Totalverweigerung von Militär- und Zivildienst, das Blockieren des Zugangs zu einer politischen Veranstaltung, die Errichtung einer Barrikade, die Demonstration vor einem Parlament, die Teilnahme an einem Streikposten, ja selbst die Rechtfertigung solcher Aktionen – all das kann dann jederzeit als illegitime Gewalt eingestuft werden. Ich habe als Beispiele Aktionsformen angeführt, an denen ich persönlich teilgenommen habe und die vom Staat irgendwann einmal als Gewaltakt oder sogar als Terrorismus bezeichnet worden sind.

Gewalt und Gewaltlosigkeit markieren ein Kontinuum, über die Beurteilung seiner Pole – Gewalt schmerzt, Gewaltlosigkeit nicht – dürfte weithin Einigkeit bestehen (wenn man von einigen bizarren akademischen Debatten absieht). Dazwischen gibt es aber Bereiche, wo es durchaus zu Spannungen zwischen der Gesetzestreue und der Unterwerfung unter die Staatsorgane kommen kann. Diese Ambivalenz mag in Gesellschaften, in denen Justiz und Polizei einer strikten demokratischen Kontrolle unterliegen, kein großes Problem sein, kann aber dramatische Folgen haben, wenn ein Staat seinen eigenen oligarchischen Tendenzen erliegt. Ein Führer der kolumbianischen ELN-Guerilla hat in einem Interview einmal erläutert: »Bei uns sterben mehr Menschen, wenn man eine Gewerkschaft gründet, als wenn man eine Guerilla aufbaut.« Das ist offenkundig eine parteiische, aber nicht aus der Luft gegriffene Einschätzung: Etwa 65 Prozent der Morde an Gewerkschaftern weltweit werden in Kolumbien begangen; seit Mitte der achtziger Jahre werden in diesem Land jährlich fast hundert Gewerkschafter getötet, wobei mehr als 95 Prozent der Verbrechen straflos bleiben. Die Morde an Aktivisten und Mandatsträgern linker Parteien sind sogar noch zahlreicher.

Es gibt wenige Dinge, die so offenkundig elitär und idiotisch sind wie die Idealisierung der Gewalt. Aber wer die Tatsache kategorisch leugnet, dass wir in einer Welt leben, in der die Starken einer Mehrheit ihren Willen aufzuzwingen versuchen, wird am Ende darum bitten, dass an jeder Straßenecke ein Polizist oder ein Richter steht, und darauf vertrauen, dass es sich bei ihnen um moralische Heilige handelt. Diese Einstellung verbirgt sich auch hinter dem Phänomen, dass immer mehr Äußerungen als Meinungsdelikte verfolgt werden: ein juristischer Irrsinn, der die Säulen der demokratischen Architektur unterminiert. Unser Rechtssystem unterschied traditionell zwischen gefährlichen Meinungen, die zu Verbrechen aufrufen und deshalb unter Strafe gestellt werden sollten, und Ansichten, die zwar abstoßend sein mögen, aber keine konkrete Gefahr für irgendjemanden darstellen. In den neunziger Jahren löste sich diese Unterscheidung im Zusammenhang mit der Terrorismusbekämpfung in Luft auf, und das spanische Recht begann, bestimmte Meinungen per se als illegal zu betrachten. Mit dieser juristischen Wendung verbreitete sich auch hier eine Art erlernte Ohnmacht, die uns glauben lässt, die einzig denkbare Reaktion auf intolerante und übergriffige Meinungen sei es, einen Beschützer anzurufen – einen Richter oder Polizisten –, der uns verteidigen und behüten soll. Hass als Meinungsdelikt zu behandeln, mag wie eine gute Idee wirken, wenn es darum geht, einen Nazi zu verurteilen, aber es ist schwer, dieses Einfallstor wieder zu verschließen, sobald es einmal aufgestoßen wurde. Den Handlungsspielraum zu erweitern, den wir dem Staat bei seinen Eingriffen zubilligen, und darauf zu vertrauen, dass seine Interventionen immer gerecht und vernünftig ausfallen, ist gefährlich naiv.

Neben der These, dass deliberative Prinzipien die aggregierte Rationalität vergrößern, gehört es zu den Grundlagen der politischen Gleichheit, dass die Macht der vielen sich gegen die Gewalt der wenigen durchsetzen kann. Die legale, prozedurale und unpersönliche Verwaltung der Gewalt sollte der zentrale und tendenziell einzige Ausdruck dieses Prinzips sein. Damit wir nicht von bürokratischen Oligarchien willkürlich und erbarmungslos unterjocht werden, müssen wir uns die egalitäre Macht der Bürokratie zunutze machen.

10. Die Bildungsideologie und die Niederlage der Gleichheit

Es gibt ein Universalgesetz politischer Diskussionen, demzufolge die Wahrscheinlichkeit, dass jemand im Verlauf einer Debatte über Gleichheit den Satz »Das lässt sich nur mit Bildung lösen« sagt, gegen eins tendiert.

In den Leistungsgesellschaften der Gegenwart hat das Bildungssystem eine unangemessene Bedeutung erlangt. Die Schule ist nicht länger der Ort, den man aufsucht, um etwas zu lernen, sondern hat sich in den einzigen akzeptierten Mechanismus der sozialen Gerechtigkeit verwandelt. Ein eigenartiger und effizienter Taschenspielertrick des Elitismus – mit katastrophalen Folgen für die egalitäre Politik. Der Grund hierfür ist, dass die Linke immer dachte, der Kampf um universelle Bildung sei ein Heimspiel und die Zentralität der Bildung ein Alleinstellungsmerkmal ihres emanzipatorischen Projekts. Doch der Rechten ist es gelungen, sich der Debatte zu bemächtigen, indem sie dem Bildungssystem eine unlösbare Aufgabe übertrug und gleichzeitig ein effizientes System verborgener pädagogischer Ausdifferenzierung entwickelte. Die Bildungseinrichtungen – nicht das Steuersystem, Tarifverhandlungen oder die Wohnungspolitik – sind heute der einzige gesellschaftliche Raum, in dem wir die vererbten Privilegien aufheben und neue, auf Leistungen beruhende Vorteile generieren wollen. Im besten Fall ist dies ein zu ambitioniertes Vorhaben, das die gesellschaftliche Interventionsfähigkeit der Bildung überschätzt; im schlechtesten Fall ist es eine Farce, die verschleiert, wie das Schulwesen die Klassenzugehörigkeit reproduziert.

Tatsächlich hat sich Bildung in die einzige als legitim und realistisch geltende Lösung für eine Vielzahl kollektiver Probleme verwandelt: für die Bearbeitung der Wirtschaftskrise, des Klimawandels, des Sexismus, der Kriminalität, der Exklusion und praktisch aller anderen Übel. Ein bedeutender Teil des Egalitarismus der Gegenwart hat sich diesen Bildungsidealismus begeistert zu eigen gemacht. Der progressive Konsens scheint heute darin zu bestehen, dass das Bildungsministerium ein ambitioniertes Programm moralischen Fortschritts auflegt, das vom Respekt für kulturelle Diversität über Umweltbewusstsein bis zur Gefühlserziehung alles umfasst. Für ein solches Programm mag einiges sprechen, doch es ist bemerkenswert, dass wir von den Ministerien für Infrastruktur, Finanzen oder Arbeit viel weniger erwarten. Manchmal hat es den Anschein, als würden sich alle Übel des Kapitalismus durch die Einrichtung eines neuen Schulfachs lösen lassen.

2014 veröffentlichte die Europäische Union eine umfangreiche Beschäftigungs- und Sozialstudie, in der betont wurde, der entscheidende Faktor zur Überwindung der schweren Rezession sei die Berufsqualifikation und es müsse mehr in das Schul- und Ausbildungswesen investiert werden. Tatsächlich spricht die marktliberale Rechte der Qualifikation der Arbeiter magische Kräfte im Umgang mit den Defiziten des Arbeitsmarktes zu. Doch die ökonomische Realität der Gegenwart ist komplex, und es ist alles andere als klar, ob die Zahl hoch qualifizierter Tätigkeiten im gleichen Ausmaß zunimmt, wie Jobs mittlerer Qualifikation verloren gehen. Fest steht, dass die Zahl schlecht bezahlter Jobs mit hohen Anforderungen immer weiter zunimmt, während es gleichzeitig weiterhin viel unqualifizierte Beschäftigung gibt. Permanente Weiterbildung ist in erster Linie eine individuelle Verteidigungsstrategie, um kollektive Niederlagen abzufedern. Und sie ist nicht besonders effizient: Einigen Untersuchungen zufolge enden bis zu 37 Prozent der spanischen Hochschulabsolventen in Beschäftigungsverhältnissen, für die sie deutlich überqualifiziert sind. Die Menschen betrachten die Bildung als ein Mittel, das sie vor den Marktkatastrophen der Gegenwart schützen soll, als letztes Instrument nach dem Zerfall der sozialen Sicherungssysteme.

Vor einigen Jahren luden mich Studierende der Fakultät für Philosophie an der Universidad Complutense in Madrid zu einem Vortrag ein. Danach berichteten sie, als Nächster werde der Philosoph Toni Negri zu Gast sein, es gebe aber logistische Probleme mit seiner Anreise aus Italien. Ich war überrascht, dass die Universität für solche Dinge Geld hatte, denn seit Beginn der Wirtschaftskrise war die Beschaffung von Mitteln für die wissenschaftliche Arbeit zu einem Albtraum geworden, für das Personal, und für die Studierenden erst recht. »Nein«, antworteten sie, »die Universität gibt uns nichts. Aber wir organisieren Feste im Garten der Fakultät und bezahlen die Kosten unserer Workshops und Kongresse mit dem Verkauf von Bier und anderen alkoholischen Getränken.« An diesem

Tag wurde mir einmal mehr bewusst, dass dies tatsächlich die Arbeit war, die ich machen wollte: ein Job, bei dem ich Leute kennenlernte, die noch keine zwanzig waren, aber eine Bank überfallen hätten, um mehr über Postoperaismus und *general intellect* zu erfahren.

Ich habe den größten Teil meines Erwachsenenlebens mit Lesen, Lernen und Unterrichten verbracht. Die Bedeutung, die ich dem Wissen, in einem umfassenden Sinne verstanden, für die kollektive Emanzipation und ein gelungenes individuelles Leben beimesse, lässt sich kaum überschätzen. Mir fallen wenige Errungenschaften ein, die einen so starken Effekt auf die Selbstentfaltung besitzen wie der universelle Zugang zum Bildungswesen. Eine egalitäre Demokratie ist ohne diese Möglichkeiten der Aufklärung schlicht undenkbar. Als eine Erstsemesterstudentin mich zu Beginn eines Kurses um Entschuldigung bat, falls sie einmal im Unterricht einschlafen sollte – sie arbeitete nachts und kam um 8:30 Uhr direkt vom Job in den Kurs –, musste ich mich beherrschen, um ihr nicht sofort eine Eins zu geben. Es gibt wenige Dinge, die so viel Respekt (im eigentlichen moralischen Sinne des Wortes) verdienen wie die persönlichen Anstrengungen, die einige meiner Studenten in Kauf nehmen, um lernen zu können – und das, obwohl sie nicht die geringsten Illusionen hegen, dass dies ihre berufliche Zukunft verbessern wird. Wenn ich mir die Gesellschaft, in der ich gerne leben würde, konkret vorstellen soll, wäre dies eine, in der die Menschen viel mehr Zeit für die Interpretation von Gedichten Pindars, das Durchdringen der Inferenzstatistik oder die Untersuchung der Geologie des Kambriums aufwenden als für die Herstellung und den Kauf von Produkten, die unser Leben offenkundig schlechter machen.

Doch die Bildungsideologie der Gegenwart läuft letztlich auf das Gegenteil hinaus: Sie ist ein diskursives Placebo, das aus unserer politischen Ohnmacht folgt und dazu führt, dass wir unsere gescheiterten Hoffnungen hinsichtlich der sozialen Gleichheit auf die Bildung projizieren. Die Bildungsbulimie hindert uns daran, uns mit den vielfältigen Ursachen der Ungleichheit und mit der politischen, sozialen und kulturellen Komplexität eines egalitären Projekts auseinanderzusetzen. Und sie macht es uns zudem unmöglich, die echten Dilemmata des Erziehungswesens anzugehen, von denen einige aus progressiver Sicht sehr schmerzhaft sind und große Widersprüche mit sich bringen. Auf den folgenden Seiten werde ich versuchen ein paar dieser Probleme zu analysieren und Vorschläge entwickeln, wie ein Bildungsegalitarismus zu ihrer Lösung beitragen kann. Meine Absicht ist es, die übliche Perspektive einmal umzudrehen: Anstatt die Bildung als eine Institution zur Förderung der Gleichheit zu verstehen, möchte ich die Gleichheit als Instrument einsetzen, um die bestmögliche Bildung für alle zu erreichen.

Die spanische Bildungsanomalie

Alle modernen Bildungssysteme bieten einerseits ein Gleichheitsversprechen, das sie bis zu einem gewissen Punkt auch einlösen, sind aber gleichzeitig zentrale Mechanismen bei der Reproduktion vererbter Ungleichheit.

Diese Ambivalenz ist der Grund, warum Soziologen kaum einen anderen Bereich so gern untersuchen, um die Prozesse der sozialen Ausdifferenzierung in unseren Gesellschaften zu verstehen. Im Allgemeinen sind in den meisten Ländern die Armen überdurchschnittlich von Bildungsproblemen betroffen: Unterschiedliche schulische Leistungen hängen sehr häufig eng mit der Klassenherkunft zusammen. Doch das spanische Bildungssystem könnte, zumindest was die Pflichtschulzeit angeht, auch das Experiment eines verrückten Pierre-Bourdieu-Schülers sein, um die Reproduktion sozialer Gruppen im Großmaßstab zu untersuchen. Das liegt unter anderem daran, dass sich unser Land durch eine institutionelle Besonderheit auszeichnet, nämlich das System der staatlich subventionierten Privatschulen, der sogenannten »konzertierten Schulen«. 32 Prozent der spanischen Grund- und Oberschüler besuchen Privatschulen, die zum größten Teil komplett vom Staat finanziert werden. In der Region Madrid liegt der Anteil bei unglaublichen 46 Prozent. Aus Perspektive der Bildungsgerechtigkeit ist diese Eigenheit bemerkenswert, da sie so etwas wie das genaue Gegenteil dessen darstellt, was ein egalitäres Projekt leisten sollte.

Um es grob zusammenzufassen, stammen die Familien, die dieses Netz subventionierter Privatschulen nutzen, mehrheitlich – auch wenn es signifikante Ausnahmen gibt – aus der mittleren und oberen Mittelschicht sowie aus jenen Teilen der Bevölkerung mit dem höchsten sozialen Status und dem größten kulturellen Kapital. Die konzertierten Schulen sind eine Säule jener Privilegien, welche die zum oberen Einkommensdrittel der Bevölkerung gehörenden und in Politik, Medien und Wahlprogrammen überrepräsentierten Familien genießen.

Die Geschichte der öffentlichen Finanzierung von Privatschulen in Spanien ist eigentümlich. In den achtziger Jahren etablierte die PSOE-Regierung das System der sogenannten »Bildungsvereinbarungen« *(conciertos educativos)*, um den universellen Zugang zur Bildung in einer Situation sicherzustellen, als das Angebot öffentlicher Einrichtungen nicht ausreichend war. Diese zunächst als Übergangslösung gedachte Maßnahme knüpfte an eine lange Tradition der staatlichen Subventionierung kirchlicher Schulen während der Franco-Diktatur an. Obwohl sich die katholische Kirche den im neuen System verankerten rechtlichen Bedingungen faktisch widersetzte, ist sie dessen wichtigster Nutznießer geworden und hat großes Interesse daran, dass das System seinen Interimscharakter verliert. Deshalb drehen sich die Debatten über die konzertierten Schulen fast immer um die ideologische Frage, wie viel Macht das staatliche Subventionssystem der Kirche zugesteht.

Weder die Regierungen der sozialdemokratischen PSOE noch die der konservativen PP haben jemals über die Eingliederung der konzertierten Schulen in das Netz öffentlicher Einrichtungen nachgedacht, doch dies hatte, anders als man meinen könnte, nicht mit religiösen, sondern mit politischen Gründen zu tun. Die staatliche Finanzierung der Privatschulen ist ein zentraler Bestandteil jenes Systems gesellschaftlicher Loyalitäten, das dem politischen Regime in Spanien seit Jahrzehnten seine Struktur verleiht. Obwohl die Kirche einen beträchtlichen Teil dieser Privatschulen kontrolliert, spielt die Konfessionalität, wie soziologische Untersuchungen zeigen, nur für eine relativ kleine Zahl der Familien eine Rolle, die ihre Kinder auf diese Schulen schicken. Die staatliche Finanzierung der Privatschulen war die Form, mit der der Staat der Mittelklasse die Transmission ihres sozialen und kulturellen Kapitals garantierte – so wie er mit der Spekulationsblase eine individuelle Option des intergenerationellen sozialen Aufstiegs durch die Weitergabe von Immobilienkapital eröffnete. Oft wird darauf hingewiesen, dass Privatschulen nicht zu besseren Leistungen führen, wenn man die Effekte des Umstands herausrechnet, dass sie in der Regel von Kindern aus bildungsbürgerlichen Familien besucht werden. Das stimmt, sie bieten aber etwas viel Wichtigeres: die Reproduktion sozioökonomischer Voraussetzungen.

Im Ergebnis kann man in Spanien für relativ wenig Geld die sozialen Privilegien des privaten Erziehungswesens in Anspruch nehmen. Das hat es einer großen gesellschaftlichen Gruppe erlaubt, wertvolles soziales Kapital zu akkumulieren und einen beträchtlichen Teil jener Probleme zu vermeiden, mit denen man an Schulen mit Kindern aus ärmeren Verhältnissen konfrontiert ist. In Spanien gehen 85 Prozent der Immigranten auf öffentliche Schulen, während nur 15 Prozent konzertierte oder reine Privatschulen besuchen. 33 Prozent der öffentlichen spanischen Schulen befinden sich in Vierteln (in Andalusien erreicht der Anteil 55 Prozent), die als benachteiligt eingestuft werden, während sich umgekehrt 65 Prozent der Privatschulen um Kinder aus wohlhabenden Gegenden (in

Madrid und Katalonien sind es mehr als 70 Prozent) und nur 7 Prozent um Kinder aus armen Verhältnissen kümmern.

Es gibt unzählige Anekdoten darüber, wie die in staatlich-privater Kooperation betriebenen Schulen – die theoretisch dieselben Zugangsmöglichkeiten bieten sollten wie öffentliche Einrichtungen – für soziale Segregation sorgen. Das reicht von ökonomischen Filtern wie den berüchtigten »freiwilligen« Beiträgen oder »komplementären« Aktivitäten (hier ließen sich unzählige Anführungszeichen hinzufügen) bis zur ausdrücklichen und unverhüllten Selektion: In vielen staatlich-privaten Schulen ist es ein wichtiges Zugangskriterium, dass der Schüler oder die Schülerin das Kind eines früheren Schülers ist (logischerweise liegt die Wahrscheinlichkeit, dass ein Migrant diese Bedingung erfüllt, nahe null). Tatsächlich kontaminiert die Segregationsmaschinerie der konzertierten Schulen das öffentliche Bildungswesen zusehends. Immer häufiger ist zu beobachten, dass öffentliche Schulen auf Tricks bei den Zugangsverfahren zurückgreifen, um sich sozial abzuschotten und sogenannte »Problemfamilien« fernzuhalten. Auch »renommierte« öffentliche Schulen vergeben bei den Auswahlverfahren inzwischen häufig Punkte für den Umstand, dass ein Bewerber das Kind früherer Schüler ist. Andere verzichten freiwillig auf eine Mensa, um Schüler aus einkommensschwachen Familien abzuschrecken, die auf ein Schulessen angewiesen sind.

Die Auswirkungen auf ein egalitäres Projekt sind kaum zu überschätzen. Die Schulpflicht ist das letzte verbliebene Instrument obligatorischer universeller Sozialisation.

Die Schule ist der einzige Ort, an dem wir es für legitim halten, kollektiv auf die Persönlichkeit aller Bewohner eines Landes Einfluss zu nehmen. Gewöhnlich kreisen die Debatten in diesem Zusammenhang um Lehrpläne: Sollte man mehr oder weniger Mathematik unterrichten, mehr oder weniger Hausaufgaben geben, die Schulstunden am Stück oder in Blöcken unterrichten, mehr oder weniger interdisziplinäre Kurse anbieten, welche Bedeutung sollte der ethischen Erziehung zukommen etc. Die Anhänger des Leistungsprinzips glauben, dass das egalitäre Potenzial der Bildung in ihrer Fähigkeit besteht, den Armen Waffen an die Hand zu geben, mit denen sie auf den Schlachtfeldern des Sozialdarwinismus konkurrieren können. Das ist komplett falsch. Wenn Bildung für ein egalitäres Projekt wichtig ist, dann weil das universelle öffentliche Bildungswesen eine unersetzliche Rolle in der demokratischen Sozialisation spielt. In unseren Gesellschaften sind Pflichtschulen die einzigen Orte, wo Kinder, Jugendliche und Eltern im Alltag, über einen längeren Zeitraum und in großer Zahl mit Menschen anderer gesellschaftlicher Herkunft in Kontakt kommen. Selbstverständlich gäbe es hier theoretisch noch andere Möglichkeiten. Wie wir gesehen haben, sollte der Egalitarismus in einigen Ländern durch sozialen Wohnungsbau gestärkt werden. Gelegentlich hat man auch den Militärdienst mit diesem Argument verteidigt. Doch heute gibt es in Spanien nur einige Institution, die diese Aufgabe wahrnehmen kann, nämlich die Schule. Zudem machen sich Klassenmerkmale auf den Universitäten, also nach der Pflichtschulzeit, sofort und mit großer Wucht bemerkbar. Sie wirken sich beispielsweise darauf aus, ob sich jemand einen Abschluss überhaupt zutraut. Bei Kindern nichtstudierter Eltern ist die Wahrscheinlichkeit, ein Ingenieursstudium mit einem Universitätsabschluss zu beenden, 15-mal niedriger als bei Akademikerkindern. Das spanische Bildungswesen ist sorgfältig darauf ausgerichtet, die egalitären Potenziale der Pflichtschulzeit zu eliminieren. Der Schüler einer konzertierten Schule kann – unabhängig davon, ob es sich um eine religiöse Einrichtung handelt oder nicht – problemlos mit dem Studium anfangen, ohne in den fünfzehn Jahren seiner Vor-, Grund- und Oberschulzeit jemals mit Kindern eingewanderter Arbeiter das Klassenzimmer geteilt zu haben.

Die egalitäre Lähmung

Die politische Rechte hat die Bildungsideologie zutreffenderweise als ein Feld identifiziert, das bestens geeignet ist, um soziale Ungleichheit in gesellschaftlich mehrheitsfähige Projekte zu integrieren und zu verschleiern. Letztlich hat sie einen Mechanismus entwickelt, über den man den oberen Klassen nacheifern kann. Die konzertierten Schulen und die verkappte Segregation der öffentlichen offerieren so etwas wie ein kostengünstiges Surrogat elitärer Distinktionsmechanismen, die mit einer Rhetorik von Mühen und Exzellenz aufgehübscht werden. Die Bildung hat sich auf diese Weise als ein Mechanismus des konfliktfreien, individuellen sozialen Aufstiegs etabliert. Sie verlangt weder Solidarität unter Verlierern noch Konfrontation mit den Gewinnern: Wir sitzen alle gemeinsam im Boot der Exzellenz, der pädagogischen Innovation, der Chancengleichheit und der Früherziehung auf Englisch. Diese Ideologie hat die Führungsrolle der Eliten gestärkt, indem sie die einfachen Leute davon überzeugte, mit Ersteren gewisse Bildungsinteressen zu teilen. Es gibt keinen Konflikt zwischen Eliteschulen wie dem Madrider Colegio del Pilar oder der Aula Escola Europea de Barcelona und öffentlichen Schulen in Arbeitervierteln wie Villaverde oder Nou Barris.

Die Wirkung war katastrophal, und zwar nicht nur, weil die Bildungsungleichheit dadurch stark zunahm, sondern auch, weil die egalitären Projekte in einen Zustand der Lähmung verfielen. Ich erinnere mich an die Einschulung meines ältesten Sohns in einer öffentlichen Grundschule. Die Leitung versammelte die Familien vor Beginn des Schuljahres, um uns über die Einrichtung zu informieren. Niemand verlor auch nur ein einziges Wort über den Bildungsansatz, den Umgang mit Diversität oder die Regeln des Zusammenlebens an der Schule. Hingegen wurden wir extrem detailliert über alle Prüfungen informiert, die unsere Kinder (von denen einige zu diesem Zeitpunkt das sechste Lebensjahr noch nicht vollendet hatten) bis zum Abitur würden absolvieren müssen. Besondere Bedeutung wurde einer Reihe von Prüfungen in Sprachen außerhalb des offiziellen Lehrplans beigemessen. Man wies uns sogar darauf hin, dass die Kinder ohne diese Prüfungen (in mehr als zehn Jahren!) nicht würden studieren können. Die eigenartige Ansprache wurde von den Arbeiterfamilien ohne höhere Schulabschlüsse und im Besonderen von den Migranten mit Zustimmung aufgenommen. Ich hingegen war schockiert, stellte aber gleichzeitig fest, dass ich diesen Familien kaum eine Alternative zu bieten hatte. Was sollte ich ihnen sagen? Dass das ganze Leistungssystem darauf abzielte, ihre Kinder von der Universität fernzuhalten, meinen hingegen das Studium zu ermöglichen? Dass die übertriebene Rolle des Englischen im Unterricht – Spanien ist eines der Länder Europas, in denen am frühesten mit dem obligatorischen Englischunterricht begonnen wird, die meisten Wochenstunden unterrichtet und dennoch die schlechtesten Ergebnisse erzielt werden – ihr Leben in ein Inferno verwandeln würde (wie es später denn auch tatsächlich der Fall war)? Die Wahrheit ist, dass ich ihnen im Gegenzug nichts bieten konnte. Nur die moralische Empörung meiner reinen Seele. Die Wahrheit ist, dass das Bildungssystem die Aufgabe erfüllt, Leute wie mich zu begünstigen, damit es Familien wie der meinen gelingt, auf den mehr oder weniger verrückten Bildungswellen der Verwaltung zu surfen. Welche Alternative haben wir zu bieten? Sozialrealistische Erzählungen à la Bertrand Tavernier über die *wahren* Ereignisse in den Klassenzimmern?[1] Nostalgische Berichte über die Lehrerinnen der Zweiten Spanischen Republik in den frühen Dreißigern?

---

[1] Der französische Regisseur Bertrand Tavernier drehte unter anderem den Spielfilm *Es beginnt heute*, der auf der Berlinale 1999 im Wettbewerb um den Goldenen Bären lief. Der Protagonist des Films ist Direktor einer Vorschule in einem sozialen Brennpunktviertel in Nordfrankreich (Anm. d. Ü.).

Die Antwort auf diese Fragen fällt sehr unerfreulich aus. Tatsächlich ist in den letzten Jahrzehnten eine Unzahl oberflächlich egalitärer Bildungsprojekte entstanden. Doch sie konzentrieren sich fast ausschließlich auf pädagogische Inhalte und ignorieren den für klassisch-aufklärerische Emanzipationsprojekte charakteristischen Gedanken der Sozialisation unter Gleichen. Es handelt sich um Pädagogik für eine progressive Aristokratie, die einen – unmöglichen – elitären Egalitarismus anbietet. So sind konzertierte Schulen, vor allem solche, die von Lehrern oder Eltern selbstverwaltet werden, immer mehr zu einem Rückzugsort ausreichend verdienender nichtreligiöser und fortschrittlicher Familien geworden, die mit den Erziehungsmodellen öffentlicher Schulen unzufrieden sind und mehr Mitsprache im Schulalltag wollen. Diese Motive sind sicher völlig aufrichtig, und ich glaube, dass an diesen Schulen wertvolle pädagogische Erfahrungen gesammelt werden. Gleichzeitig zeichnen sich diese laizistischen selbstverwalteten Schulen aber durch eine starke soziale Segregation aus.

Die Progressiven haben dem konzertierten Bildungswesen mit ihrem Diskurs von Innovation, antiautoritärer Pädagogik und fächerübergreifendem Lernen jenes Markenimage verpasst, das ihm bisher fehlte. Bis dahin war sein wichtigstes Alleinstellungsmerkmal negativer Natur: Die Bedeutung der konzertierten Schulen bestand ganz einfach darin, nicht öffentlich zu sein. Das ist eine sehr schlechte Nachricht für den Bildungsegalitarismus und sollte denjenigen unter uns zu denken geben, die nach wie vor der Ansicht sind, dass universelle öffentliche Bildung ein zentraler Bestandteil der demokratischen Sozialisation ist. Eine der schlimmsten Folgen der elitären Attacken auf das öffentliche Bildungswesen besteht darin, dass sie einen Teil der Lehrerschaft dazu bewegt haben, sich berufsständisch einzuigeln. In diesem Sinne wird jeder Hinweis auf die Dilemmata des öffentlichen Bildungswesens als Plädoyer für die Privatisierung interpretiert. So wird die Verteidigung staatlicher Schulen mit der Verteidigung der – häufig legitimen – Interessen einer Berufsgruppe verwechselt.

Ende der neunziger Jahre besuchte ich an einem Nachmittag eine Freundin, die Mathematiklehrerin an einer öffentlichen Schule im Zentrum Madrids war. Bei ihr zu Hause saßen vier chinesische Teenager, denen sie Spanischunterricht gab: Sie hatte festgestellt, dass ihre Schüler kein Wort von dem verstanden, was sie sagte, und dass ihnen niemand sonst half. Jahre später war ich in einer fortschrittlichen Privatschule, in der Chinesisch als freiwilliger Wahlkurs unterrichtet wurde. Die Idee stammte von Eltern, die Kinder chinesischer Herkunft adoptiert hatten und sich wünschten, dass ihre Kinder den Bezug zu ihren Wurzeln pflegten. Ich finde den Gedanken nicht falsch, im Gegenteil. Aber ich glaube, dass die beiden Beispiele einen guten Eindruck von den brutalen Belastungen der Lehrer öffentlicher Schulen und der sozialen Schieflage in den Privatschulen vermitteln. Der Anteil der Bildungsausgaben am Bruttoinlandsprodukt ist in Spanien zwischen 2009 und 2016 von 5 Prozent auf 4,2 Prozent gefallen (und liegt damit wieder so hoch wie 1993). Wir haben zu wenige Lehrer, die noch dazu prekär beschäftigt sind – mehr als 25 Prozent des Lehrpersonals hat nur Zeitverträge –, sich mit Arbeitsüberlastung und bürokratischer Irrationalität herumschlagen und sich um Familien und Kinder aus sehr schwierigen sozioökomischen Verhältnissen kümmern müssen.

Dies vorausgeschickt, haben die Probleme des öffentlichen Bildungswesens bei Weitem nicht nur mit mangelhafter Finanzierung zu tun. Es gibt pädagogische Probleme, die wir Unterrichtenden nicht zu lösen vermögen. In allen Phasen von Schule und Ausbildung ist ein offenkundiger Motivationsmangel bei einem Teil der Lehrerschaft zu beobachten, und es gibt riesige Defizite im Rekrutierungs- und Evaluierungssystem, bei der Weiterbildung, beim Einsatz passender pädagogischer Werkzeuge und bei der Einbindung der Familien zum Aufbau von Schulgemeinschaften, die diesen Namen auch verdienen.

Selbstverständlich ist das eine unfaire Verallgemeinerung. Erstens, weil sich die Probleme im Verlauf des Bildungswegs vertiefen: Die Dinge funktionieren in Kindergärten und Grundschulen sehr viel besser als in Oberschulen und an Universitäten. Zweitens, weil es in Spanien wirklich erstaunliche Erfahrungen mit pädagogischen Innovationen an öffentlichen Schulen gibt, von denen überdies viele in einem sehr schwierigen sozialen Umfeld gesammelt wurden. Das Problem ist, dass es sich dabei um Projekte handelt, die auf der heroischen Opferbereitschaft außergewöhnlicher Lehrer beruhen und deshalb nicht verallgemeinert, normalisiert und institutionell umgesetzt werden können.

Charakteristisch für das Lehrpersonal im öffentlichen

Bildungswesen in Spanien ist weniger, dass wir als Unterrichtende etwas falsch machen – wobei es ohnehin egal zu sein scheint, ob wir es gut oder schlecht machen. Als Universitätsprofessor hat es mich erstaunt, dass niemand aus der Universitätsverwaltung (weder bei meiner Anstellung noch zu einem späteren Zeitpunkt) mich jemals im Unterricht, also bei der Arbeit, für die ich bezahlt werde, beobachtet hat. Ob in der Schule, in der Ausbildung oder an den Unis – die wirklich schlechten Lehrer sind eine kleine Minderheit, doch sie haben eben eine Arbeitsplatzgarantie. Die Folgen dieser Gleichgültigkeit sind für die guten Lehrer viel gravierender, da sie spüren, dass es nicht die geringste institutionelle Anerkennung für ihre Bemühungen gibt; im Gegenteil, oft stoßen sie eher auf Feindseligkeit.

Anders ausgedrückt: Der Bildungsegalitarismus hat der Rechten die Debatte über die Unterrichtsqualität, die Rekrutierung des Lehrpersonals und die Evaluierung der Unterrichtenden überlassen, und die Rechte hat das Thema in ein marktliberales Inferno oder, im besten Fall, in ein meritokratisches Fegefeuer verwandelt. Wir haben uns auf die einfache Vorstellung beschränkt, dass alles gut ist und wir nur mehr Geld brauchen. Oder dass alles schlecht ist, wir aber nur dann anfangen können, etwas zu verändern, wenn es mehr Geld gibt. Das ist eine selbstmörderische politische Strategie. Es ist wichtig, dass egalitäre Projekte sich mit der ihnen eigenen Komplexität auseinandersetzen: Wir wollen nicht nur gleiche Bildung für alle, wir wollen die *beste* gleiche Bildung für alle.

Tatsächlich gibt es eine weit zurückreichende und sehr

interessante Tradition egalitärer kritischer Pädagogik, die von den Anhängern der Meritokratie ausgebeutet wird. Im letzten Jahrzehnt war in allen Schul- und Ausbildungsbereichen viel von der sogenannten »Bildungsinnovation« die Rede: eine Reihe spektakulärer und überkonzipierter Techniken, die gewöhnlich mit pompösen englischsprachigen Bezeichnungen wie *flipped classroom* daherkommen und sprachlich stark an das Kauderwelsch der Selbsthilfe-Literatur erinnern. In nicht wenigen Fällen handelt es sich um eine bloße Aneignung von Vorschlägen der alten pädagogischen Erneuerungsbewegungen, die früher so etwas wie das Flaggschiff des Egalitarismus darstellten, heute aber zu kodifizierten und aus dem Kontext gerissenen Verfahren mit attraktivem Namen und extensivem IT-Einsatz verkommen sind. Man kann diese unlautere Aneignung kritisieren, doch wahr ist auch, dass die Diskurse der »Bildungsinnovation« teilweise deshalb florieren, weil die egalitären Bewegungen nicht länger über ein institutionelles Projekt auf der Höhe der Zeit verfügen.

Das ist das Muster, das wir bereits in der Familien-, Sicherheits- und Kulturpolitik beobachten konnten: Wir Egalitaristen reagieren bloß. Wir haben keinen ausdiskutierten oder zumindest einigermaßen breit geteilten Vorschlag dafür, wie Auswahl-, Bildungs- und Evaluationsverfahren des Lehrpersonals aussehen könnten, die effizient sind und sich von den Verfahren unterscheiden, wie sie die Konservativen vorschlagen – so als wäre die Figur des disziplinierten, neutralen und dem Gemeinwohl verpflichteten Beamten unser einziger Horizont. Wir waren nicht in der Lage, ein effizientes Modell der Lehramtsausbildung zu entwickeln, das sich durch egalitäre und kooperative und nicht in erster Linie durch meritokratische und autoritäre Prinzipien auszeichnet. Wir haben kein Verwaltungs- und Supervisionsmodell, das es Schulleitern und Inspektoren erlaubt, ihre Arbeit zu machen und dabei regelmäßig und transparent Rechenschaft vor einer Schulgemeinschaft abzulegen, die das Leitungsgremium bestätigen oder hinterfragen kann. Wir verfügen über kein Projekt, um Familien und Schüler zur Kooperation zu animieren und auf diese Weise sowohl den bürokratischen Paternalismus als auch die auf ständigem Verdacht beruhenden Beziehungen zu überwinden.

Dabei wäre all das keine Science-Fiction. Es gibt erfolgreiche Erfahrungen mit von Schülern und Familien organisierten Lerngruppen, die eine Alternative zu Privatunterricht und Hausaufgabenflut aufzeigen. Es gibt vernünftige Methoden der nichthierarchischen Evaluation: Zum Beispiel können wir Lehrenden regelmäßig den Unterricht unserer Kollegen besuchen, unsere Eindrücke teilen und über sie diskutieren. Schüler und Eltern könnten – zumindest als Beobachter – an Auswahl- und Evaluationsprozessen teilnehmen … Und, ja, wir brauchen auch einen gerechten und vernünftigen Mechanismus, um eine Handvoll katastrophaler Lehrer loszuwerden, die jede pädagogische Fähigkeit und sogar jedes Interesse an der Lehrtätigkeit vermissen lassen. Das sind wirklich nur wenige, aber ihre Wirkung ist toxisch. Wir Unterrichtenden, die wir uns der Gleichheit verpflichtet fühlen, sollten uns mehr und nicht weniger Evaluation wünschen; mehr und nicht weniger pädagogische Erneuerung.

Die meritokratische Rechte hat niemals geglaubt, dass Bildung die Gesellschaft verändern kann. Dafür hat sie die Bildung in ein sehr viel umfassenderes Elitenprojekt integriert. Und seitdem hat das Bildungswesen schockierende Folgen für die Verfestigung der Ungleichheit. Das ist eine wertvolle Lektion: Wir sollten aufhören, die Bildung als zentralen Motor der Gleichheit zu betrachten und stattdessen vom Gegenteil ausgehen, dass nämlich ohne soziale Gleichheit und ohne ein egalitäres Ethos jedes Demokratisierungsprojekt und jedwede universalistische Verbesserung unmöglich ist. Wir Lehrer, Schüler und Familien können zur Veränderung der Gesellschaft beitragen, indem wir Teil eines größeren Emanzipationsprozesses werden, eines allgemeinen Projekts zur Demokratisierung der sozialen Beziehungen, das uns nicht nur Rechte bringt, sondern auch mehr Verantwortung und einige Opfer abverlangt. Es ist ein ehrgeiziges Projekt, zu dem wir unseren Anteil beitragen und für den wir transformatorische Verpflichtungen eingehen müssen. Die egalitäre Bildung hat nur Sinn, wenn sie mit Gleichheit in Betrieben, Familien und kulturellen Institutionen verbunden ist. Was das Bildungswesen zu einem solchen Projekt beitragen kann, ist nicht mehr (aber auch nicht weniger) als die bestmögliche Bildung unter Gleichen. Das ist nicht gerade wenig.

In den letzten Jahren ist das finnische Bildungssystem bei unzähligen Gelegenheiten als Vorbild gelungener pädagogischer Innovation herangezogen worden. Die Finnen haben es angeblich geschafft, sehr gute Bildungsergebnisse (gemessen an den üblichen internationalen Standards) mit einem umfassenden pädagogischen Erneuerungsprozess zu verbinden, der den Schüler in den Mittelpunkt stellt und die traditionelle Struktur des Lehrplans stark flexibilisiert hat: Projektarbeit, weder Prüfungen noch Hausaufgaben usw. Was bei diesen – zudem stark idealisierten – Schilderungen vergessen wird, ist, dass diese Bildungsreformen in einem umfassend egalitären gesellschaftlichen Kontext stattfanden (Finnland ist eines der zehn egalitärsten Länder der Welt) und dass diese egalitären Rahmenbedingungen genau in jenen Jahrzehnten ausgebaut wurden, als der Rest der Welt auf Privatisierung und Marktbeziehungen setzte. Noch in den siebziger Jahren des vergangenen Jahrhunderts waren die Sozialausgaben Finnlands nämlich vergleichsweise bescheiden, erst 1990 erreichten sie den europäischen Durchschnitt.

Wie bei fast jeder bürokratischen Struktur helfen egalitäre Maßnahmen im Bildungswesen nicht nur, oligarchische Exzesse oder Segregation zu vermeiden, sondern sie können auch zum besseren Funktionieren der Institutionen beitragen. Egalitarismus allein reicht nicht aus, um Bildungseinrichtungen zu verbessern, aber er ist ein wichtiges Element einer realistischen Reform. Wir wollen partizipative und deliberative Politiken, weil wir dadurch gleicher, aber auch, weil die demokratischen Verfahren und Institutionen dadurch effizienter, kreativer und weniger korrupt werden. Wir wollen gleiche öffentliche Bildung, weil das ein Mittel ist, um weniger Untertan zu sein, aber auch weil es den Weg zur bestmöglichen universellen Bildung eröffnet.

11. Die Kultur der Gleichheit

In einer Episode der Serie *The Good Wife* vertritt die Hauptperson, die Anwältin Alicia Florrick, einige Informatiker, die ihr Unternehmen wegen missbräuchlicher Praktiken anklagen und die Einhaltung des Arbeitsrechts einfordern. Im Verlauf der Diskussionen versucht die Vertreterin der Software-Firma, die Angestellten zur Rücknahme ihrer Klage zu bewegen. »Das Arbeitsrecht ist für Klempner, Call-Center-Agents und Maurer gemacht«, sagt sie. »Ihr Programmierer dürft euch nicht von den bürokratischen Regeln der Vergangenheit gängeln lassen, ihr seid keine Arbeiter, ihr seid Kreative ihr seid ... – Künstler.« Die Informatiker lassen sich davon nicht beeindrucken und halten an ihrer Klage gegen das Unternehmen fest. In der Kulturpraxis und -politik ist in den vergangenen Jahrzehnten genau das Gegenteil passiert: Obwohl der Kultursektor von Prekarität, Klientelismus, Entfremdung, Klassismus und Oberflächlichkeit geprägt ist, haben die Kreativen, Vermittler, Produzenten und selbst wir Zuschauer uns immer wieder gesagt, dass das nicht weiter wichtig ist, weil ... – »wir Künstler sind«.

Ein paar Gemeinplätze zu Kreativität und Kooperation haben genügt, um dem Kaiser, dem wir seit Jahrzehnten huldigen, neue Kleider zu schneidern. Denn wie die Bildung gilt auch die Kultur als Lösung aller möglichen Probleme. Wir sprechen der Kulturproduktion eine friedenspendende Kraft zu, wir halten sie für eine Quelle konsensorientierter Konfliktlösung. Doch zugleich ist der Fall noch verwickelter als der des Bildungswesens. Die Kulturproduktion der Gegenwart hat sich – auf verschiedenen Ebenen – in die Hintergrundmusik des marktliberalen Triumphzugs der neunziger Jahre und ersten beiden Jahrzehnte dieses Jahrhunderts verwandelt. Doch das lag nicht daran, dass sie – wie bisweilen behauptet wird – unkritisch und entpolitisiert gewesen wäre und damit ihre Prinzipien verraten hätte, sondern daran, dass sie es uns ermöglichte, Finanzspekulation, Korruption, Klassenunterdrückung, Rassismus und nicht zuletzt Ungleichheit in innovativer, aufregender und kreativer Gestalt zu erleben.

Die kulturelle Blase

1997 wurde in Bilbao das Guggenheim-Museum eröffnet, ein von Frank O. Gehry entworfenes Gebäude, das als Kernstück eines ehrgeizigen städtebaulichen Projekts gedacht war. Bis dahin galt Bilbao als paradigmatisches Beispiel für den Niedergang der ehemaligen Industriegebiete im Norden Spaniens. Die Deindustrialisierung der achtziger Jahre hatte die Stadt dem Erdboden gleichgemacht, Bilbao verwandelte sich in eine verseuchte, dysfunktionale Industriereliquie mit heruntergekommener Altstadt. Die Stadtregierung plante eine umfassende Erneuerung, die nicht nur Touristen anlocken, sondern eine auf Kommunikationstechnologien, Kreativjobs und Kultur beruhende ökonomische Modernisierung entfachen sollte. Das

Guggenheim mit seinen Titanplatten und seinem dekonstruktivistischen Stil war das Markenzeichen dieses Projekts: ein leicht wiederzuerkennendes Symbol, das es den Medien erleichtern würde, die gute Nachricht der Wiederauferstehung Bilbaos zu verbreiten.

Die Operation glückte perfekt und sorgte dafür, dass fast alle spanischen Städte versuchten, dem Beispiel Bilbaos zu folgen und ihre eigene Version einzigartiger Stadtplanung mit einem stilbildenden Gebäude als Krönung zu entwickeln – wobei diese Projekte die ökonomischen Möglichkeiten der Kommunen oft bei Weitem übertrafen und mit gesundem Menschenverstand nur wenig zu tun hatten. Tatsächlich war der sogenannte Guggenheim-Effekt der Abschluss einer Entwicklung, die Spanien 1992 mit dem Umbau Barcelonas im Vorfeld der Olympischen Spiele und der Einweihung des Hochgeschwindigkeitszugs anlässlich der Weltausstellung in Sevilla in Angriff genommen hatte. Die öffentlichen Investitionen in die Infrastruktur von Großereignissen und in Projekte der Stadterneuerung wirkten für die großen Bauunternehmen wie Steroide und spielten eine entscheidende Rolle bei der Legitimation der Immobilienblase. Die Markenarchitektur und die Smart-City-Projekte trugen zur Verbreitung der Idee bei, es könnte so etwas geben wie Spekulation mit menschlichem Antlitz – staatsbürgerlichen Werten verpflichtet und mit einem eigenen Wortschatz der Partizipation. Tausende Tonnen verchromten Stahls und polierten Betons verliehen dem allgemeinen Hypothekenwucher den entscheidenden Chic. Die gentrifizierten Innenstädte – geklonte Nicht-Orte im wahrsten Sinne des Wortes – waren die freundliche Variante der verwaisten internationalen Flughäfen und Autobahnen ins Nirgendwo.

Einher gingen diese öffentlichen Investitionen mit der Förderung einer »fortschrittlichen« Kulturpolitik. Die Immobilienblase wurde durch eine wahre Kulturblase komplementiert, die den Kommodifzierungsprozessen Legitimität verlieh. In ganz Spanien konkurrierte man darum, mithilfe von Kunsthallen, avantgardistischen Kulturzentren, Medialabs, Musik-, Kunst- und Theaterfestivals ein Bild kultureller Dynamik abzugeben. Diese Strategien – deren erfolgreichstes Modell erneut Barcelona war – beruhten auf der Idee, dass das Überleben in einer zunehmend globalisierten Welt von der Innovation abhängt und dass der gesellschaftliche Nährboden, in der diese gedeihen kann, eine kulturell vielfältige, für kreative Milieus attraktive urbane Umgebung ist. Den spanischen Medien gelang es, die minoritären, von den Interessen der Bevölkerungsmehrheit weit entfernten kulturellen Praktiken mit dem zur Schau getragenen, sich Mitte der neunziger Jahre in Spanien verbreitenden Massenkonsum zu verbinden. Zeitungen, Magazine, Fernsehen und Radio schufen eine diskursive Umgebung, in der diese kulturellen Dispositive eine zentrale Rolle spielten und die ausdrücklich als Ideologie eines neuen, veredelten, mit der Gentrifizierung verknüpften Konsumismus fungierte. Niemand wusste genau (es war auch allen egal), wer diese Videokünstler waren, die in den Museen für zeitgenössische Kunst ausstellten, aber man begriff, dass zwischen ihren Arbeiten und den Computerspielen, der Modewelt und den Kneipen oder Klubs des Massenkonsums eine Verbindung bestand.

Im goldenen Zeitalter der spanischen Wirtschaft hatten Jugendliche keinen Zugang zu Wohnraum und mussten sich ihr Geld in prekären, unterqualifizierten Jobs verdienen, konnten aber Freizeitbeschäftigungen und Konsumformen mit einem coolen, kosmopolitischen, Kreativität und Individualität glorifizierenden Image nachgehen. Eine kulturelle Umgebung, in der sich die Distanz zwischen avancierter Kultur, Konsum und Unterhaltung auflöste. Das spiegelt sich in der Versöhnung von Popkultur und Kommerz, die ein viel jüngeres Phänomen ist, als es oft den Anschein hat. Lange Zeit versuchten Musiker mit allen Mitteln zu verhindern, dass ihre Lieder in Werbespots gespielt wurden. Nicht etwa, weil sie besonders radikal gewesen wären, sondern weil sie wussten, dass ihnen das Anerkennung bei ihren Fans gekostet hätte. Von Plattenfirmen gewissermaßen im Labor erschaffene Bands wurden von der Musikszene misstrauisch beäugt. Heute geschieht genau das Gegenteil. Rapper werben für Wettbüros und werden von Yuppie-Marken gesponsert. Iggy Pop präsentiert Parfüms von Paco Rabanne, Sonic Youth veröffentlichen ihre Platten bei Starbucks.

Gegenkultur und sozialer Elitismus

Paradoxerweise haben sich viele Akteure des Kulturlebens in den vergangenen Jahrzehnten gleichzeitig sehr um eine Demokratisierung der Kultur bemüht, Selbstkritik geübt und wichtige Überlegungen zu kollaborativer Kulturproduktion, unbürokratischer Kulturvermittlung, Bürgerpartizipation und nichtklientelistischer Finanzierung angestellt. Ein Teil der Kulturproduktion und -vermittlung ist sehr politisiert, und ich würde behaupten, dass es viel wahrscheinlicher ist, in einem Museum von Ungleichheit, Kooperation und Respekt gegenüber der Differenz zu hören als in einer Gewerkschaft. Die theoretischen Referenzen der radikalen Linken, die Spanien besucht haben – Toni Negri, David Harvey, Immanuel Wallerstein, Angela Davis –, haben häufiger in Museen und Kulturzentren als in Gewerkschaftshäusern, Parteilokalen oder Nachbarschaftszentren gesprochen. Rätselhaft ist allerdings, warum diese Reflexion nicht die geringste Wirkung gehabt hat – und zwar weder auf die Gesellschaft als Ganze noch auch auf die kulturellen Praktiken selbst. Sie hat nicht verhindern können, dass sich der sogenannte »Kulturbereich« in ein Dispositiv der Unterordnung verwandelt hat, in eine kritische Gewürzmischung, die die allgemeine Akzeptanz der sozialen Ungleichheit aromatisiert.

Die kulturelle Praxis steckt in einer Untiefe fest, einem elitären Konsens, aus dem es kein Entrinnen zu geben scheint. Die Situation ist ähnlich wie die des Bildungsegalitarismus, weist aber auch Besonderheiten auf. Der kritische Kulturdiskurs ist von der herrschenden Ideologie auf eine nicht immer verstandene Weise assimiliert worden. Viele Akteure des kulturellen Lebens verurteilen zumindest die grobschlächtigsten Versuche, die Kultur in eine Ware, Produzenten und Vermittler in Unternehmer und das Publikum in Konsumenten zu verwandeln. Im Bildungssektor geschieht genau das. Doch im Kulturbereich ist die zerstörerische Strategie relativ marginal und in erster Linie ideologischer Natur, weil die Geschäftsmöglichkeiten im eigentlichen Kultursektor – wenn man Fernsehen und Computerspiele nicht dazuzählt – anders als etwa im Gesundheitsbereich relativ begrenzt sind. Auch wenn die Preise auf den Auktionen steigen und wenn immer mehr Leute ihr Geld in Kunst anlegen mögen, ist insgesamt doch eher das Gegenteil geschehen: Der Markt im Allgemeinen und vor allem der Arbeitsmarkt haben die kulturell geprägten kritischen Diskurse begeistert aufgegriffen. Die Gewinner des deregulierten Kapitalismus haben einen mächtigen, um Kreativität, persönliche Neuerfindung, die Beziehungs- und Kooperationsaspekte der Arbeit kreisenden Diskurs geschaffen. Seit Jahrzehnten sehen sich Unternehmer als Künstler ihrer selbst und fordern uns auf, es ihnen nachzutun. Die Ideologie der Prekarisierung steht den vorherrschenden kulturellen Diskursen erstaunlich nah. Das Problem ist nicht das praktisch inexistente Kultur-Business, sondern die neue Business-Kultur, in der der normative Rahmen des Arbeitsmarktes durch Werte wie Kreativität, Selbstverwirklichung, Kooperation sowie Expressivität und nicht mehr durch Disziplin, Anstrengung oder Verantwortlichkeit bestimmt ist.

Deshalb sitzen die Debatten um den Kulturbereich und seine Rolle für den gesellschaftlichen Wandel seit Jahrzehnten einer identitären Täuschung auf. Was Arbeit, Gesundheit, Wohnen, Energieversorgung oder Steuern angeht, gibt es Ideen radikaler Demokratisierung, die mehr oder weniger richtig sind und mit mehr oder weniger Erfolg eine gesellschaftliche Mehrheit zu erreichen versuchen: Grundeinkommen, Schuldenerlass, Umweltsteuern, öffentliches Bankenwesen, partizipative Haushalte, Kooperativismus. Im Kulturbereich hingegen vermögen wir uns nicht einmal vorzustellen, worin eine universalistische Forderung bestehen könnte. Im besten Fall umfasst ein transformatorisches Programm Forderungen für kleine Berufsgruppen – Unterstützung lokaler Künstler, die Verbesserung der Arbeitsbedingungen von Beschäftigten im Kulturbereich –, die theoretisch und ideologisch bunt ausgeschmückt werden. Im schlimmsten Fall hingegen ist es eine Karikatur des kritischen Elitismus: Bei der Venedig-Biennale 2015 präsentierte der Videokünstler Isaac Julien eine Performance, die aus einer Endloslektüre der drei Bände von Marx' *Kapital* bestand. Oder es werden, fast genauso schlimm, extrem gefällige Formen des kulturellen Populismus produziert, um der Alltagsästhetik, die »Hochkultur« und akademisches Denken nie nötig hatte, ein Gütesiegel zu verschaffen. Es ist nicht verwerflich, theoretische Abhandlungen über Comics, Fernsehserien oder zeitgenössische Popmusik zu schreiben oder Ausstellungen dazu zu organisieren – so wie auch nichts dagegen spricht, eine Passage von Platons *Politeia* auf dem Dudelsack interpretieren zu wollen. Aber Ersteres trägt zur Alltagskultur ebenso viel bei wie Letzteres zur Philosophiegeschichte.

Gleichheit im Sport

Doch warum sollten kulturelle Praktiken überhaupt irgendeine Rolle in einem emanzipatorischen Projekt spielen? Warum sollte die Kultur in irgendeiner Form egalitärer sein? Verlangen wir von künstlerischen Interventionen nicht zu viel, wenn wir sie als wichtigen Bestandteil gesellschaftlicher Veränderung ansehen? Ästhetische Praktiken beruhen ja ihrem Wesen nach genau wie die moralischen auf Werturteilen: Lesen, Musik hören, einen Film oder ein Theaterstück ansehen, ein Museum besuchen – all das impliziert per se, verschiedene Werke zu bewerten, sprich: manche zu präferieren und andere auszublenden. Wenn jemand an einer Kulturveranstaltung teilnimmt, ohne zwischen wichtigen und weniger wichtigen Stücken oder Bildern unterscheiden zu wollen oder zu können – »Für mich hört sich Jazz immer gleich an« –, haben wir zu Recht den Eindruck, dass diese Person das Wesen dieser Praxis nicht richtig verstanden hat.

Obwohl wir empirisch wissen, dass eine enge Beziehung zwischen kulturellem Geschmack und sozialer Klasse besteht, übersehen wir oft, wie verwickelt diese Verbindung ist: Viele Menschen einfacher Herkunft haben einen differenzierten kulturellen Geschmack. Das hat schon allein damit zu tun, dass viele kulturelle Praktiken, die gewöhnlich den unteren Klassen zugeschrieben werden, in Wirklichkeit sehr dynamisch und extrem komplex sind. Aber auch damit, dass es Menschen gibt, die sich entschlossen haben, diese zugeschriebenen Klassenschranken zu durchbrechen und sich eine anerkannte Kunsttradition anzueignen, und die die kanonisierte Rezeption dieser Produkte gelegentlich auf den Kopf stellen. Unser Kanon griechischer Tragödien, eine der Säulen westlicher Kultur, setzt sich aus den Publikumserfolgen von vor 2500 Jahren zusammen – einige tausend Athener, die Mehrheit von ihnen Analphabeten, entschieden über diesen Erfolg. Die Vorstellung, dass einem Jugendlichen aus einem Arbeiterviertel nur Trap- oder Bachata-Songs gefallen und ihm die Schönheit eines Trakl-Gedichts oder von Schönbergs *Pierrot Lunaire* fremd bleiben muss, ist so abstoßend paternalistisch und elitär wie die Verachtung für von traditionellen Gesellschaften oder Menschen aus den unteren Klassen geschaffene Kunst.

Gleichzeitig ist die Idee der Kultur selbst ein Produkt egalitärer Strömungen der Moderne. Tatsächlich ist der Begriff »Kultur« relativ neu. Selbstverständlich haben Menschen immer geschrieben, gesungen, gemalt, ihre Häuser verziert oder getanzt (wir kennen buchstäblich keine Gesellschaft, die nicht irgendeine Form von Musik praktiziert), und es hat auch Werkzeuge und Foren zur Weitergabe dieser Fähigkeiten gegeben. Aber diese ästhetischen Praktiken und die darum kreisenden Diskurse waren, genau wie die Ökonomie, in gesellschaftliche Prozesse integriert, also zum Beispiel in Feste, religiöse Praktiken oder Tätigkeiten zum Bestreiten des Lebensunterhalts. Architektur war das, was geschah, wenn man sich vor der Kälte in Sicherheit zu bringen versuchte oder seinen Göttern huldigen wollte; Musik war das, was sich ereignete, wenn man sich mit Verwandten betrank, um eine Hochzeit zu feiern; Theater das, was stattfand, wenn Reiche die Massen ideologisch beeinflussen wollten oder wenn man gleichberechtigt mit anderen über die Reichen lachte. Die eigentlich recht seltsame Idee, dass es eine abgesonderte, aus bestimmten Praktiken und Diskursen zusammengesetzte soziale Sphäre gibt, die wir als »Kultur« bezeichnen können, ist typisch für die Moderne seit der Aufklärung.

Der Begriff der Kultur verbreitete sich im 18. Jahrhundert im Rahmen einer kollektiven Suche nach einer neuen Subjektivität, nach einer Sensibilität, die zu jener Welt passte, in der die feudalen Privilegien nach und nach an Bedeutung verloren. Die moderne Idee der Kultur basiert auf der Überzeugung, dass jedes menschliche Wesen über die angeborene Fähigkeit zur intellektuellen Selbstentfaltung verfügt; ein Prozess, der persönlicher Anstrengungen und einer passenden Umgebung bedarf und der nichts mit Geburtsrechten oder der passiven Rezeption alter Normen und Wissensbeständen zu tun hat. In der Aufklärung entstand ein Verständnis von Kultur, das vor allem die aktive, der Selbstverwirklichung dienende Dimension von Bildungs- und ästhetischen Praktiken betonte. Ein kultivierter Mensch zu sein hatte nichts mit adeliger Herkunft, sondern mit der Art und Weise zu tun, wie man sich selbst orientiert und gebildet hatte; ein Weg, von dem man annahm, dass er potenziell allen offenstand.

Diese Spannung zwischen dem von subjektiven Urteilen geprägten Charakter der Kultur und ihrer universalistischen und aufgeklärten Wirkung ist tatsächlich sehr fruchtbar. Hier verdichtet sich ein Problem, mit dem egalitäre Projekte in jedweder gesellschaftlichen Umgebung konfrontiert sind: Wie lässt sich die Anerkennung für herausragende individuelle Begabungen – körperliche Stärke, soziale Fähigkeiten, ästhetisches Talent, Abstraktionsvermögen – mit einem Projekt des Zusammenlebens vereinbaren, das auf radikaler Gleichbehandlung beruht? In den Praktiken, die wir – um ehrlich zu sein, sehr unpräzise – als »kulturell« bezeichnen, können wir mit der Komplexität egalitärer Projekte experimentieren, die nicht auf Gleichmacherei beruhen, aber Privilegien misstrauen. Die Kultur ist heute nämlich einer der wenigen gesellschaftlichen Räume, in denen kollaborative Praktiken nicht auf die private Sphäre beschränkt bleiben – wie es bei der Solidarität in Familien der Fall ist –, sondern öffentlich stattfinden und wo wir systematisch Beziehungen zu Unbekannten knüpfen: Wir machen Musik, damit andere sie hören können, wir hören mit anderen Musik und sprechen über unsere Vorlieben, wir schreiben, um gelesen zu werden, sind – formal oder auch nicht – Teil von Leserinnengemeinschaften, die durch ähnliche Präferenzen zusammengehalten werden, wir gehen an Orte, an denen wir zur selben Musik mit anderen tanzen etc. All das hinterlässt tiefe Spuren in unserer gemeinsamen Identität, es schafft ein Gefühl der Zugehörigkeit zu einem Kollektiv von Gleichen.

William Morris, ein faszinierender Poet, Philosoph, Künstler, Aktivist und Kulturvermittler (er war der Begründer der Arts & Crafts-Bewegung), begriff das schon vor mehr als einem Jahrhundert sehr genau. Morris verachtete große Architektur und literarische Meisterwerke nicht, im Gegenteil. Aber er unternahm enorme Anstrengungen, um in Räumen zu intervenieren, in denen potenziell alle oder zumindest sehr viele Menschen mit Schönheit in Berührung kommen konnten. Daher interessierte er sich besonders für Möbel, Innenausstattung und -architektur. Der Grund war nicht, dass es sich dabei um bescheidene, populare, unterschätzte oder intime kulturelle Praktiken oder Artefakte handelte. Vielmehr sah Morris darin eine Möglichkeit, mit dem egalitären Aspekt von Kultur im Rahmen ästhetischer Praktiken zu experimentieren, die ihrerseits Teil anderer sozialer Prozesse waren. Anders ausgedrückt: Morris schlug vor, künstlerische und kulturelle Erfahrungen in größere gesellschaftliche Prozesse zu re-integrieren, so wie es in der Vergangenheit der Fall gewesen war, dies aber aus einem aufgeklärten Verständnis heraus zu tun, das Kultur als ein Moment zur Vertiefung von Erfahrungen betrachtet, das unsere Affekte transformiert und dadurch politische und gesellschaftliche Wirkungen entfaltet.

Natürlich leben wir nicht in der Welt von Morris. Es ist heute frustrierend einfach, sich Arts & Crafts bei Ikea vorzustellen. Aber vielleicht können wir unseren Blick auf andere intrinsisch vergesellschaftende ästhetische Praktiken werfen, bei denen die Verbindung von Gleichheit und individueller sowie kollektiver Selbstentfaltung mit großer Selbstverständlichkeit gelebt wird. Vielleicht würde Morris sich heute eher für kooperativen Amateursport interessieren als für Innenausstattung oder Kunsthandwerk.

Sport hat in der intellektuellen Linken im letzten halben Jahrhundert – zumindest in Spanien – ein extrem schlechtes Image gehabt. Vor einigen Jahren fuhr ich eine unglaublich steile Bergstraße in Asturien hinauf. Es fiel Schneeregen und war hundekalt. Ich hatte den zweiten Gang eingelegt, würgte den Motor damit in den Kurven aber fast ab. In einer dieser Kurven überholte ich einen Radfahrer, der vor Anstrengung fast vom Rad fiel. Die Freundin, mit der ich unterwegs war, sagte: »Wenn er in der Lage ist, sich das selbst anzutun, dann möchte ich nicht wissen, was er anderen antun könnte.« Das war so in etwa die einheitliche Meinung der politischen Linken: Wir Sportler seien Irre, die genau das verdient hätten, was der Kapitalismus für uns vorsehe. In sehnigen Körpern verdichte sich eine faulige ideologische Mischung aus Entfremdung, Machismo und Gewalt. Terry Eagleton resümierte diesen Standpunkt 2010 kurz vor der Fußballweltmeisterschaft auf witzige Weise:

> Wenn alle rechten Denkfabriken dieser Welt einen Plan aushecken würden, wie der Pöbel am Besten von politischem Unrecht abgelenkt und für sein von harter Arbeit bestimmtes Leben entschädigt werden könnte, kämen alle zu demselben Ergebnis: Fußball. Vom Sozialismus einmal abgesehen, wurde bislang kein geeigneteres Mittel zur Lösung der kapitalistischen Probleme ersonnen. Und in diesem Kampf ist der Fußball um Lichtjahre voraus. Moderne Gesellschaften verweigern Männern und Frauen die Erfahrung der Solidarität, die der Fußball fast bis zum kollektiven Delirium zelebriert […]. Niemand, der es ernst meint mit politischer Veränderung, kann vor der Tatsache die Augen verschließen, dass dieses Spiel abgeschafft werden muss.[1]

---

1 Terry Eagleton, »Football: A dear friend to capitalism«, in: *The Guardian* (15. Juni 2010), online verfügbar unter: {https://www.the

Zunächst einmal ist erstaunlich, wie viele Personen, die Sport erklärtermaßen hassen, sich dennoch für autorisiert halten, über solche Themen zu schreiben. Bei jeder anderen ästhetischen oder eher spielerischen Praxis wäre das unzulässig. Leute, die sich nicht im Geringsten für zeitgenössischen Tanz interessieren, äußern sich dazu in der Regel einfach nicht – und wenn sie es doch tun, wird ihre Meinung als irrelevant erachtet. Eine eigenartige Konsequenz dieser Besonderheit ist, dass im Zusammenhang mit Sport jede Form von Klassismus und Sexismus hingenommen wird. Joyce Carol Oates, eine des Machotums eher unverdächtige Schriftstellerin, schrieb in ihrem Buch über das Boxen:

> Boxen ist etwas für Männer, es handelt von Männern, es ist männlich. Die Feier einer verloren gegangenen Religion der Männlichkeit, die einem umso mehr ins Herz schneidet, als sie unwiederbringlich ist. [...] Daher also der charakteristische weibliche Widerwille gegen das Boxen an sich, der sich mit einem intensiven Interesse und der Neugier verbindet, was Männer daran fasziniert.[2]

Tatsächlich hat das Frauenboxen in der ganzen Welt enormen Auftrieb erhalten, seit Oates diese Zeilen geschrieben hat. Tausende von Mädchen und Frauen haben sich diesen traditionell maskulinisierten Raum angeeignet – mit bemerkenswerten und bewegenden Ergebnissen. Das

---

guardian.com/commentisfree/2010/jun/15/football-socialism-crack-cocaine-people}.
2 Joyce Carol Oates, *Über Boxen*, aus dem Englischen von Ursula Locke-Groß und Andrea Ott, Zürich: Menasse Verlag 2013, S. 69f.

Frauenboxen spielt in den selbstorganisierten Sportvereinen, die in den letzten Jahren überall aus dem Boden geschossen sind, eine wichtige Rolle. Doch abgesehen davon ist interessant, dass eine Aussage wie die von Oates über andere historisch maskulinisierte Tätigkeiten wie das Ingenieurswesen oder die Mathematik in unserem politischen Kontext unvorstellbar oder zumindest ausgesprochen skandalös wäre: Selbst diejenigen, die so denken, würden sich eine solche Bemerkung verkneifen.

Andererseits sticht ins Auge, welche Bedeutung den hegemonialen und besonders entfremdeten Elementen des Sports beigemessen wird. Ich kann mir keine Kritik von Popmusik vorstellen, die ausschließlich auf ihre Verwendung in der Werbung, ihren Sexismus, die ökologischen Folgen von Konzerten oder den Starkult abzielt. All das existiert, aber es ist nur ein Teil der Wirklichkeit, und zudem gibt es Künstler, die diese Phänomene kritisieren und zu ändern versuchen. Wie jede kulturelle Praxis hat natürlich auch der Sport Mechanismen der internen Kritik. Musik bedeutet, Hunderte von Euro für ein Reunion-Konzert der Spice Girls zu bezahlen, und Sport heißt, jedes Wochenende zweiundzwanzig Aristokraten zu feiern, die in einem mit Werbung für Wettbüros zugekleisterten Kolosseum auf einen Ball eintreten. Aber Sport ist auch die Kritik am modernen Fußball und die Selbstorganisation von Freizeitligen mit einer stark antipatriarchalen und antirassistischen Komponente, also die überall in Europa zu beobachtende Gegenbewegung zum Spektakelfußball. Das Bergsteigen hat in den vergangenen Jahrzehnten vor allem in den emblematischsten Regionen der Alpen und des Himalaya, wo Unternehmen ihren Kunden gegen ein kleines Vermögen versprechen, sie bis zum Gipfel zu bringen, eine starke Kommerzialisierung erlebt. Doch es gibt auch Ansätze eines kritischen, kooperativen und nichtkommerziellen Alpinismus, der sich viele Gedanken um die ethischen Aspekte dieses Sports macht. Der mittlerweile verstorbene schwedische Bergsteiger Göran Kropp fuhr 1996 mit dem Fahrrad und hundert Kilogramm Alpinausrüstung von Stockholm bis zum Basislager am Mount Everest, erstieg den Gipfel dort allein und ohne jede Unterstützung und sammelte auf dem Rückweg alle benutzten Materialien und entstandenen Abfälle wieder ein.

Beim Sport ist die Idee, dass die diversen Ausprägungen irgendwie zusammenhängen, dass es also ein Kontinuum gibt zwischen den schlecht trainierten Menschen, die erst seit Kurzem regelmäßig laufen, und den übermenschlichen Rekorden Eliud Kipchoges, sehr viel verbreiteter als in der Kunst oder der Literatur. Die extreme Kommerzialisierung ist problematisch, weil das Spektakel hier eine Art Kurzschluss bewirkt. Einer der schlimmsten Effekte des kommerziellen Fußballs ist, dass es immer schwieriger wird, echten Amateurfußball zu spielen, weil jedes Fußballerlebnis, egal in welcher Liga, als Teil eines vielstufigen Auswahlverfahrens betrachtet wird, bei dem am Ende eine Handvoll Sportler den Olymp der höchsten Liga oder zumindest lokale Berühmtheit erreichen. Die Eltern von E-Jugend-Spielern benehmen sich wie Hooligans im Bernabéu-Stadion, die Teams werben sehr junge Talente mit Prämien ab (Videospielen,

Fahrrädern usw.), und die Kinder demütigen ihre Gegner, indem sie ihre Tore mit den Jubelgesten der Stars feiern.

An den Einwänden der Linken, Sport sei kommerzialisiert, sexistisch und extrem kompetitiv, ist also etwas Wahres dran. Die Kraft des Sports – wie die der Populärkultur – hat dabei damit zu tun, dass diese Praktiken in unseren Alltag integriert sind und dass sie deshalb auch die Ungleichheiten widerspiegeln, mit denen wir leben. Das ist aber auch der Grund, weshalb eine kritische Auseinandersetzung mit diesem Erbe im Sport eine besonders weitreichende Wirkung hat, viel stärker als in anderen kulturellen Bereichen. In einem Museum ist es fast schon obligatorisch, radikale politische Positionen zu vertreten: Mir sind in Texten zur zeitgenössischen Kunst sehr viel mehr provokante Zitate von Michel Foucault begegnet als an der Fakultät für Philosophie. In Kunsthallen gehören revolutionäre Brandreden und ausgeklügelte Reflexionen über die sexuelle Identität obligatorisch zum guten Ton, sie sind wie die Teakholz-Möbel ihrer Cafeterien Teil der Einrichtung geworden. Gesellschaftskritische Diskurse bei einem Fußballspiel mögen nicht so elaboriert sein, können aber eine gewaltige Kraft entfalten, weil sie an Orten zum Tragen kommen, an denen man sie nicht erwarten würde. 2017 verbreiteten die Spieler von Fútbol Ceares, einem Klub aus einem Arbeiterviertel Gijóns, in den sozialen Netzwerken ein Foto, auf dem sie in ihrem Stadion mit einem Transparent gegen Transphobie zu sehen waren. Mit Sicherheit war es für viele ihrer Fans das erste Mal, dass Personen, zu denen sie einen engen Bezug hatten und mit denen sie sich spontan identifizierten, eine derartige Position vertraten.

Gewöhnlich heißt es, dass Sport und Kunst sich radikal voneinander unterscheiden, da der Sport von Regeln geprägt sei, während Kunst und Denken auf Freiheit und Experiment abzielten. Dabei gibt es im Sport viel mehr Kreativität (die sich oft im Widerstand gegen die Kommerzialisierung ausdrückt) und in der Kultur sehr viel mehr Regeln und Konformität als gemeinhin angenommen. Viele Kunstformen, zum Beispiel traditionelle Volksmusik, besitzen sehr strikte Vorgaben. Auch die sogenannte »klassische Musik« beruht auf der endlosen Wiederholung eines geschlossenen Kanons. Noch der radikalste Bruch ist häufig ritualisiert. Ein Freund, der an einer Kunsthochschule unterrichtet, erzählte mir einmal von der seltsamen Verbindung zwischen Avantgarde und Nacktheit: »Ich habe wirklich alle meine Schüler schon einmal nackt gesehen. Es ist, als würden sie glauben, dass man sich ausziehen muss, damit die anderen sehen, dass man etwas Originelles macht.«

Das passiert auch umgekehrt. Der Sport ist nicht bloß ein normatives Ritual, dort werden auch wichtige ethische Debatten geführt. Es gibt orthodoxe Bergsteiger, die der Ansicht sind, Sportklettern – bei dem die Sicherungshaken schon im Fels installiert sind – habe nichts mit Klettern zu tun, sondern sei eine Art Freiluftgymnastik. Sie erkennen nur im Alpinstil absolvierte Aufstiege (ohne Sauerstoff und ohne Träger) an und verabscheuen Bergläufe. Sport kann auch sehr kreativ sein. In der Sierra de Guadarrama sind mir einmal bärtige Typen mit Helmen und Schutzanzügen begegnet, die etwas dabeihatten, das mir anfangs wie ein zweigeteiltes Mountain-Bike vorkam. Als ich mich näherte, erkannte ich, dass es zwei Einräder mit verstärkten Reifen waren. Tatsächlich finden Innovationen im Sport mit sehr viel größerer Selbstverständlichkeit statt als in anderen kulturellen Kontexten, in denen man sich von allerlei existenziellen Mysterien umgeben glaubt. Innovation im Sport benötigt keine stürmischen Kreativen, die tief in der Nacht in einer Mansarde Absinth trinken. Kreativität im Sport hat manchmal mit der Verwandlung einer Trainingsmethode in eine autonome Praxis zu tun, das heißt, man stellt fest, dass der Prozess bisweilen genauso interessant ist wie das Ergebnis.

Vielleicht wäre es vernünftiger, Kreativität und Normativität nicht als strikte Gegensätze, sondern als Pole eines Kontinuums zu verstehen, das von der radikalsten und minoritärsten Experimentalkunst bis zum besonders verregelten Massensport reicht und dabei zahlreiche Zwischenpositionen umfasst: Kunstrichtungen mit ziemlich strengen Regeln wie die Kammermusik, literarische Genres wie Krimis, aber eben auch kreative Randsportarten. Sie alle sind Formen, die Welt poetisch zu bewohnen, mit Affekten und gemeinsamer Subjektivität zu experimentieren.

Die sportphobische Linke glaubt, dass die Verteidigung des Sports als kulturelle Praxis einer Form von Populismus gleichkommt, die sich gegen Avantgardekunst und experimentelles Theater richtet. Als ob es darum ginge, mehr Fußball zu spielen, um nicht länger Beckett zu lesen. Es ist genau umgekehrt: Wir sollten danach streben,

Beckett so zu lesen, wie wir Fußball spielen, joggen oder im Meer baden gehen. Als Sport bezeichnen wir eine Reihe zweckfreier, in soziale Prozesse integrierter Praktiken, die vom Alltäglichen zum Sakrosankten reichen und von denen sich Millionen Menschen angesprochen fühlen. Für viele Menschen ist der Sport eine Methode zur Intensivierung ihres Lebens, etwas, das sie zu inspirierenden, individuellen oder kollektiven Ansätzen der Selbstorganisation motiviert. Ich finde, dass es keinen allzu großen Unterschied gibt zwischen dem Akt, sich morgens um sieben die Schuhe anzuziehen und laufen zu gehen, und der Bildungsanstrengung, die notwendig ist, um komplexe und wenig vertraute Formen des musikalischen, literarischen oder philosophischen Ausdrucks wertschätzen zu können. Auch zwischen der Koordination eines Alpenvereins und dem Organisieren eines Nachbarschaftskinos besteht kein allzu großer Unterschied. Doch den Sportlern – zumindest einigen von ihnen – gelingt es besser, William Morris' Auftrag umzusetzen: die Kultur auf unterschiedliche Weise wieder in das Kontinuum unserer gemeinsamen Erfahrungen zu integrieren.

12. *How to be good?*
Ein Ende der gemeinsamen Welt

Jedes egalitäre Vorhaben ist mit einem praktischen Dilemma konfrontiert, das von den Gegnern der Gleichheit instrumentalisiert wird, um zynische oder böswillige Einwände zu formulieren. Einer unter Linken sehr verbreiteten Ansicht zufolge ist der Egalitarismus ein Projekt, das mit strukturellen Veränderungen im Bereich der Wirtschaft, der Arbeit, des politischen Systems, der Geschlechterbeziehungen oder des Bildungswesens zu tun hat. Die Veränderungen, die notwendig sind, damit die materielle Gleichheit zur allgemeinen gesellschaftlichen Regel wird, sind so weitreichend – sie implizieren eine so radikal andere Art, uns zu organisieren und gegenseitig zu verstehen –, dass das individuelle Verhalten in dieser Hinsicht fast schon trivial erscheint. Von diesem Standpunkt aus ist der Versuch, sich individuell egalitär zu verhalten, in etwa so sinnvoll, als wollte man seine Aussprache des Japanischen perfektionieren, ohne auch nur die geringste Ahnung von dieser Sprache zu haben. Das offenkundige Problem besteht darin, dass diese Position auf Zynismus hinausläuft: Da nur noch die strukturellen Veränderungen zählen – die »objektiven Bedingungen«, wie es im marxistischen Jargon heißt –, ist man genauso egalitär, wenn man im Lamborghini vor seiner Villa vorfährt, wie wenn man sein ganzes Vermögen verschenkt, um sich einer maoistischen Guerilla auf den Philippinen anzuschließen. Gerald Cohens Buchtitel *If You're an Egalitarian, How Come You're So Rich?* bringt diesen Widerspruch meisterhaft auf den Punkt.

Aus der entgegengesetzten Perspektive sind individuelle Beiträge entscheidend für jeden egalitären Prozess. Gleichheit hat letztlich mit gelebten Erfahrungen zu tun, und Systemveränderungen sind nicht nur substanzlos, sondern schlichtweg unmöglich, wenn sie nicht die tiefe Abscheu für die unmittelbar erlebte Ungleichheit als Ausgangspunkt nehmen und immer wieder bekräftigen. Ein Berliner Freund erzählte mir, dass während der Migrationskrise 2015 in aktivistischen Gruppen seiner Stadt heftig darüber debattiert wurde, wie man den Geflüchteten helfen sollte, und dass dabei unter anderem eingewandt wurde, die private Solidarität übernehme Aufgaben, für die eigentlich der Staat zuständig sei, oder habe paternalistische Aspekte. Als mein Freund einige Zeit später seine Großtante besuchte, erfuhr er, dass ein syrischer Flüchtling bei ihr wohnte und dass auch viele ihrer Freundinnen Menschen aufgenommen hatten. Die alten Damen hatten schlicht und einfach entschieden, dass dies das Richtige sei, und Kontakt zu einer nahe gelegenen Kirchengemeinde aufgenommen, um ihre Hilfe anzubieten.

Jeder anständige Mensch wird in dieser Direktheit etwas Wahres und Ermutigendes erkennen. Meiner Ansicht nach hat dies damit zu tun, dass die Gleichheit ein primärer sozialer Tatbestand ist, der eng mit der Natur menschlicher Bindungen verknüpft ist. Aber selbstverständlich ist das keine widerspruchsfreie Perspektive. Der Voluntarismus führt oft zu einer Art angeborenem politischen Masochismus. 1874 kam es unter den russischen Reformpopulisten, die als Narodniki bekannt waren – viele von ihnen Studenten aus der Stadt –, zu einer Welle des »kollektiven Rousseauismus«. Die Narodniki kleideten sich wie Bauern, erlernten deren Bräuche und Dialekte und gingen in Dörfer an der Wolga, um dort in Armut zu leben.[1] Die Repression des Zarenregimes gegen diese kommunistischen Heiligen war fürchterlich, doch auch die verarmten Bauern empfingen die extravagant gekleideten Fremden keineswegs mit offenen Armen und begannen sogar, sie zu verfolgen und hinzurichten.

Wie bei vielen pragmatischen Dilemmata ist die Dualität von systemischem Zynismus und nutzlosem Voluntarismus Ausdruck politischer Ohnmacht. Es fällt uns schwer, im Alltag egalitär zu sein, weil sich unsere soziale Umwelt gegen ein solches Verhalten verschworen hat. Umgekehrt verliert der Widerspruch schnell an Dramatik, wenn sich die Möglichkeit egalitärer Transformationen eröffnet. Heute sind wenige Menschen der Ansicht, machistisches Gehabe sei in Anbetracht der strukturellen Bedingungen gerechtfertigt. Vor nur wenigen Jahrzehnten waren viele Männer hingegen noch in der Lage, sich abstrakt zur Gleichheit der Geschlechter zu bekennen, aber unfähig, sie im Alltag zu leben. Männer propagierten zwar die Gleichheit der Frauen, beteiligten sich aber dennoch nicht an der Hausarbeit. Heute kommt uns dieses

---

1 Moisés Mori, *Estampas rusas. Un álbum de Iván Turgueniev*, Oviedo: KRK 1997, S. 228.

Verhalten lächerlich vor, so wie den Menschen hoffentlich in einigen Jahrzehnten unsere Unfähigkeit unbegreiflich sein wird, die materielle Gleichheit unheroisch und undramatisch in unser Leben zu integrieren. Es fällt mir nicht schwer, mir eine Zukunft vorzustellen, in der das Leistungsprinzip als genauso infantil und albern erscheint wie der Respekt vor Adelstiteln. Ein Professor der Universität von Barcelona erzählte mir, dass er und seine Kollegen Anfang der Siebziger eine Gemeinschaftskasse hatten, in die alle Dozenten – von prekären Hilfskräften bis zu festangestellten Professoren – ihre unterschiedlichen Gehälter einzahlten und aus der alle den gleichen Lohn ausbezahlt bekamen. Sie nahmen dies nicht als etwas Spektakuläres oder Dramatisches wahr, sondern als einen Ausdruck ihres Alltagsverständnisses der sozialen Beziehungen unter Gleichen.

Tatsächlich hat es im Verlauf der Geschichte immer wieder Augenblicke mit großem politischen Potenzial gegeben, die sich genau dadurch auszeichneten, dass kollektive und individuelle Perspektiven nicht länger als antagonistisch empfunden wurden, sondern dass es zwischen ihnen Rückkopplungen gab, sodass sich die Differenz auflöste. Die radikale politische Tradition nannte diese Phasen »Revolution«, ein Begriff, den wir besser nur unter Vorbehalt verwenden sollten. Oft diente die revolutionäre Hoffnung als Rechtfertigung, um eine Art revolutionären Wettbewerb mit zweifelhaften Konsequenzen auszurufen. In *Was tun?* vertrat Lenin die These, eine aus Berufsrevolutionären zusammengesetzte Elite der kommunistischen Partei müsse die Massen anführen. Sartre verteidigte 1965 die

Ansicht, Intellektuelle sollten eine heroische und einsame Verpflichtung eingehen und ihre »universelle Singularität« gegen die ideologische Herrschaft der bürgerlichen Gesellschaft und der Diktaturen geltend machen. Vielen von uns erscheint diese aktivistische Muskelsucht fremd und beklemmend.

Die exaltierte und gewalttätige Rhetorik der Revolution geht zudem oft nicht mit entsprechendem Verhalten einher. Wenn von der sowjetischen Kultur die Rede ist, denken wir an den Konstruktivismus oder an andere radikale Avantgarde-Bewegungen. Doch wie Sheila Fitzpatrick in einem Text über Lenins Erziehungsminister Anatoli Lunarcharksi anmerkt,[2] hatte die sowjetische Bildungspolitik im Wesentlichen drei Grundlagen: (a) die Unterstützung fortschrittlicher Ansätze westlicher Pädagogik, mit denen die Kreativität der Kinder gefördert werden sollte; (b) den Aufbau eines aufgeklärten, Kultur und Wissenschaft verpflichteten Staates; (c) das allgemeine Prinzip der Bildungsgleichheit. Heute, da wir mit irrwitzigen Bildungsinnovationen überschwemmt werden und uns an Begriffe wie *gamification* und *flipped classroom* gewöhnt haben, erscheint uns das sowjetische Bildungsprogramm als ein gemäßigtes und beinahe konservatives Aufklärungsprojekt. Einige Kritiker sagen, die Bolschewiki hätten bei aller Revolutionsrhetorik à la Marat letztlich nur ein Netz öffentlicher Montessori-Schulen aufgebaut.

---

2 Sheila Fitzpatrick, *The Commissariat of Enlightenment. Soviet Organization of Education and the Arts under Lunacharsky, 1917-1921*, Cambridge: Cambridge University Press 1970, S. xv-xvi.

Anders ausgedrückt: Man hätte es auch einfacher haben können. Wenn es darum ging, wie Schweden zu sein, also für Bildung, ein öffentliches Gesundheitswesen und Lohngleichheit zu sorgen, hätte man es besser gleich wie die Schweden gemacht und sich Stalin und die sowjetische Diktatur erspart.

Die Revolution als Exzess und als Bremse

Ich glaube, dass diese Argumentation einer retrospektiven Täuschung aufsitzt. Tatsächlich hat man abrupte politische Brüche fast überall und in jedem Moment als unerträglich und als Schritt ins Chaos erachtet. Und zwar selbst dann, wenn sie Institutionen betrafen, die wir heute für völlig inakzeptabel halten. Hugh Heclo hat darauf hingewiesen, dass die Verteidiger der Sklaverei glaubten, diese sei eine vergleichsweise sanfte Alternative zu »den Klassenauseinandersetzungen, die sich aufgrund der erzwungenen Mobilisierung ›freier‹, aber gesellschaftlich isolierter und durch die zentralisierten Strukturen von Industriekapital und Regierungsmacht beherrschter Arbeiter ergeben würden«.[3] Viele tiefgreifende Transformationen, die uns heute als unverzichtbar erscheinen – etwa der Aufbau eines universellen öffentlichen Gesundheitswesens –, waren nicht das Ergebnis langsamer Einzelreformen, sondern folgten einem schnellen und abrupten Per-

---

3 Heclo, *On Thinking Institutionally*, a.a.O., S. 155 f.

spektivwechsel. Ähnlich wie bei den Gemälden, auf denen man anfangs nur einen unscharfen Fleck sieht, aus denen sich dann aber ein Schiff oder Pferd herausschält. Politische Prozesse können gewaltsam oder friedlich sein, von oben oder unten initiiert und durchgesetzt werden. Aber sie haben stets etwas von einer – zumindest kognitiven – Erschütterung.

Kurioserweise stammt eine der besten Erklärungen von Revolutionen als Veränderungen mit notwendigerweise disruptivem Charakter aus der Wissenschaftsphilosophie. Thomas S. Kuhns Theorie der wissenschaftlichen Paradigmen stellte die Idee des wissenschaftlichen Fortschritts als kontinuierlichen, akkumulativen Prozesses radikal infrage.[4] Kuhn argumentiert, dass die Wissenschaft in Wirklichkeit durch breite Konsense bestimmt ist, die das Repertoire der von der Wissenschaftsgemeinde formulierten Probleme definieren, das heißt der Fragen, die in einem bestimmten historischen Kontext als relevant gelten. In bestimmten Situationen gerät diese Übereinkunft in die Krise, und es kommt zu großen und beschleunigten Transformationen des bestehenden theoretischen Rahmens (zu »Paradigmenwechseln«, wie es bei Kuhn heißt). Das Problem-Repertoire ändert sich radikal und schnell, anschließend beginnt eine neue Phase der Stabilität, in der die wissenschaftlichen Entdeckungen wieder gradueller Natur sind.

---

4 Thomas S. Kuhn, *Die Struktur wissenschaftlicher Revolutionen*, aus dem Englischen von Hermann Vetter und Kurt Simon, Frankfurt am Main: Suhrkamp 1967 [1962].

Kuhn übernahm dieses Konzept des wissenschaftlichen Wandels aus der Politik (ich denke, es ist kein Zufall, dass er es in den sechziger Jahren entwickelte). Doch man kann diesen Weg auch wieder in die andere Richtung zurücklegen und Kuhns Modell auf die Politik anwenden. In gewisser Weise deckt es sich mit einem verbreiteten Verständnis der Revolution als einer Art Exzess – ähnlich dem, was die Griechen als Hybris bezeichneten, also als »Anmaßung«, »Unbesonnenheit« oder »Unverschämtheit«. Ein Bruch, eine Transformation, eine Erweiterung der Grenzen des Akzeptierten. Im *Gastmahl* beschreibt Platon die Menschen, die den Olymp überfallen: »Sie waren daher auch von gewaltiger Kraft und Stärke und gingen mit hohen Gedanken um, [...] [sodass] sie sich einen Zugang zum Himmel bahnen wollten, um die Götter anzugreifen.« Kuhns Modell legt nahe, dass diese Hybris zwar gefährlich sein mag, dass sie aber unersetzlich ist. Sie bringt Prozesse in Gang, die sonst unmöglich, ja buchstäblich undenkbar wären – undenkbar in dem Sinn, dass sie jenseits der von uns für relevant gehaltenen Fragen und als legitim erachteten Positionen liegen.

Die Serie der bürgerlichen Revolutionen begann 1789 damit, dass gerade einmal sechshundert Menschen ein Gefängnis in Paris stürmten. Mir fällt kein besseres Bild für Hybris, Unbesonnenheit und Anmaßung ein. Der französische Adel nahm den Sturm auf die Bastille ähnlich wahr, wie wir heute von Krawallen hören, die eine Gruppe Touristen in Lloret de Mar veranstaltet hat. Der Punkt ist, dass diese Maßlosigkeit in bestimmten Augenblicken Paradigmenwechsel auslösen kann, zu denen es sonst nicht kommen würde. Und diese Unvernunft hat auch einen normativen, einen ethischen Aspekt. Überstürztes Handeln hat in der Politik wegen seiner unkalkulierbaren Effekte einen schlechten Ruf. Doch zur Wahrheit gehört auch, dass man sich Geduld leisten können muss. Wenn man die Effekte des Unrechts nicht selbst erleidet, neigt man sehr viel stärker zu Bedacht und Mäßigung.

Die Gegenthese zu der modernen Theorie der Revolution als Exzess, als schneller und explosiver Fortschritt, ist der Gedanke, die Revolution sei, wie es in einem berühmten Bild von Walter Benjamin heißt, eine Notbremse: »Marx sagt, die Revolutionen sind die Lokomotive der Weltgeschichte. Aber vielleicht ist dem gänzlich anders. Vielleicht sind die Revolutionen der Griff des in diesem Zuge reisenden Menschengeschlechts nach der Notbremse.«[5] Das ist nicht gerade das, was Reaktionäre unter Revolution verstehen. Der US-amerikanische Politikwissenschaftler Mark Lilla hat hellsichtig darauf hingewiesen, dass man Reaktionäre nicht mit Konservativen verwechseln sollte. Reaktionäre erleben die Dynamik der Moderne mit ebenso großer Intensität wie Revolutionäre, aber was sie bewegt, ist nicht Hoffnung, sondern Nostalgie.[6] Bei reaktionärer Politik geht es nicht darum, die

---

5 Walter Benjamin, »Über den Begriff der Geschichte« (1942), in: ders., *Werke und Nachlaß – Kritische Gesamtausgabe*, Bd. 19, Berlin: Suhrkamp 2010, S. 153.
6 Mark Lilla, *Der Glanz der Vergangenheit. Über den Geist der Reaktion*, aus dem Englischen von Elisabeth Leibl, Zürich: NZZ Libro 2018, S. 19-21.

Notbremse zu ziehen; sie läuft eher darauf hinaus, dass man auf der Autobahn auf derselben Spur wie die anderen fährt – aber im Rückwärtsgang und ins offene Grab.

Das Bild der Notbremse verweist uns vor allem auf den Verdacht, dass uns der Kapitalismus getäuscht hat, als er uns *eine* Variante von Modernisierung als alternativlos präsentierte: nämlich jene, die auf dem Niederreißen jeder historischen Grenze und aller sozialen, natürlichen, kulturellen sowie anthropologischen Schranken beruht. Das ist zweifelsohne eine notwendige Voraussetzung für Kapitalismus. Aber eben nicht, und darin besteht der Betrug, für ein aufgeklärtes emanzipatorisches Projekt. Die Freiheit der Aufklärung bestand nicht darin, sich über alle Grenzen hinwegzusetzen, sondern darin, die demokratische Selbstbestimmung zu fördern. Philosophen wie Georg Lukács, Cornelius Castoriadis oder Ivan Illich haben – in ihren jeweiligen historischen Momenten – argumentiert, die revolutionäre Tradition propagiere letztlich eine Historisierung der kantianischen Forderung nach moralischer Selbstbestimmung gegen die natürliche Fremdbestimmung. Frei zu sein hat vor allem damit zu tun, unter gleichen Ausgangsbedingungen (was diese Gleichheit ausmacht, ist die demokratische Frage par excellence) an einer politischen Gemeinschaft teilzuhaben, die ihre eigenen Normen aufstellt und weder die tradierten Regeln, Bräuche und den Aberglauben der Vergangenheit noch angeblich natürliche Verpflichtungen einfach hinnimmt, sondern einen Raum der Selbstbestimmung eröffnet, in dem die Voraussetzungen eines guten und würdigen Lebens gemeinsam erörtert werden. Das ist der Grund, warum man Freiheit falsch versteht, wenn man sie allein als private Aktivität begreift. Wenn ich entscheide, mir einen Arm abzuhacken, bin ich nicht freier oder unfreier, sondern einarmig. Zumindest von einem bestimmten Standpunkt aus betrachtet, beginnt meine Freiheit nicht dort, wo die der anderen aufhört: Meine Freiheit beginnt exakt an derselben Stelle, wo die der anderen anfängt, dort, wo wir uns von geteilter Unterwerfung befreien und gemeinsam neue Formen der Beziehungen unter Gleichen erkunden.

Die Notbremse der Geschichte ziehen bedeutet, unsere eigene Freiheit nicht als faustische Aufhebung aller individuellen oder kollektiven Einschränkungen, sondern als einen Akt der Selbstregelung zu begreifen: als einen demokratisierenden politischen Akt, der die ökonomische Fremdbestimmung beendet, diese »Diktatur des Profits«, wie es Viviane Forrester genannt hat. Die als beschleunigtes Projekt gemeinsamer Selbstbestimmung verstandene Revolution bringt einen grundlegenden Widerspruch zwischen der ökonomischen Struktur und den politischen Idealen der Aufklärung ans Licht. Anders ausgedrückt: Sie offenbart die Inkompatibilität von demokratischer Gleichheit und Kapitalismus.

Eine exzessive Bremse

Die Regierungen marktwirtschaftlich verfasster Länder haben es – allein oder koordiniert – immer wieder geschafft, die großen kapitalistischen Akkumulationskrisen in eine Flucht nach vorn zu verwandeln, wobei sie unbeschreibliches menschliches Leid in Kauf nahmen oder bewusst einsetzten. Der gewaltigen globalen Krise der Zwischenkriegszeit folgte nach 1945 die größte Wachstumsperiode in der Geschichte des Kapitalismus. Die Ölkrise von 1973 ging jener als neoliberale Globalisierung bekannt gewordenen Epoche der sich gewaltig ausdehnenden Finanzmärkte voraus. Doch wie Naomi Klein in *Die Entscheidung. Kapitalismus vs. Klima* richtig betont, unterscheidet sich die Krise, die wir heute erleben und die sich 2008 zu manifestieren begann, insofern von früheren, als wir dieses Mal mit unüberwindbaren materiellen Grenzen konfrontiert sind, über die sich der Kapitalismus, wie wir ihnen kennen, nicht hinwegsetzen kann.

Der Kollaps der auf der intensiven Nutzung fossiler Energien beruhenden Zivilisation hat bereits begonnen. Die Welt als für Menschen einigermaßen lebensfreundlicher Ort geht ihrem Ende entgegen. Die Frage heute lautet, wie wir die Kosten noch einigermaßen minimieren können. Denn selbst wenn es uns Milliarden Menschen gelingt, unsere Produktionsweise, unser politisches System, die internationalen Beziehungen, unsere Konsumformen, ja unsere gesamte Lebensweise mit revolutionärer Geschwindigkeit, nämlich in wenigen Jahren, zu ändern, werden wir die Katastrophe wahrscheinlich nicht aufhalten, sondern nur dafür gesorgt haben, dass es bei einer immensen Katastrophe bleibt.

Die Erderwärmung, die Erschöpfung natürlicher Ressourcen und der Verlust an Biodiversität sind mit großer

Sicherheit irreversibel. Der Kapitalismus hat die Menschheit in eine dramatische Krise gestürzt, in der Energie, Rohstoffe, fruchtbare Böden und lebensnotwendige Ressourcen knapp werden. Aus einer Mischung aus Kurzsichtigkeit und Egoismus weigern wir uns, den Tatsachen ins Auge zu sehen: Es wären dreieinhalb Erden nötig, um das Konsummodell der Spanier zu globalisieren (von dem der US-Amerikaner und Norweger ganz zu schweigen). Das bedeutet, dass wir Güter und Dienstleistungen horten, zu denen Millionen Menschen – wahrscheinlich noch wir selbst – in der Zukunft keinen Zugang mehr haben werden. Wir sind Betrüger, die ein Schneeballsystem historischen Ausmaßes organisiert haben. Die Güterversorgung im Kapitalismus ist letztlich nicht besser als im Sowjet-Sozialismus, doch wir sehen die Knappheit nicht, weil wir uns im ökologischen Raubbau eingerichtet haben.

Verschiedenen Berichten zufolge wird gewöhnlicher Bausand zu einem immer knapperen und damit teureren Rohstoff. In Indien und anderen Ländern gibt es heute eine auf den Handel mit Sand spezialisierte Mafia. Das ist nur eine pittoreske Vorwegnahme eines Musters, das in der Zukunft allgegenwärtig sein wird. Immer mehr Güter und Dienstleistungen, die im Westen heute im Überfluss vorhanden sind – wie Flugreisen, Heizung oder Fleisch –, werden für die Mehrheit unerreichbar. Die Frage ist, ob die Verteilung dieser knappen Ressourcen über den Markt erfolgen wird, sodass einige wenige sie anhäufen können, ob es zu einer bürokratischen Diktatur wie in der Sowjetunion kommt oder ob wir in der Lage sein werden, eine nachhaltige, aber auch gerechte und egalitäre Form der

Planung zu entwerfen. Egal mit welchen Indikatoren wir den Konsum messen, er wird in vielen Bereichen abrupt zurückgehen – ob uns das gefällt oder nicht. Es ist aber nicht unvermeidlich, dass dies zu einer Form von Ökofaschismus führt, zu jener von Autoritarismus und Knappheit geprägten Dystopie, wie sie in zahlreichen Science-Fiction-Romanen skizziert wird. Wir können das Möglichkeitsfenster nutzen, um einen Paradigmenwechsel in Angriff zu nehmen, der unsere Vorstellung eines guten Lebens und gemeinsamer Gerechtigkeit radikal ändert, so wie es in Katastrophen des Öfteren geschieht. Manchmal führt das gemeinsame Durchleben von Desastern zu brutalem Wettbewerb, Panik, Plünderungen und Unterwerfung. Aber es ist keineswegs immer so. Die Schriftstellerin Rebecca Solnit hat darauf hingewiesen, dass die kollektive Antwort auf eine katastrophale Lage auch durch Solidarität und politische Kreativität charakterisiert sein kann; ein wenig, als würde der Kollaps uns von einer unerträglichen Normalität befreien und nie da gewesene Möglichkeiten eröffnen.[7]

Wissenschaftler bezeichnen das aktuelle Erdzeitalter als »Anthropozän«, um die Wirkung des menschlichen Handelns auf Ökosysteme zum Ausdruck zu bringen. Spätestens mit der Erderwärmung hat sich der Mensch in die Ursache seiner eigenen natürlichen Fremdbestimmung verwandelt. Die menschliche Tätigkeit, die Transformation der Menschheit in eine geologische Kraft stellt eine

---

7 Rebecca Solnit, *A Paradise Built in Hell. The Extraordinary Communities that Arise in Disaster*, London/New York: Viking 2009.

Herausforderung für die Fähigkeit der Spezies dar, über ihr gemeinsames Schicksal, über die Möglichkeit eines würdigen Lebens zu entscheiden. Es ist so etwas wie eine verschärfte, rasant beschleunigte Variante dessen, was Antikapitalisten der Marktwirtschaft seit je vorgeworfen haben.

Die sozial-ökologische Krise hat uns in eine Lage versetzt, in der wir die Handbremse ziehen müssen. Und wir müssen dies sehr, sehr schnell tun. Wir brauchen einen radikalen Paradigmenwechsel, eine Revolution als Exzess, doch die Hybris besteht heute vor allem darin, sich der moralischen Bequemlichkeit des Kapitalismus zu widersetzen. Lange war Geduld etwas für diejenigen, die sie sich leisten konnten. Zum ersten Mal in der Geschichte der Menschheit kann sie sich heute niemand mehr leisten. Heute haben wir nicht länger nur zwischen Demokratie und Kapitalismus, sondern auch zwischen Leben und Kapitalismus zu wählen. Sich für den Kapitalismus zu entscheiden bedeutet nicht mehr einfach, sich auf die Seite von Ungleichheit und Privilegien zu stellen. Es läuft schlicht und einfach darauf hinaus, den Tod zu wählen.

Bedauerlicherweise werden wir, wie Darth Vader oder die Mitglieder der Spanischen Legion, von der dunklen Seite der Macht magisch angezogen. Die Ökologiebewegung hat nicht nur recht, sondern hat das auch schon seit über fünfzig Jahren. Bereits vor dem Club-of-Rome-Bericht, der 1972 auf die Grenzen des Wachstums hinwies – heute ist klar, dass seine Annahmen sogar noch optimistisch waren –, hatten Autoren wie Nicholas Georgescu-Roegen betont, dass das damalige Wachstum sich im planetarischen Maßstab materiell schlicht nicht aufrechterhalten lasse. Doch niemand hörte ihnen zu. Wir nehmen die ökologische Krise gewöhnlich als etwas wahr, das wir erleiden. Doch das ist völlig falsch: Unsere Normalität ist aktiver Motor der Regression. Unser Verhalten angesichts des Klimawandels erinnert an das einer apokalyptischen Sekte: inbrünstig und nihilistisch dem Untergang entgegen. Nur wenige Wochen nach dem Beginn der Coronaepidemie 2020, als die Krankheit von der WHO noch gar nicht als Pandemie eingestuft worden und der Ausbruch lokal auf China beschränkt war, gingen die globalen CO_2-Emissionen weltweit um 6 Prozent, in China um erstaunliche 25 Prozent zurück; bei Stickstoffdioxyd betrug der weltweite Rückgang sogar 36 Prozent. Die spanische Ökofeministin Yayo Herrero schrieb mit Verweis auf den Gesundheitsforscher Javier Padilla, dies sei so etwas wie der ökologische Reflex eines aus dem Gesundheitsbereich wohlbekannten Paradoxons: In den entwickelten Ländern sind die gesundheitsschädigenden Effekte von Wachstumsphasen tendenziell größer als die von Rezessionen.[8] Die mit extremem Konsumismus einhergehende Prosperität ist ein kollektiver Selbstmord in Zeitlupe. Kapitalistische Normalität ist tödlich.

---

[8] Yayo Herrera, »En guerra con la vida«, in: *CTXT* (3. März 2020), online verfügbar unter: {https://ctxt.es/es/20200302/Politica/31220/coronavirus-decrecimiento-crisis-ecologica-agroecologia-yayo-herrero.htm}; Javier Padilla, *¿A quién estamos dejando morir?*, Madrid: Capitán Swing 2019.

Moralisten oder Gleiche

Umweltaktivisten sind wie Kassandra, die Prophetin, die von Apoll bestraft wurde, indem er dafür sorgte, dass niemand ihren Vorhersagen glaubte. Nathaniel Rich schreibt, dass es hinsichtlich des Klimawandels und der ökologischen Krise eigentlich nichts gibt, was wir nicht schon 1979 gewusst hätten.[9] Selbst die Umweltbewegung hat sich von diesem politisch gewollten Kassandra-Syndrom beeinflussen lassen. Während revolutionäre politische Prozesse positive Wechselwirkungen zwischen persönlichen Verhaltensweisen und öffentlichen Normen auslösen, geschieht bei regressiven Prozessen gewöhnlich das genaue Gegenteil. Die von uns wahrgenommene Kluft zwischen kollektiven Prozessen und unserer Fähigkeit zur Intervention wächst, weshalb viele Menschen von ihrer politischen Verantwortung nichts mehr wissen wollen. Manche Aktivisten reagieren moralistisch auf solche Situationen: Es ist uns egal, ob uns jemand folgt, es ist ganz einfach unsere Pflicht, uns konsequent zu verhalten und persönlich Verantwortung für die Veränderung zu übernehmen.

Für die Auseinandersetzung mit der ökologischen Krise ist eine umfassende Veränderung unserer ethischen Perspektive und unseres Begriffs von gutem Leben erforderlich. Aber der Umstand, dass der notwendige zivilisatorische Wandel uns unter anderem moralische Transformationen abverlangt, bedeutet nicht, dass Moralismus die

---

9 Nathaniel Rich, *Losing Earth*, aus dem Englischen von Willi Winkler, Berlin: Rowohlt Berlin 2019.

geeignetste Strategie wäre, um dies zu erreichen. Bisweilen sind ethische Veränderungen Nebenprodukte anderer, schmutzigerer und komplexerer Dynamiken. Die wütenden, sich am Rande eines krankhaften Entzückens bewegenden Propheten des Klimawandels sind nicht immer sonderlich erfolgreich, wenn es gilt, breite gesellschaftliche Mehrheiten zu gewinnen, die kollektiv in der Lage sind, die notwendigen Veränderungen in Gang zu setzen.

Vor einigen Jahren litt Spanien schon im Frühjahr unter einer quälenden Hitzewelle. Im Zentrum und im Süden des Landes war die Situation in vielen Schulen und Altersheimen unerträglich. Kinder litten unter gesundheitlichen Problemen wie Hitzschlägen. Die Antwort der rechten Regierung der Region Madrid bestand darin, dass man die Lehrer anwies, den Kindern beizubringen, wie sich aus gefalteten Papierbögen Handfächer herstellen lassen (kein Witz). Linke Parteien und Organisationen forderten hingegen, in den Schulen müssten Klimaanlagen installiert werden. Dagegen protestierte wiederum ein Teil der Umweltbewegung mit dem plausiblen Argument, der Einbau von Klimaanlagen laufe letztlich darauf hinaus, den Klimawandel durch die Bekämpfung seiner Folgen weiter zu beschleunigen. Man müsse der Klimakrise mit einer Veränderung der Lebensweise begegnen, angefangen mit drastischen Einschränkungen des Energiekonsums und Sanierungsmaßnahmen zur natürlichen Klimatisierung von Gebäuden. Das Argument an sich war untadelig, verriet aber zugleich eine faszinierende politische Blindheit. Viele Familien hatten das Gefühl, von Umweltbewegung und Neoliberalismus in die Zange genommen zu werden. Während die konservative Volkspartei dich zur Energiearmut verurteilt, teilt dir die Umweltbewegung mit, dass Energiearmut eine gute Nachricht für gute Menschen sei.

Eine große Anzahl öffentlicher Orte, von Krankenhäusern und Ministerien bis zu öffentlichen Verkehrsmitteln oder privaten Shopping Malls, besitzen Klimaanlagen, die ihre Kunden im Hochsommer zu arktischen Temperaturen verdammen. Vor diesem Hintergrund ist es nicht allzu extravagant, eine künstliche Kühlung von Schulen zu verlangen – zumindest als Notmaßnahme, bis strukturelle Reformen wie die Umstellung auf passive Gebäudekühlung initiiert und umgesetzt sind, was freilich Jahre dauern dürfte. Außerdem ignorierten die Kritiker des Vorschlags, dass der Effekt dieser Klimaanlagen in Schulen materiell eher klein gewesen wäre. Man hätte sie nur wenige Tage im Jahr und wenige Stunden am Tag betrieben (den größten Teil des Sommers sind die Schulen geschlossen). Viele Menschen interpretierten den Widerstand gegen die Klimaanlagen als Evangelisierungsversuch, bei dem vor Hitze buchstäblich ohnmächtige kleine Kinder als Geiseln genommen wurden.

Der Madrider Krieg um die Klimaanlagen war nur ein winziges Scharmützel inmitten großer ökologischer Schlachten, aber er hält eine wichtige Lektion bereit: Wir Umweltbewegten haben ein gewaltiges Problem, sobald es um mehr geht als darum, recht zu haben, mantraartig Zahlen zu wiederholen und die Menschen zu einer asketischen Lebensführung aufzufordern. Das ist im Prinzip nichts Außergewöhnliches – genau das ist emanzipatorischen Bewegungen in vielen historischen Situationen passiert.

In jenen Tagen – oder genauer gesagt in den Nächten, als man wegen der Hitze nicht schlafen konnte – machte ich mir Notizen für eine Erzählung, in der alles anders ablaufen sollte. In meiner Geschichte beschlagnahmen klandestine Umweltgruppen zu Beginn der Hitzewelle nachts Klimaanlagen in den Einkaufszentren und Banken der ganzen Stadt. Am Morgen tauchen sie in Kindergärten und Schulen auf, um die Anlagen zusammen mit den Eltern zu installieren. Noch am selben Tag kommt es in Schulen überall in der Region zu Vollversammlungen in Aulas und Konferenzräumen, von wo Schülerinnen, Familien und Lehrer in spontanen Demonstrationen zu den großen börsenorientierten Konzernen aufbrechen, um dort die Klimaanlagen zu sabotieren. In meiner Erzählung sollte aus dieser Bildungs- und Familiendemonstration eine mächtige Bewegung zur drastischen Reduktion des Energieverbrauchs durch Klimaanlagen entstehen.

Die Wahrheit der gegenseitigen Hilfe

Warum sollte so eine Reaktion Science-Fiction sein? Als die Coronakrise im März 2020 in Madrid ausbrach und überall der Unterricht ausgesetzt wurde, stürmten viele Menschen Supermärkte und Apotheken, um Nahrungsmittel und Masken zu horten, und führten mit diesem egoistischen Verhalten eine künstliche Unterversorgung herbei. Gleichzeitig nutzten viele renommierte Theoretiker der Ökologiebewegung auch diesmal die Gelegenheit, um ihre moralische Überlegenheit zur Schau zu stellen. Die Idee, das Coronavirus sei in Wirklichkeit eine gute Nachricht – weil mehr Menschen (oder Tiere) durch die vom Lockdown verursachte Emissionsreduktion gerettet würden, als durch die Krankheit sterben müssten –, verwandelte sich in einen Gemeinplatz der grünen Intelligenzija, der bisweilen noch mit kitschig-peinlichen Hinweisen auf die »Rache Gaias« garniert wurde. Die Zahlen an sich mögen stimmen oder nicht – derartige Aussagen sind schwer zu belegen –, doch es ist faszinierend, wie blind man sein muss, um zu glauben, mit solchen Argumenten lasse sich irgendjemand zu politischem Handeln mobilisieren.

Als dann jedoch die Krankenhäuser überfüllt waren, boten einige Studentinnen – tatsächlich waren es fast nur Frauen – an, auf die Kinder von Arbeitern aufzupassen, deren Eltern nicht ins Homeoffice wechseln durften und die nicht auf die Unterstützung von Verwandten zurückgreifen konnten. Es war eine spontane Reaktion: Hunderte von jungen Leuten verschickten ihre Kontaktdaten bei Twitter, legten Whatsapp-Listen an oder pinnten Zettel in den Flur ihres Wohnhauses, auf denen sie ihre Hilfe anboten. Wenige Tage später entstanden in vielen Vierteln selbstorganisierte, über Social Media koordinierte Netzwerke zur Unterstützung von Bedürftigen. Das war nicht nur bewegend und großzügig, sondern auch ein Beleg für eine kollektive Intelligenz, die Wahrheiten ans Licht brachte, die ansonsten verborgen geblieben wären. Als meine Tochter drei war, bekam sie die Windpocken. Die Kinderärztin teilte mir mit, dass sie mindestens zehn Tage nicht in den Kindergarten gehen könne. Ich dachte: »Vielleicht bietet sie mir jetzt eine Krankschreibung für die Arbeit an, damit ich zehn Tage zu Hause bleiben kann.« Doch selbstverständlich passierte das nicht, und meine Frau und ich bemühten uns, die Betreuung so aufzuteilen, dass wir dennoch zur Arbeit gehen konnten. Die gegenseitige Hilfe während der Pandemie stellte den systemischen Charakter eines enormen Problems unter Beweis – der Krise des Sorge- und Pflegebereichs, die wir in unseren Gesellschaften gewöhnlich als Privatangelegenheit erleben.

In einem gewissen Sinn haben wir es hier mit einer Umkehrung der These von der unsichtbaren Hand zu tun: Wie egoistische Konkurrenz sich als individuelle Blindheit erweisen kann, kann gegenseitige Hilfe eine implizite Form kollektiver Reflexion sein. Die Hamsterer der Coronapandemie verschleierten die Realität – es gab überhaupt keine Lebensmittelknappheit –, während die solidarischen Frauen eine tiefe Wahrheit aufzeigten: Die Sorge um das menschliche Leben ist nie eine rein individuelle Angelegenheit. Ein wichtiges Exempel, weil die Pandemie so etwas wie einen Testlauf für die bevorstehenden großen Umweltkrisen darstellt, in denen staatliche Interventionen wie die Rationierung heute als selbstverständlich geltender Güter (etwa die künstliche Kühlung von Räumen durch Klimaanlagen) notwendig sein werden. Mit solchen Herausforderungen waren moderne demokratische Gesellschaften bisher nur in bewaffneten Konflikten konfrontiert, als der Staat in die Wirtschaft eingriff, um den militärischen Nachschub und die Versorgung mit Grundgütern sicherzustellen. Die sozial-ökologische Krise wird also mit großer Wahrscheinlichkeit Strategien einer Kriegsökonomie erforderlich machen. Gleichzeitig müssen wir uns aber auch auf die sozialen Konsequenzen vorbereiten. In der Geschichte haben bewaffnete Auseinandersetzungen die materielle Gleichheit oft drastisch befördert oder zumindest die Verschärfung der Ungleichheit abrupt gestoppt. Für die militärische Mobilmachung ist schließlich eine soziale Kohäsion notwendig, die von Ungleichheit unterminiert würde. Wir können nun passiv darauf warten, dass sich diese zukünftige Gleichheit als Nebenprodukt jener bürokratischen Auflagen einstellt, die eingeführt werden müssen, um die Katastrophe irgendwie zu überleben. Oder wir können uns für gegenseitige Hilfe – und nicht nur für moralische Kohärenz – entscheiden, um die Klimakrise in eine Chance für ein besseres Leben unter Gleichen zu verwandeln. Wir können einen Prozess in Gang setzen, der die autoritären und repressiven Aspekte der staatlichen Intervention begrenzt. Die Solidarität unter Gleichen ist essenzieller Bestandteil einer egalitären Schockstrategie in Zeiten der sozial-ökologischen Katastrophe.

Außerhalb Spaniens musste ich immer wieder erklären, worum es beim Kampf gegen Zwangsräumungen eigentlich geht. Vor allem in den ersten Jahren reagierten Franzosen und Deutsche – in der Regel kluge und politisch engagierte Menschen – eher perplex: »Soll das heißen, dass die wichtigste soziale Bewegung in Spanien Immobilieneigentümer verteidigt?« Ich versuchte, die Geduld zu bewahren, und erklärte, dass es ein bisschen übertrieben sei, jemanden als Eigentümer zu bezeichnen, der gewaltige Hypothekenschulden aufgenommen habe und diese über Jahrzehnte würde abbezahlen müssen. Außerdem verwies ich darauf, dass in den vergangenen Jahren meistens vermietete oder besetzte Wohnungen geräumt worden waren und dass Betroffene und Aktivisten in der Bewegung kooperierten. Vor allem aber griff ich auf eine Geschichte zurück, die ich von Aktivisten an verschiedenen Orten in unterschiedlichen Varianten gehört hatte. In dieser Geschichte geht es um einen deprimierten, von Scham erfüllten Zwangsgeräumten, der zu einer Vollversammlung geht, um sich juristischen Rat zu holen, dessen Leben sich jedoch zu ändern beginnt, als er sich an den gemeinsamen Kämpfen beteiligt. Den Deutschen, die nicht verstanden, warum der Widerstand gegen die Zwangsräumungen so wichtig war, erklärte ich, dass die Leute als Eigentümer oder Mieter zu den Vollversammlungen kämen, dass sie aber als Freunde und Genossen nach Hause gingen. Die gegenseitige Hilfe hat ein ungeheures Potenzial, Persönlichkeiten zu verändern. Wenn man sich unterstützt fühlt, wenn man aber auch die Möglichkeit hat, anderen als Gleichen zu helfen, ermöglicht dies ein erfüllteres Leben. Und es hilft uns dabei, überhaupt erst einmal herauszufinden, was wir unter einem guten Leben verstehen.

Gleichheit und gegenseitige Hilfe können Solidarität und positive moralische Transformation hervorbringen. Die Magie revolutionärer Transformationsperioden – also von Momenten, in denen die Spannung zwischen individuellen Anstrengungen und strukturellen Bedingungen aufgehoben ist – zeigt sich dabei vor allem in Räumen des Alltags. Auch wenn die Umweltkrise drängend und gewaltig ist, sollten wir nicht die Orientierung verlieren: Die Gleichheit wird die sozial-ökologische Krise nicht stoppen, aber sie ist die einzige realistische Option, um die größte Probe zu bestehen, mit der die Menschheit in den letzten zehntausend Jahren konfrontiert war. Das egalitäre Programm bestand nie darin, allen das Gleiche zu geben, sondern jedem das, was er oder sie benötigt. Zum ersten Mal in der Geschichte steht bei diesem Projekt – mit Ausnahme einer Handvoll Superreicher, die sich in abgeschotteten Luxusgefängnissen verschanzen können – das Leben der gesamten Menschheit auf dem Spiel. Doch die Gleichheit ist nicht Zielpunkt der Reise, sondern der Weg selbst. Die Großtante meines erwähnten deutschen Freundes hatte letzten Endes doch eine Lektion zu erteilen: Die Solidarität unter Menschen, die sich in Anbetracht gemeinsamer Probleme als Gleiche erkennen, zeigt einen Weg aus der Sackgasse und hilft uns sowohl aus den praktischen Dilemmata des Alltags als auch aus dem Morast des Systems heraus. Ein gutes Kriterium zur Bewertung einer Politik wäre zu fragen, ob diese die Grundlagen dafür schafft, dass wir uns gegenseitig helfen und die Probleme derjenigen wahrnehmen, die keine Stimme haben.

Epilog

1980 nahm der Schriftsteller Martin Amis an einer Wahlkampfveranstaltung des künftigen US-Präsidenten Ronald Reagan teil. Er war erstaunt darüber, wie sehr sich die Regeln verändert hatten, nach denen politische Repräsentanten ausgewählt wurden. Alles schien nur noch auf dem Feld der Emotionen entschieden zu werden – positive Ausstrahlung, Energie und Entschlossenheit –, während rationale Argumente in den Hintergrund rückten.

Wenn man Ronald Reagan zusieht und -hört, staunt man, ebenso wie bei Jimmy Carter, über sein auffälliges Unbehagen auf dem Feld der Ideen, Worte und Überzeugungen. Als Spitzenkandidaten müssen sie nur die schlimmsten Fauxpas, vermeiden oder zumindest minimieren [...]. Reagan beendet seine Veranstaltungen gerne mit ein wenig bodenständiger Unterhaltung mit dem Publikum [...]. Je persönlicher die Frage ist, desto mehr genießt er seine eigene Antwort. »Von allen Menschen in Amerika, Sir, warum sollten gerade Sie Präsident werden?« Reagan grinst: »Nun, ich bin nicht klug genug, um ihnen eine Lüge aufzutischen.« Gelächter, Applaus. »Aber warum wollen Sie es werden, Sir?« Reagan verzieht sein erschöpftes, verkniffenes, fleckiges Gesicht: »Dieses Land braucht einen guten Republikaner, und ich glaube, dass ich diese Aufgabe erfüllen kann. Warum? Ich bin glücklich. Ich fühle mich gut.« An dieser Stelle dreht er sich um. »Und ich habe Nancy, um mich abends ins Bett zu bringen.« Gelächter, Beifall, Hüte in der Luft.[1]

---

1 Martin Amis, *The Moronic Inferno. And Other Visits to America*, London: Jonathan Cape 1986, S. 91 f.

Wenn man Donald Trump, Matteo Salvini, Boris Johnson, Viktor Orbán, Jair Bolsonaro oder Ortega Smith (dem Vorsitzenden der rechten spanischen Partei Vox) heute dieselbe Frage stellen würde, könnten sie seelenruhig antworten: »Weil ich unglücklich bin. Ich fühle mich schlecht. Und meine Beziehungen zu Frauen sind eine Katastrophe.« Ihr Publikum würde ihnen sicher ebenso zujubeln, wobei man sie nicht mit dem naiven Optimismus Reagans identifiziert, sondern mit Zorn, Unzufriedenheit und Ressentiment.

In unseren Gesellschaften ist seit Beginn der Wirtschaftskrise von 2008 etwas zerbrochen. Zum einen hat sich natürlich die materielle Lage von breiten Teilen der Bevölkerung spürbar verschlechtert, wie verschiedene Indikatoren der Lebensqualität zeigen. Doch meistens handelt es sich dabei weniger um einen radikalen Bruch als vielmehr um eine Verlängerung und Akzentuierung der schon zuvor zu beobachtenden Verarmungs- und Prekarisierungsprozesse. Anders als im Fall der unsichtbar gemachten Verlierer des goldenen Zeitalters der Globalisierung wird heute jedoch – empört oder auch resigniert – allgemein anerkannt, dass es eine große Zahl von Menschen gibt, die zum Scheitern verurteilt sind und zu Opfern der Systemlogik werden. So ist es in den letzten Jahren normal geworden, dass spanische Medien über Aspekte von Armut und Ungleichheit berichten – Zwangsräumungen, Kinderarmut, Exklusion, Energiearmut. Das wäre vor etwas mehr als einem Jahrzehnt unvorstellbar gewesen, als diese Probleme zwar ebenfalls verbreitet waren, wir aber noch so taten, als würden sie nicht existieren.

Der Washington Consensus, ein 1989 von John Williamson geprägter Begriff für die Logik der Liberalisierung und der Marktexpansion, wie sie die Welt über Jahrzehnte dominierten, ist heute nicht länger ein geteilter historischer Horizont. Er wird höchstens noch als kleineres Übel oder als Zwischenzustand akzeptiert, solange es keine besseren Alternativen gibt. Die Covid-19-Krise hat dieses Unbehagen weiter verschärft. Seit 2008 war das Paradigma des freien Marktes ein Zombie, Corona hat ihn eingeäschert. Die Pandemie hat sich als Vergrößerungsglas unserer sozialen Wirklichkeit erwiesen, sie hat uns gezwungen, Prozesse, die wir normalerweise ignorieren, weil sie in Zeitlupe ablaufen, in verdichteter Form zur Kenntnis zu nehmen. Wir wurden gezwungen, die tödlichen, normalerweise verzögerten Konsequenzen der Kürzungen im Gesundheitssektor im Minutentakt zu beobachten. Den alltäglichen Horror der Altenheime zu sehen. Festzustellen, dass wir die unwirtlichen Orte, an denen wir zwischen den Arbeitstagen zusammenbrechen, als unser »Zuhause« bezeichnen. Die brutalen Defizite des Bildungswesens und die Effekte jener Deindustrialisierung zu konstatieren, die uns in ein Land verwandelt haben, das nicht in der Lage ist, ein vor Ansteckung schützendes Stück Stoff mit Gummibändern herzustellen.

Dieses Bewusstsein für die Grenzen der Globalisierungsversprechen erklärt, warum überall in der Welt (sich stark voneinander unterscheidende) Bewegungen entstanden sind, die sich auf irgendeine Weise politische Souveränität auf die Fahnen schreiben und vom Weltmarkt geraubte Entscheidungsmacht zurückerlangen wollen. Die organischen Intellektuellen des liberalen Kosmopolitismus stecken diese Gruppen gern allesamt in die Schublade des Populismus. Und laut der berühmten Hufeisen-Theorie berühren sich die politische Extreme: Wer die Gleichheit und die Demokratisierung wirtschaftlicher Institutionen befürwortet, wird mit Rassisten, Neofaschisten und Autoritären gleichgesetzt. Alles Radikale, alles Extremisten. Diese These, die von renommierten und scheinbar seriösen Persönlichkeiten vertreten wird, ist nicht nur auf beleidigende Weise dumm, sondern auch politischer Suizid. Die guten alten Zeiten der neoliberalen Globalisierung – gut für weiße Männer im Westen mit einem ordentlich bezahlten Job – werden nicht wiederkehren. Die Frage ist nicht, ob die deregulierten Finanzmärkte kollabieren werden: Dieses System ist bereits kollabiert, und wenn es trotzdem noch Bestand hat, dann nur dank der massiven Infusion ökonomischer Anabolika. Die Frage ist, welche politischen, moralischen, kulturellen und gesellschaftlichen Eigenschaften die Regime haben werden, die das Ende der Marktherrschaft verwalten und der Politik wieder Geltung in unserem Leben verschaffen. Dies ist der große Konflikt unserer Zeit.

An vielen Orten führt das Ende des Washington Consensus zu neoautoritären und reaktionären Lösungen. Allerdings sind diese nicht alle identisch. Vielen von uns erscheinen Trump, Bolsonaro und Le Pen gleichermaßen abstoßend, aber sie verteidigen doch unterschiedliche Dinge: Einige propagieren den reinen Marktliberalismus, andere setzen auf eine Querfrontstrategie mit sozialen Versprechen. Manche sind ultrakonservativ, andere zeigen sich offen für eine abgespeckte Version von Geschlechtergleichheit und sexueller Diversität. Es gibt sogar so etwas wie einen aufstrebenden grünen Ökonationalismus. All diese Projekte haben jedoch eines gemeinsam: Sie versuchen uns davon zu überzeugen, dass es eine Solidarität zwischen Teilen der Verlierer und Teilen der Gewinner gibt – zum Beispiel zwischen unqualifizierten einheimischen Arbeitern und Industrieeliten –, die sich gegen jene zusammenschließen sollen, die ihre soziale Stellung angeblich gefährden: die Migranten und die internationalen Finanzeliten. Es sind Projekte der autoritären Repolitisierung, die sowohl der universellen Gleichheit selbst als auch der durch die Gleichheit ermöglichten individuellen Freiheit zutiefst misstrauen. Die Coronakrise ist zu einem Beschleuniger solcher Projekte geworden. Sie ist das perfekte Szenario für eine extreme Rechte, die in der Lage ist, ein postneoliberales Wirtschaftsprogramm – einige Sozialmaßnahmen mit beschränkter Umverteilungswirkung – mit der geschickten Kanalisierung sozialer Missgunst und kollektiver Angst zu verbinden. Tatsächlich ähnelt ein Land in Quarantäne den politischen Dystopien der extremen Rechten stark: Die Armee patrouilliert in den Straßen, die Regierung ruft zur nationalen Einheit auf, die Macht wird konzentriert, die Bürger überwachen und denunzieren sich gegenseitig. Leider handelt es sich dabei um mehr als eine Metapher. Im April 2020 wurde in Ungarn – einem Mitgliedsland der Europäischen Union – ein Gesetz erlassen, das es dem Rechtsradikalen Viktor Orbán erlaubte, vorübergehend mit besonderen Vollmachten und ohne parlamentarische Kontrolle zu regieren.

Doch in den letzten Jahren war an verschiedenen Orten der Welt auch eine andere Option zu beobachten: In einigen Fällen fand die Wiederherstellung politischer Souveränität (nach dem Scheitern der Utopie des freien Marktes) auf der guten Seite der Geschichte statt: in Gestalt von ökonomischer Demokratisierung, Solidarität und wachsender Freiheit. Die Covid-19-Krise hat sich auch auf diese egalitären Bewegungen ausgewirkt. Die fromme These von der Selbstkasteiung, laut der die Pandemie uns eine moralische Lektion erteilt oder ein progressives Möglichkeitsfenster eröffnet, ist absurd. Wenn der Kollaps des Gesundheitswesens eines gezeigt hat, dann dass selbst ein Berg von Toten nicht ausreicht, um die Meinung derjenigen zu ändern, die die mörderische, für unsere Ohnmacht gegenüber dem Virus verantwortliche Sparpolitik an den Urnen seit Jahrzehnten unterstützt haben. Allerdings hat das gemeinsame Leid durchaus dazu beigetragen, einige jener Konzepte zu erneuern und zu verbreiten, die von egalitären Bewegungen an verschiedenen Orten und zu verschiedenen Zeitpunkten des letzten Jahrzehnts verteidigt worden sind: vom Arabischen Frühling, von Occupy, den Indignados, dem Munizipalismus, der Bewegung gegen Zwangsräumungen, dem Feminismus, der neuen Genossenschaftsbewegung, den südamerikanischen Studentenrevolten, den Fridays-for-Future-Aktivistinnen, dem alternativen Sport, der Black-Lives-Matter-Bewegung und linken Kandidatinnen von Washington bis Cádiz, die das Parteienkartell herausfordern. Auch dabei handelt es sich um unterschiedliche, manchmal inkongruente Initiativen. Und es gibt gute Gründe hierfür. Die großen historischen Übergänge sind niemals geordnet und kohärent, sondern dynamische Prozesse des *trial and error*, bei denen sich Bewegungen, die sich fremd oder sogar antagonistisch gegenüberstehen, plötzlich verschränken und gegenseitig kontaminieren, um einem Systemwechsel den Weg zu bahnen. Ich glaube, dass diese Bemühungen durch etwas verbunden sind, was dem gemeinsamen Merkmal der reaktionären Bewegungen diametral widerspricht: ihren egalitären Anspruch, ihr Wissen um das Potenzial der Gleichheit als Ziel, als gemeinsames Ethos, das es uns ermöglicht, obligatorische kollektive Verpflichtungen einzugehen, damit jede und jeder in einer aufgeklärten, freien und solidarischen Gesellschaft ihre bzw. seine besten Fähigkeiten entfalten kann.

Kanaillen-Kapitalismus

Eine literarische Reise durch die Geschichte der freien Marktwirtschaft
César Rendueles
edition suhrkamp
SV

César Rendueles
Kanaillen-Kapitalismus
Eine literarische Reise durch die Geschichte der freien Marktwirtschaft
Aus dem Spanischen von Raul Zelik
300 Seiten
€ 18,00 [D], € 18,50 [A], Fr. 25,90 [CH]
ISBN 978-3-518-12737-7
Auch als eBook erhältlich

Nach dem Erscheinen seines Essays *Soziophobie* schrieb die *taz*, César Rendueles verbinde »eine antikapitalistische Haltung mit einem abgeklärten Wissen um die Komplexität von Gesellschaften«. Wissen darüber, wie die Welt vor der freien Marktwirtschaft aussah und wie die ökonomische Logik nach und nach alle Lebensbereiche durchdrungen hat, entstammt immer auch der Lektüre fiktionaler Literatur. In seinem neuen Buch erkundet Rendueles seine persönliche Lesebiografie. Anhand von Klassikern wie *Robinson Crusoe* und Kultbüchern wie *American Psycho* zeichnet er nach, wie der Kapitalismus sich uns einverleibt hat. Doch zugleich kann in Büchern, das zeigt Rendueles etwa an Kleists *Michael Kohlhaas* und an Science-Fiction-Romanen, auch der Geist der Revolte und solidarischer Utopien stecken.

Robert Misik
Das große Beginnergefühl
Moderne, Zeitgeist, Revolution
282 Seiten
€ 18,00 [D], € 18,50 [A], Fr. 25,90 [CH]
ISBN 978-3-518-12788-9
Auch als eBook erhältlich

Konventionen zertrümmern, Wahrnehmung revolutionieren, Neues imaginieren – das war der Geist der radikalen Moderne. Bert Brecht sprach vom großen Beginnergefühl. Heute scheint jeder utopische Optimismus verflogen – ist es damit ein für alle Mal vorbei?
»Keineswegs!«, hält Robert Misik solchen Abgesängen entgegen. Er unternimmt einen Parforceritt durch zweihundert Jahre moderne, radikale Kunst: von Heinrich Heine bis Elfriede Jelinek, von Patti Smith bis Soap & Skin, vom Bauhaus bis zum Gemeindebau. Das Aufbegehren gegen das Überholte und die Revolutionierung der Stile sind auch heute die große Aufgabe der Kunst, genauso wie Exzess und Intensität. »Ändere die Welt, sie braucht es«, sagt Misik mit dem alten BB. Er skizziert ein ästhetisches Programm jenseits von Kommerz, Entertainment und dem ewig schon Dagewesenen.

Foundational Economy Collective
Die Ökonomie des Alltagslebens
Für eine neue Infrastrukturpolitik
Mit einem Vorwort von Wolfgang Streeck. Aus dem Englischen von Stephan Gebauer
263 Seiten
€ 18,00 [D] / € 18,50 [A]
Fr. 25,90 [CH]
ISBN 978-3-518-12732-2
Auch als eBook erhältlich

Duschen, Radio an, Espressokanne auf den Herd, Kinder in die Kita, ab in die U-Bahn: Alle diese Handlungen, die wir für selbstverständlich halten, wären ohne komplexe Infrastruktur nicht möglich. Ähnliches gilt für Gesundheitsversorgung und Bildung, die ohne staatliche Investitionen in Gebäude und Personal nicht funktionieren würden. Doch in den vergangenen Jahrzehnten wurden in ganz Europa immer mehr Krankenhäuser, Schulen, Bahnstrecken oder gleich ganze Verkehrsnetze privatisiert und so der Profitlogik unterworfen – mit oft dramatischen Folgen. Inzwischen wächst der Widerstand; in vielen Ländern formieren sich Bewegungen für eine Rekommunalisierung z. B. der Wasserversorgung. Was wir brauchen, so die Autorinnen und Autoren, ist eine neue, progressive Infrastrukturpolitik. Wir müssen die Ökonomie wieder als etwas begreifen, das zuallererst dem guten Leben der Bürgerinnen und Bürger verpflichtet ist.

Hans-Matthöfer-Preis für Wirtschaftspublizistik 2021

»Dieses Buch sollte jeder lesen, der sich für linke Politik interessiert.« *Oliver Nachtwey, Süddeutsche Zeitung*